本书系教育部首批『三全育人』综合改革试点院（系）建设阶段性成果

安徽师范大学文学院『青春丝语』文丛

奋斗的青春最美丽

安徽师范大学文学院优秀校友访谈选录

戴和圣　主编

安徽师范大学出版社
·芜湖·

图书在版编目(CIP)数据

奋斗的青春最美丽：安徽师范大学文学院优秀校友访谈选录 / 戴和圣主编．—芜湖：安徽师范大学出版社，2019.5

（安徽师范大学文学院“青春丝语”文丛）

ISBN 978-7-5676-3835-8

Ⅰ．①奋… Ⅱ．①戴… Ⅲ．①安徽师范大学文学院—校友—访问记 Ⅳ．①K820.7

中国版本图书馆CIP数据核字(2018)第254786号

奋斗的青春最美丽

安徽师范大学文学院优秀校友访谈选录

FENDOU DE QINGCHUN ZUI MEILI

ANHUI SHIFAN DAXUE WENXUEYUAN YOUXIU XIAOYOU FANGTAN XUANLU

戴和圣　主编

责任编辑：房国贵
装帧设计：丁奕奕
出版发行：安徽师范大学出版社
芜湖市九华南路189号安徽师范大学花津校区
网　　址：http://www.ahnupress.com/
发 行 部：0553-3883578　5910327　5910310(传真)
印　　刷：江苏凤凰数码印务有限公司
版　　次：2019年5月第1版
印　　次：2019年5月第1次印刷
规　　格：700 mm × 1000 mm　1/16
印　　张：17.75　　插　　页：12
字　　数：317千字
书　　号：ISBN 978-7-5676-3835-8
定　　价：68.00元

朱小蔓（1970级本）

李建强（1974级本）

伍巍（1974级本）

黄元访（1977级本）

刘锋杰（1977级本）

谭学纯（1977级本）

查振科（1978级本）

胡治平（1978级本）

凌德祥（1978级本）

潘德安（1978级本）

高勤（1979级本）

朱志荣（1979级本）

郭惠宇（1979级本）

王屹宇（1979级本）

查屏球（1979级本）

江弱水（1979级本）

王大明（1979级本）

周啸天（1979级硕，后排右一）

蒋永文（1980级本）

吴忌（1980 级本）

施旭升（1980 级本）

陶礼天（1980 级本）

方锡球（1981 级本）

鲍鹏山（1981 级本）

陈昌来（1981 级本）

张宝明（1981级本）

吴根友（1982级本）

余伯成（1982级本）

赵焰（1982级本）

黄开发（1982级本）

邓小军（1982级硕）

彭国忠（1983级本）

池昌海（1983级本）

刘春（1983级本，左一）

何登保（1983级本）

申启武（1983级本）

吴怀东（1983级本）

马茂军（1983级本）

胡晓明（1983级硕）

吕鸿宾（1984级本）

储泽祥（1984级本）

李成（1984级本）

韩可胜（1984级本）

洪治纲（1984级本）

沈文凡（1985级硕，中）

汪伟（1986级本）

刘生良（1986级硕）

彭玉平（1987级硕）

肖奚强（1988级硕）

施春宏（1989级本，前排左二）

钱建状（1990级本）

王灿龙（1990 级硕）

彭胜文（1993 级本）

程丽华（1995 级本）

王珏（1996 级本）

卢赟秋（2000 级本）

樊蓉（2000 级本）

余建三(2000级硕)

何亚兵(2001级本)

本书编委会

顾　问　余大芹　储泰松
主　编　戴和圣
副主编　汪　旭　徐雅萍
编　委　（按姓氏笔画排序）
　　　　王　昊　余大芹　汪　旭　项念东
　　　　俞晓红　徐雅萍　储泰松　戴和圣

总　　序

青春有很多底色，奋斗的青春最美丽；青春有很多条路，追梦之路风景这边独好；青春有很多迷茫，亦有诗和远方；青春有很多故事，故事里的你我是最美的风景；青春有很多味道，但无论酸甜苦辣，品味起来，都是我们的青春。

习近平总书记指出："历史只会眷顾坚定者、奋进者、搏击者，而不会等待犹豫者、懈怠者、畏难者。"作为中国力量重要贡献者的青年大学生更要认清时代之变和使命担当，以不屈的斗志、昂扬的姿态、奋进的脚步去追逐梦想和光芒。为了全面提升学生综合素养，文学院秉承"文以载道、学以化人"的育人理念，搭建发展型学生成长平台——青春丝语，以青春的名义讲好中国故事，唱响中国旋律，彰显青春正能量。

我们致力于将"青春丝语"打造成大学生思想政治工作的综合平台和抓手，主要包括：研究层面，开设"学生工作沙龙"，结合大学生成长实际加强校本课题研究、工作案例研究、专项课题研究，催生新项目、新课题和新文章，强化日常积累。辅导层面，建成大学生发展辅导站（学院心理咨询室），对接学院课程群辅导室，搭建师生沟通交流平台，构建教师对大学生发展辅导"进教室、进宿舍、进辅导站"的"三进"良性循环体系。讲座层面，精心打造大学生成长辅导讲座，基于大学生成长需求，举办青春励志、心理健康、人际交往、创新创业类讲座，助力大学生学知识、攒经验、长才干。活动层面，根据大学生思想政治工作要求，结合大学生身心特点和专业实际，举办心理健康教育月、精神文明月、戏剧戏曲节、体育文化节、传统文化进校园等活动，寓教于乐，潜移默化，润物无声。文字层面，既要固化活动成果，汇集成型成熟的作品，也要发挥作品在育人中的标杆作用、影响作用和引领作用。

我们致力于打造诗文朗诵、话剧汇演、双迎晚会、社会实践等校园文化活动品牌，联动"四个课堂"：第一课堂长知识，强化课程思政，促进教书育人和谐统一；第二课堂长技能，强化素质拓展，促进文化育人和谐统一；第三课堂长经验，强化社会实践，促进实践育人和谐统一；第四课堂长素养，强化网络意识，促进网络育人和谐统一。凝聚青春力量，助力大学生成长。

我们致力于培育和支持大学生自我教育、自我管理、自我服务、自我监督能力的提升，营造健康、积极、宽松、和谐的校园文化环境，大力支持赭麓书画社、江南诗社、太阳话剧社、汉语桥协会、五四爱心学校、江淮秘书社、德雅书苑等大学生社团的建设，形成百花争艳满园春的局面，促进大学生身心健康快乐发展。

我们致力于打造大学生专业拓展活动品牌，大力培育和发展汉语言文学（师范）专业“师范生技能培养工程”、汉语言文学（应用）专业“玩转汉语言”、汉语国际教育专业“带你读懂中国”、秘书学专业“秘书实务调研（国际秘书节）”、戏剧影视文学专业“传统戏剧进校园”等素质拓展平台，实现“专业—社团—平台—学生”互联互动、共同发展的育人局面。

我们致力于鼓励和支持学生会、社团联合会、班级独立自主开展工作，大力扶持中国大学生在线校园网络通讯站、中国青年网校园通讯社通讯站提升运行能力，努力实现学生人人有成长梦想、人人有展示舞台、人人有发展机会的育人格局。

安徽师范大学文学院“青春丝语”文丛包括大学生原创校园诗歌、校园话剧和社会实践作品，同时选录部分优秀校友访谈录，等等。这既是大学人才培养改革创新的最新成果，也是大学生思想政治工作的有益探索。育人的工作，一直在路上。我们学着优雅地转身，时时不忘专注地回头，微笑着向前……

所有的选择都因为爱。当青春遇见新时代，我们用读书厚积青春，用青春激扬文字，用文字拥抱梦想。

谨以此献礼安徽师范大学九十周年校庆、安徽师范大学文学院（中文系）九十周年院庆。

戴和圣

二〇一七年十一月二十四日

前 言

带着归人的情怀，又似游子的深情。校友，作为一所高校的生动名片，见证着母校的沧桑与变迁。1928年建立的省立安徽大学中国文学系是安徽师范大学文学院的前身。90年风雨历程，文学院孕育出了一大批优秀校友：有潜心问道的科研学者，有教书育人的名家名师，有崭露头角的文坛新秀，有驰骋商场的企业精英，还有许多扎根基层、爱岗敬业的一线教师。奋斗的青春最美丽，文学院承载着每一届校友的青春，陪伴着校友的成长，诉说着校友的奋斗故事，镌刻着校友的回忆。

安徽师范大学文学院是安徽省高校办学历史最悠久的四个院系之一，刘文典、郁达夫、周予同、祖保泉、刘学锴、余恕诚等一批著名学者先后汇聚在菱湖之畔、镜湖之滨，著书立说，弘文励教。在老一辈学者的示范引领下，文学院形成了深厚的学科积淀、优良的育人传统和严谨的教风学风。在90年悠久的办学历程中，文学院培养了大批杰出人才，享誉学界的朱良志、李向农、彭玉平、吴根友、江弱水等杰出学者，活跃在文坛的许春樵、罗巴、凤群、邢思洁、徐明等优秀作家，躬耕杏坛的王晓平、郭惠宇、王屹宇、邓彤、盛庆丰等卓越教师，驰骋于商界的王大明、余伯成、张维、徐高潮等成功企业家，在国内有广泛影响的刘春、吴征、赵焰、韩可胜、唐琳等媒体精英，及央视百家讲坛著名主讲人鲍鹏山等，广大校友在各行各业绽放光彩，奉献力量，贡献智慧。

文学院独具特色的“学海导航”“名师导教”“作家面对面”“青春丝语”“实务专家”系列讲座，常常邀请在教学一线、科学研究、文艺创作、创新创业等领域做出杰出成就的优秀校友做客师大，为母校学子传知解惑，对话青年，共话成长。这些优秀校友的言传身教，在推进学院全员育人、全过程育人、全方位育人的办学实践中，发挥了不可替代的示范引领和影响作用。

90载弦歌不辍，木铎金声；90载潜心耕耘，不忘初心。安徽师范大学90周年校庆暨文学院90周年院庆之际，文学院成立寻访优秀校友社会实践团队和采访小组，聆听校友的优秀成长故事，记录校友在师大读书的多彩回忆，向校友发出回家看看的邀请。在访谈中，我们发现，很多在自己的领域做出优秀成果的院友回忆起在文学院（中文系）读书的岁月，往往是充满甜蜜与感激，他们对文学院带给他们人生的奠基作用均持肯定态度。入学时的激动欣喜、课堂上老师的严谨教学、课下师生讨论的挥斥方遒、镜湖的波光潋滟、赭山的苍翠沉稳，长江之畔、千湖之城的种种味道都化成一抹笑容，在他们回忆起文学院时于嘴角浮起。而今，他们有的成为潜心治学的研究者，勤勤恳恳地做着学问；有的成为快乐幸福的教书匠，在三尺讲台默默耕耘。不可否认的是，在文学院读书的时光，为他们的职业生涯增添了浓墨重彩的一笔。

本书集结部分优秀校友的人物通讯和回忆文章，并命名为《奋斗的青春最美丽——安徽师范大学文学院优秀校友访谈选录》。如此命名基于三点考虑：第一，大学可谓人生中最美好的青春年华，经过四年的奋斗，一代代学子从文学院毕业，走出宽广的人生之路，获得美好的前程。第二，一届届校友学习、生活在文学院，也见证了文学院从90年前的省立安徽大学中国文学系到今天安徽师范大学文学院的发展历程，无论是在风雨飘摇、国家动荡的年代，还是在“十年动乱”的“文化大革命”时期，或者盛世安稳的今天，师大都勇立时代潮头，担起为国家培养人才的使命，展现出强大的生命力。今天的文学院正处于青春时代，绽放出她的自信芳华。第三，本书记录了诸多优秀校友的成长历程，以及他们对在校学生的建议，帮助学子站在前人的肩膀上走得更高更远，同时寄语新时代青年：无奋斗，不青春，奋斗的青春最美丽。

“落其实者思其树，饮其流者怀其源。”一位位优秀校友用他们的回忆和文字，向母院送出90华诞的真挚祝福。青春忆，最忆是文学院。赭山脚下求学问，镜湖之畔作诗篇，共盼复相见。

戴和圣

二〇一八年八月二十日

目　　录

最忆江南

那四年，我们的赭山下故事

查振科

1978年10月，作为恢复高考后的第二届大学生，我们迈进了大学校园。在这之前，我压根儿没见过大学的模样，只知道一定比中学大得多。大学生是极其稀少品种，是要怀着崇敬的心情仰望的。

比起先进校半年安安静静读书的1977级学长，中文系1978级是最好动的一群学生。当时与中文系同住在零号楼的，还有政教系的工农兵学员。我们这些新来者还不知大学的规矩，又志得意满，免不了让学兄们侧目。殊不知新来者压根儿没将他们放在眼里，不占上风便不罢休。有几件事足以证明1978级不是省油的灯。

刚进校时集体用餐，一组一桌，人齐了方举箸。一开始不明就里，还有新鲜感。很快发现弊病多多，很不自在。再看看1977级他们，拿着瓷缸悠悠然来到窗口，点了自己想要的，复施施然离去，旁若无人。他们从容自得的样子，客观上对1978级的我们构成一种示威、挑战和精神压迫，让我们的愤懑之情在胸腔不断鼓荡，凭什么1978级低人一等？终于中文系发起并酿成"罢饭运动"，全校1978级起而响应。校方瞬间紧张起来，辅导员、系领导很快来到宿舍安抚，承诺1978级可以与高年级一样，饭菜票发到个人手里，自主打饭吃。"罢饭运动"以迅雷之势获得全面胜利。胜利后的1978级一片喜气洋洋，也让校方和其他年级见识了1978级追求平等权利的那种一往无前的精神，拉开了1978级"如火如荼"的四年大学生活的序幕。之所以说是序幕，是因为的确在四年中发生了好几起有声有色的"运动"。

果然，在第二学年的一开始，就发生"抢占宿舍运动"。起因是上学期结束时发生地震，零号楼出现裂缝。开学后裂缝已被加固，但学生仍心犯嘀咕，不想住。很快1979级新生入学，按惯例，由1978级学生接待新生，从车站、码头把新生接到后送往宿舍。结果发现，系里将1979级新生安排在原由女生住的8号楼。8号楼是工字形结构的三层楼，是老房子，但很结实。旁边是含单双杠的锻炼区，每天早晨傍晚都有很多男生去秀肌肉。如果不是在女生宿舍窗口下，不知道他们还会不会有那么大的锻炼劲头。以敝人经验，玩了四年单双杠，好像没起到什么作用。当发现8号楼变成1979级男生宿舍时，1978级的兄弟们彻底被惹怒了，放着迎接1979级新生义务不去承担不说，越过操场，“呼啦啦”一下子把自己的破被子、烂箱子搬进了8号楼，做起了长住8号楼的美梦。系领导、辅导员得知后，急得如热锅上的蚂蚁，慌忙赶到8号楼劝阻。这些1978级学生大爷，领导老师的劝说哪里听得进去，振振有词地与领导老师辩论起来。无论系领导好言相劝还是声色俱厉，他们就是不买账，一副能奈我何的架势。群龙无首，班干部们早不知躲到哪去了。可怜了1979级的孩子们，在8号楼外怯怯地守着自己的行李，一脸茫然，不知如何是好。领导与老师口干舌燥，无济于事。无奈之下，给辅导员下了命令：把班干部找来，让他们把自己的班带回去！本来就是始作俑者，这帮小头目们只好又乖乖地把人领了回去。这次“运动”虽然以彻底失败收场，却让系领导和老师们看明白了：1978级这群小子，为将自己正当权益最大化，还真是不屈不挠。此幕后故事留作茶余饭后再说。

1981年女排获得世界杯冠军，以七战连胜成绩傲视想卫冕的日本队，给了中国人爱国情绪一次大提振。作为学生的我们自然也不例外，关键是，每天三点一线的千篇一律的生活，多少有点乏味，女排胜利，正好有了一个寻找刺激寻求宣泄的正当理由。记得那天晚上，没有人去教室，大家在宿舍里守着收音机听宋世雄扣人心弦的解说。胜利锁定，宿舍里顷刻沸腾起来，擂盆敲碗，捶桌子打板凳，在窗外烧席子、摔水瓶。宿舍太小，一窝蜂拥到操场，又跳又叫。不知谁喊了一声“上街去”，接着一片呼应，人流即刻向校大门涌去。校方大概早就注意到学生宿舍那边动静不小，还不知学生要干什么，就得知学生要出学校的消息，急忙赶来阻拦。打躬作揖，求求这些同学千万别出去，就差没下跪了。这些已经燃烧起来的青春生命，哪里还听得进去，一齐用双手摇撼着大门。门卫一看，与其被推倒，不如开门得了。于是，洪流倾泻而出，呼号震天，向北京路滚滚而去。沿途市民争相观看，有的还积极参与。途中听说皖南医学院、芜湖机电学院也上街了。游行队伍从北京路绕镜湖一周回校，总算尽兴而归。从“文化大革命”结束到当时，好几年没体验过游行的滋味了。但区别是，那是组织起来的，而这是自发的。这次游行让我觉得，自发的庆祝游行还真能有凝聚群体力量、宣泄群体情感的正面作用。某些地方管理者对自发性和平游行，总是感到害怕，尽可能地不让它发生。国家深知这是人民表达诉求的权利，始终将这条留在宪法里。

不记得具体是哪一年，1980年还是1981年，发生了一场由“馒头事件”引发的“大字报运动”。起因是，一个放干了的馒头从几号楼（不知是哪层楼）扔到了大街上，路过的市民捡起来，送到了芜湖市政府，十分愤慨地批评现在的大学生如此不珍惜粮食。市政府把这个馒头送到学校，学校让校团委用红纸写了一张《致全体同学书》，严肃批评这一行为，以此教育大家珍惜粮食，并将那个倒霉的馒头放在下面“示众”。大红通告贴在荷花塘边六号楼的墙上，所有的学生都能看到。这本来没什么大不了的，学校拿这事说一说，按理说也是教育者的责任，但却惹恼了这帮高傲的大学生，很快就有“大字报”贴在了大红告示旁边。大意是，这馒头又黑又小，有二两吗（那时馒头二两一个）？为什么不说食堂克扣我们粮食？这张“大字报”非常巧妙地转移了焦点，诱导了后来者如何跟进。于是揭露食堂各种各样毛病的、揭露学校方方面面漏洞的“大字报”“小字报”纷至沓来，什么饭里有老鼠屎啦，床缝里臭虫成球啦，下水道不通水房发臭啦，借书数太少、还书时间太短啦，路灯太暗、下自习回来不安全啦，如此等等，不一而足。大大小小五颜六色的纸张几乎贴遍了所有显眼建筑的墙面和树干上，形式上诗歌、散文诗、政论、对联、标语、漫画一应俱全，前前后后差不多持续了一周的时间。揣度那时学生们的心理动机，不外是，扔馒头是一个人的行为，为何用来教育我们所有人？小题大做！我们也来查查你们的不足！时值期末，虽然“大字报”火爆，但学生们依然正常上课、考试，学校似乎也不见干预的举动。待到考试基本结束，学校通知在东操场召开全校师生员工大会。操场上一片人海，主席台上，沙流辉老校长做报告。没有读稿，足足讲了至少两小时，列举学生“大字报”中提及种种管理的不足，检讨原因，提出整改意见。当然，最后也不痛不痒地对学生的行为提出批评。

上述“运动”中，中文系1978级可算是勇于扮演突出角色的。

好动，让我们怀旧时将大学四年的种种激情泛滥，颇为自得地以书生意气自诩。然而，抛却自我，去细思那时学校领导师长的作为时，我却难以掩抑我对他们的敬爱之情。他们是那样宽厚地容纳了我们的狂热与非理性的表达，没有粗暴斥责、处分与惩罚，而是用容忍、导引、自律与纠错来应对这些意气风发却又有些不知天高地厚的学子。这是怎样高洁的胸怀，怎样高尚的师德！

除了好动，就是好学了。我们这拨大学生，正好历经了社会氛围从烧书到嗜书的转换。这种从极寒到极热，断崖式的转换，让我们的情绪处于高频的翕张中，学习的热情如同干透的海绵碰到了水。那时候上课，笔记记的可以说是史无前例。有的同学竟然可以把老师上课时的讲话一字不落地记下来！有的同学落了几个字，课间也要去老师那里补回来。那时考试，基本上两种人考试成绩最好，老三届与女生，心里都暗暗地铆着劲。入学后不到一年，许多同学都有自己的专业兴趣方向，先秦两汉、魏晋南北朝、唐宋、元明清，古代汉语、现代汉语，古文论、外国文学、文艺理论，等等，都有人去专攻。以我们4班论，毕业时有两位考上研究生，这个比例在当时就不小了。创作在4班也是个不小的群体，且在外有不小的影响。诗歌、小说、散文都有出类拔萃的。以朦胧诗而言，按他们自己的说法，师大是当时全国大学里写得最好的一所。我不写诗，不敢定夺。但可以肯定，这是一个最具现代意识的群体。古诗词也有写得极佳的，经常受到祖保泉等老先生的夸奖。祖保泉先生在我们入学大会上朗诵了“万人丛中一握手，使我衣袖三年香”的诗句，着实激励了我们很久。

好动、好学之外，如果还有第三好，只能是好色了。中文系男女比例严重失调，僧多粥少，不得已目光转向外系。外系男生也是虎狼之师，是轻易得不了手的。无奈之下，中文系的兄弟们只好将范围扩展到校外。这期间上演了多少或缠绵悱恻或惊心动魄的故事，隐隐约约的见闻，我这支干涩的笔是做不了这般文章的。幸好才情充沛、恋情充沛的双情高手很多，是不会放过这样的好题目的，我这里就略过了。

从入学算起，四十年过去了。毕业后那年，我与凤文学兄为班级制作了一个同学通讯录，并附了一副自撰对联：“镜湖秋晚，赭岭春晓，更兼有浩荡长江，注我满腔诗情；想当年，书山携手，学海共舟，振国自有真学问。天地高迥，宇宙无穷，毋叹息倏忽人生，似那缥缈流云；瞻未来，壮志凌空，雄关漫道，勉励还须吾同窗。”而这一切仿佛还在眼前，却又是真真切切的时过境迁。唯不变的是，你是我的同学，我是你的同学。4班的人已不再青涩，但时时想着再见，再见时依然如故地相互打趣，似把毕业后的那三十六年都略去了。

校友简介：查振科，1978级校友。中国艺术研究院文化发展战略研究中心名誉主任、研究员，中国书法院研究员，现当代文学研究学者，文艺评论家，诗人，散文家，书法家。历任文化部艺术司文学处副处长，文学美术处正处级调研员，戏剧处处长，中国艺术研究院文化艺术出版社总编辑、法人代表。在文化部工作期间，参与文化部一系列重要文件起草工作，参与组织一系列国家级大型艺术活动，包括全国地方戏曲优秀折子戏展演暨青年演员大奖赛，第四届中国京剧艺术节，20世纪中国文学发展与走向论坛等。在全国报刊发表论文数十篇，已经出版的著作有《存在主义与文学》《死亡意识与中国文学》《禅悟五人书》《徽州文化丛书》《千家言》等。

琐忆：师大的饭菜票

胡治平

光阴荏苒，记忆犹新。

1978年金秋十月的一个夜晚，我带着棉被和木箱，住进了安徽师范大学零号楼302室。不知什么原因，当夜寝室里的灯不亮，先到的同学都入睡了。我借助走廊里的灯光，找到了自己的铺位，铺好被子就睡觉。由于几天的旅途劳累，那晚我睡得很沉很香。第二天早上，先起床的马德俊同学喊"同学，起床吃早饭啦"，并轻轻推了我一下。我一骨碌爬起来，与先到的几位打了招呼。待我洗漱后，刘慧宇同学对我说："你昨天来得晚，没有买饭菜票，我这里有，先用我的吧。"接着就带我去学生一食堂吃早饭。同学们的热情让我感动，打消了在家时一些多余的猜想和顾虑。

正式开学后，学校安排我们1978级学生在一食堂吃包伙，八个人一桌，没有凳子就站着吃饭。每天开饭时，食堂里熙熙攘攘，人声鼎沸，好不热闹。当时我们是十个人一个寝室，基本上是以寝室为单位分桌吃饭，一桌坐不下，多余的人就与其他组的同学拼桌，我和本组的其他3人与一个4人小组合桌。吃包伙弊病很多，一是等人到齐了才能开饭，那时不像现在有手机联络方便，有时为了等一个人，都站在那里急得跺脚，看着别人快吃完了，等候的人火气直冒，怨声不断。二是都觉得吃不饱。饭菜限量供应，本来就不多，好一点的菜一个来回就没有了。就我们一桌8个人来说，年龄小的才16岁，年龄大的近30岁。吃饭的时候，两个老大哥经常提醒大家："动作搞慢点！动作搞慢点！"几个小的狼吞虎咽的，哪控制得住速度，后来就都不斯文了。当时很羡慕包伙桌的男女搭配，一是女生饭量小，饭食上男生要占点便宜；二是男生在女生面前多少也装点斯文，有说有笑的，不像纯男生共桌，吃饭就像赛跑似的，争先恐后，一点也不谦让。总而言之，吃包伙矛盾多，人人都不满意，吃饭的时候有人敲碗有人敲盆，随时起哄。有时把不好吃的菜倒在桌上，或撒在地上；时不时地与工人师傅吵嘴，发泄怨气，好像是工人师傅要我们吃包伙似的。吃了一段时间，大家再也忍受不下去了，反对吃包伙的“大字报”也上墙了，几乎人人签名。鉴于此，学校也就顺乎民意，改为发饭菜票了。

当年我们的生活费是每月15元，后来物价上涨，增加到17.5元。不发钱，只发饭菜票。饭菜票分红黄两种颜色，票面就火柴盒那么大。每个月，班里的生活委员徐桃荣同学把扎好的饭菜票发到我们的手里。我算计着每一天的开支，要求每个月不能超支，也确实做到了，有时还有一点节余。好在那时物价便宜，5分钱就能买一份青菜，2毛钱就能买一份炒肉片，一日三餐吃什么自己做主，吃得很满意。有一次打饭时我还闹了一个笑话。年长的阿姨打好饭伸手要票，说我没有给票。我很惊讶，我递瓷缸时明明给了饭票，怎么说没有给呢。我理直气壮，坚持说给了。后面排队的同学急得直嚷：“快点快点！”阿姨就没有再坚持了，饭虽然打到了，但我以为自己受了委屈，当然有些不高兴。回到寝室，我闷头吃着饭，及至最后饭菜见底时，浸透了菜水的饭票露出了真容。我恍然大悟，立即赶到一食堂，正好那个阿姨在收拾窗口。我亮着瓷缸，说饭票在碗底。她看后宽厚地笑了笑说：“可能是没有注意就打饭了。”一点没有责怪的意思，反倒使我羞愧不安了。我要拿一张干净的饭票给她，她说：“就要这张湿的，我可以把它换成新的。”从此以后，我和这位阿姨成了熟人，每次见面都要打招呼，我也喜欢去她的窗口打饭，每次都觉得她打给我的饭很到位。

我们1978级学生，大多数人阅历丰富，生活节俭，学习刻苦认真，自觉性很强。晚饭后总是急匆匆到阅览室去抢位子，借书阅览，复习功课。有时来不及就请别的同学把自己的书包带去占位子。平时未到开门时间，阅览室门口总有一大批人等着，开门时一阵骚动，男女同学也不谦让，互挤着进门抢位子。没有抢到位子的同学只得另找别处。一会儿，阅览室里就静悄悄的，大家自觉看书做作业。男同学几乎背的都是黄挎包，进食堂进教室进图书馆，甚至上街也背着。有一次我背着黄挎包去中山路新华书店买书，回来后发现书包里的钱包被小偷偷去了。钱包里有几元钱，还有不少的饭菜票。这可是我的全部生活费呀！当时又急又气，恨不得杀了小偷。我的老乡师姐姚小菊同学知道此事后，一面讪笑我防范能力差，一面从她不多的饭菜票中拿出5斤饭票3元菜票，帮我解决燃眉之急。尽管百般不忍，但我还是接受了她的好意。40年来，我一直记得她在6号楼树底下给我饭菜票的情景，一直心存感激。

段茂南先生教我们的文艺理论课，他为人谦和，教学严谨，深得同学们的喜爱。先生的夫人与我的一个亲戚是同学。一天受亲戚之托，送东西去他家，刚坐下,师母就说:“你来得正好,我的一位朋友在中山路大众电影院小巷里捡到了师大一食堂的饭菜票,她以为我们用得着就给我了。我这里离一食堂太远,不去那里打饭,你拿去吧。”师母把饭菜票拿到我面前,我又惊又喜,红黄相间,用小夹子夹着。这不正是我丢的饭菜票吗?!尽管钱没有了,但饭菜票失而复得,一分不少,真是巧合啊!段老师和师母了解情况后高兴地笑了。师母善良贤惠,问到我的学习和生活情况,食堂的伙食好不好。我说伙食很好,比家里的伙食好。师母感慨说:“来我家的学生不少,都是说伙食不好,食堂的饭菜不好吃。就你一个人说好,什么原因呢?”于是,我向师母说了我的感受。食堂里每天都供应青菜、炒肉片,经常卖米粉肉、猪蹄子,还有鱼,家里平常哪有这么丰富的菜。我们用瓷缸打饭,饭在下菜在上,菜水油汁能浸到碗底。我们在初中高中读书时,由于离家太远,住宿在校,每个星期天下午挑着柴、米、菜上学,菜就是两瓶咸菜,大多是咸豇豆、咸芥菜、豆腐乳等。一个星期在学校每餐都就着咸菜下饭。冬天还好,每到夏天,菜就发霉,但不管怎样都得吃,因为学校食堂不供应学生的菜。年复一年,就是这么过着。那个年代物资匮乏,生活艰难,能填饱肚子就算不错了,人人如此,家家一样,也不觉得苦。——那晚在段老师家交流很多,坐了好长时间。临走时师母炒了蚕豆酱,用酱干、花生米相拌,装在一个瓶里,要我带回来吃。我捧着暖烘烘的菜瓶,心里美滋滋的。回到寝室,被酱香所袭,室友们争相品尝,上了床的同学都要起来尝一口。第二天早上,几个嘴馋的买好馍回寝室吃,因为用馍蘸蚕豆酱吃味道最美。

在师大的4年里,一直觉得伙食很好。不仅是我,农村来的同学都有跟我一样的感受。我们寝室的老大哥年嗣杰,家在宿县农村,家里有老婆孩子。老大哥为人厚道,学习认真,生活朴素,很少看到他穿新衣服。让我难忘的是,他每次假期回校时总从家里带来一大包咸辣椒。吃饭的时候,他左手拿勺子,右手拿一个辣椒,也不需要其他的菜,吃得津津有味。有时我们也尝一尝,又辣又脆,真好吃。我们边吃边开老大哥的玩笑:“老大哥,嫂子对你这么好,你在这里可别花心哦。”“俺不会的!嘿嘿……嘿嘿……”老大哥笑得那么憨厚朴实、可亲可敬。我们寝室的二哥侯光存,也是来自农村有家室的学生。他确实比我们优秀,有兄长的风范。大四的时候,物价飞涨,食堂里菜的价格贵了。为了节约钱,光存兄经常买点小菜回来,在寝室里烧煤油炉炒小菜吃,更多的时候是做青菜汤。那时我与他合作,一人打水一人打饭,吃饭都是在一起,所以我一直分享着他的厨艺,吃了不少他做的菜,而他知道我的家境,总是不要我花钱。现在想起来，感激油然而生。我的老乡——1979级的孙浩然、李迎春两个学弟，家境清寒，平时节衣缩食，入校时两人经常只打一份菜分着吃。有一次我支援了一点饭菜票给李迎春同学，他一直记在心里。现在我们在一个县城里工作，好友聚餐时，他总是提起此事，每每都要陪我多喝一杯感情酒。

师大的饭菜票保障了我四年的学习生活，丰富了我的人生阅历，也让我养成了和善的性格和乐于助人的处世态度。岁月悠悠，往事历历。永远忘不了在师大校园里的生活情景，永远忘不了帮助过我的那些人。

校友简介：胡治平，1978级校友。先后担任过中学语文教师、中学语文教研员，太湖县教育局局长、党组书记。

难忘赭麓母校情

凌德祥

2018年母校90周年校庆及文学院院庆，校友会邀约，激荡思绪波澜。40年前，从我们来到梦寐以求的安徽师范大学中文系就读那天起，宁静优雅的校园氛围一直在我们的心头萦绕，恩师们高度投入和孜孜不倦的教诲让我们一生难忘；学友们那种刻苦用功、顽强拼搏、指点江山、激扬文字的昂扬向上精神也一直是激励我们不断奋进的能量。

1977、1978年的高考空前绝后，这批大学生也就必然成为中国历史上的一大奇葩。1977年恢复高考，凡1946年9月1日后出生的中学毕业生都可报考，除无论婚否外，报考、录取还仍有些限制。但因时间太紧，命题、考试由各省市自主安排，考试时间多安排在12月10日前后，安徽为12月10日到11日。参加高考（1967—1977年）的中学毕业生570万，录取27.3万（录取率4.8%）。1978年春季入学。

1978年高考，恢复高考后首次实行全国统一考试，彻底贯彻“分数面前人人平等”，报考、录取政策比1977年进一步放宽：考生可以初高中毕业同等学力报考；因病留城和病退知青也可报考；取消考查“家庭出身”的“政审”；1966级高中毕业生，不受年龄限制，亦均给一次高考机会。考试时间为7月20日至7月22日。1978年参加高考人数增加到610万，录取40.2万（录取率6.6%）。1978年秋季入学。

由于当时中专、中师、大专和本科考试、录取一条龙，录取含近六成中专、中师生，实际按今天意义上“大学”录取率相对很低（1977年高考，辽宁省实际大学和大专录取率不到2%）。

接到录取通知书时，感觉像火车业已开动，一阵狂跑、气喘吁吁抓上最后一节车厢后门把手，心神未定地才上了车。刚进校几天，仍如梦中，接到校徽和学生证那天，自己似乎才觉得真真切切跨进了这所高等学府。

安徽师范大学临镜湖，依赭山，园林葱茏，荷塘其中，环境非常静美雅致。

山顶艺术系，也是个绝佳去处，拾级而上，曲径藏幽，隐约飘来悠扬琴声，宛若诗境。常相伴游赭山、逛镜湖，“学即卖弄”、争晒诗文。

操场西边一排男生宿舍楼，一排女生宿舍楼，整齐典雅，很有历史文化气息。我们当时住的零号楼紧靠南边围墙，新建不久凸显新雅。宿舍四张双人床住八人，中间有张桌子，箱子码放床头，甚是拥挤，但显得紧凑、整洁。走道空无一物，卫生间也非常洁净。

中文系1978级4个班，一二班合一教室，三四班合一教室，都在1952年建的4层教学楼上。教室地板好像高出地面三四十厘米，在教室里读书有置身旧时大户人家书房的感觉！去年同学聚会，晚上再探原教室，地板破旧，墙壁斑驳；踏入零号楼“旧居”，更是如涉足棚户区电器修理店，楼道房间太过杂乱，已很难寻觅记忆中那些美好印记，徒增一些酸楚。

入学后，系里即发给大家一份每学期必读书及主要参考书目。当时系里教学、办公场所异常紧缺，但还曾将教研室公共场所提供给学生使用。面对我们这批水平不整、基础薄弱又被过度耽误、太过“平庸”之辈，老师们仍视我们这些天下“蠢才”为可造的英才，百倍投入，精心育之、点化之！这也正体现了教育最为本质的精神！因为教育最根本的任务就是将所有普通人教育成为社会可用人才或栋梁。

孟庆惠老师教授“现代汉语”语音、文字，结合正音、诵读实践，系统全面教授国际音标等，并在课下指导我们研究古音韵。陈庆祜老师教授词汇，语言精练，条理分明；龚千炎先生教授语法、修辞，张柏青老师教授“古代汉语”，都给我们留下非常深刻的印象。

教授我们文论、写作和文学课程的老师们也都非常棒！祖保泉先生《文心雕龙》讲授精彩，让我们如醉如痴，课下竞相追捧求教、求字。仇幼鹤老师写作教学非常认真，指导我们将李白《望庐山瀑布》改写成散文，令我感受最深。仇老师教授写作的同时让我们从作者视角去认识诗歌，使我们对该诗有了更为深刻的认识和了解。几年前拜读仇老师的文集，才更为深切地感知到，正是有老师们身体力行地创作、研究，才能获得当时那么好的教学效果。

“十年动乱”后，百废待兴，求才若渴，人们对“文革”后恢复高考入学的大学生们充满着无尽的期许。同学们似乎可感受那无处不在的惊羡目光，因此格外珍惜，也充满骄傲，“挺”着佩戴在胸前的校徽！

1978级同学年龄跨度很大，知识水平差别也非常大。老三届高中毕业生基础非常扎实，应届生大多学了些语数课程。但有些同学实际只读过小学，即便读过初中，大多也只上过有关毛泽东思想、马列主义理论等《政治思想》(毛泽东思想)、有关务工务农所需基本生产劳动知识的《工业基础》和《农业基础》。外语课也只是学了几句英语写的毛主席语录。语数外、史地生知识零星靠在这些课程中或自修获得。

面对来之不易的学习机会，同学们都疯狂般拼命抓紧一切可以利用的时间刻苦学习。

天还没亮，很多同学就已在楼前操场跑步、练单双杠，天刚亮即开始早读、背书。

入学第一年，曾像部队那样集体就餐，8人1桌，站着就餐，感觉伙食不错，就餐也很省时、省心。因须等齐8人方可开饭，故偶有个别同学为太久等候而生些许龃龉。改为用饭菜票的自由就餐，排着长队，人人捧书习读，秩序井然，已成当时食堂一道亮丽风景线。

早餐后，多去食堂西边花房、荷池边自修。

下午下课后，操场、球场满是锻炼的人群。

晚饭后，一般都是在教室看书自修。教室里总是满座，大多要11点左右才会回到寝室。似乎无周末休息概念，每遇停电，虽可获片刻理所当然的懈怠，但稍做休整往往就会有很多人又毅然“扑”往路灯下继续修读。

生活也异常简单。为节省排队时间，多数同学都是你排队打开水我打饭扫地分工合作。师大读书期间，我与同屋凤文学同学就是这样密切配合了四年。

洗澡大多在宿舍公用卫生间直接用自来水冲淋。冷水浴从春季开学持续到11月中下旬。不知是冷水浴还是年轻缘故，当时倒是几无感冒。

每位同学都对知识满是无尽的饥渴，无论什么课、什么讲座都踊跃、认真参加。记得当时学校曾邀请了国内外一些名家做讲座。如古典文学大家程千帆先生讲授唐代文学；美国哥伦比亚大学中文图书馆馆长、时任纽约市立大学教授亚洲研究系主任唐德刚先生讲授中国“文革”历史资料及家谱文化；蒋孔阳教授美学讲座。讲堂场场爆满，连过道都挤满了人，互动气氛热烈，盛况空前。

课下，大家也经常组织在一起研讨。考试复习，同寝室还常聚一起互相问答模拟，学习气氛异常浓厚、和谐。

在这样良好的学习环境中，很多同学在校期间发表了文章和作品。本人大二也曾在美国某杂志上发表了文字研究方面的文章，还与同班的周国光同学合作研究《说文解字古今音读》，中国社科院《语言文字通讯》对此曾加以报道，论文曾收入当时的《安徽师范大学学生论文集》。

回顾师大读书的四年以及离开母校后工作的四十年，非常感谢安徽师范大学中文系的老师们正直为人、严谨治学、认真教学，感恩师大及文学院严谨、厚重学风的熏陶。师生关系密切、融洽，理论学习的同时注重实践能力和演讲能力的培养，这些都对我们有非常好的影响，也让我们在从事教学几十年中，不至于成为只偏于埋头研究而不会讲课、研敏口讷的跛脚教师。

在人生的道路上，我们之所以能够无憾地为社会做出一些应有的贡献，首先应归功于母校及母校的老师们。

毕业之后，很遗憾没能和母校及文学院有较多往来，只应邀参加过一次学术纪念活动并且做过一次学术报告。

今后，一定常去令人思牵梦绕的母校看看，一定要尽力多作交流联系，争取为母校及学院的发展多尽心力！

校友简介：凌德祥，1978级校友。上海交通大学人文学院教授，上海交通大学研究生教学督导，上海交通大学文治堂丛书学术委员会委员、演讲朗诵协会会长；西安交通大学兼职教授，厦门大学日本研究所客座教授，宁夏大学语言政策与语言规划研究所兼职研究员；汉语国际传播研究会副理事长兼秘书长，国际命名学会、中国语文现代化学会、中国修辞学会常务理事。

曾任南京大学外国语学院学工组组长、南京大学外国学者留学生研修部（现为海外教育学院）副主任，全国外国留学生教育研究会常务理事，江苏省外国留学生教育研究会常务副会长，美国普渡大学孔子学院理事会理事等。

我的大学

高　勤

我考上大学那一年的年龄，正好同儿子研究生毕业时的年龄相仿，尽管被“文革”耽误了若干年宝贵的青春，在二十五分之一的极低录取率情况下，我仍然有幸考上安徽师范大学，成为区别于“文革”前“老三届”的“新三届”的一员。

那是一个我们国家刚刚经历“十年浩劫”的年代，整整一代青年人被抛弃在文化的荒漠之中。恢复高考的消息，就像一股清凉的甘泉滋润着许许多多渴望知识改变命运的青年人的心田。那不仅是一个民族复兴的新曙光，也是一个人命运的拐点，更是老中青几代人求知欲集聚十年的大爆发。

记得我上学的那天，第一次走进梦寐以求的大学课堂时，情况比刘姥姥第一次走进大观园也好不了多少。宽大的阶梯教室，粉刷一新，让我们这些来自全省各地的学子，尤其是像我这样一些来自农村的学生，除了兴奋的情绪，更多的则是好奇。给我们上第一堂大课的是我国著名语言学家张涤华教授，尽管他用举一反三的方式，深入浅出的语言，讲授汉语言独有的博大精深的魅力，但我们大多数同学仍然似懂非懂。其实，这也正常，我的同学中，有高中的，有初中的，甚至少数人只有小学学历，虽然经过苦读考进大学，但毕竟功底有限，很难一下子适应大学的学习和生活。正因如此，在后来的四年里，每到晚上自习的时候，教室、图书馆、阅览室几乎爆满，很多同学每天晚上6点刚吃完晚饭就去抢占座位。

在毕业后的第二年夏天里，我参加了同届校友M的婚礼，问他是怎么追上被称为班花的同学N的。他给出的答案让人感到有点意外：“替她抢占了三年的座位！”抢占三年的座位，就能赢得一桩好姻缘，尽管有点桃色幽默，但从一个侧面真实地反映了当时的大学生对知识的渴望。

更让人惊讶的是，那时学校规定大学生谈恋爱是严重的犯规行为。而MN同学竟然在三年的时间里，在教室、阅览室这样的公众场合下，躲过众目睽睽，神不知鬼不觉地不被学校当局发现，颇有当年地下工作者的风范。

我上的是师范大学，不仅不要缴纳学费，连吃饭国家每月都要补助二十多元钱。二十多元钱在当时是多么的值钱，菜市场里一只鸡蛋四五分钱就能买到，食堂里一份粉蒸肉也不过两角钱，这样的生活水准，我即使不节约着用也基本上够了。邻班的一位皖北地区的同学，因家境贫寒，一个月下来，还能省下十多元钱寄回家。我们班上有两个带薪的同学，每个月享受比我们拿国家师范生生活补助费要高出一大截的工资，着实让我们既羡慕又妒忌。不过这两个同学还够意思，隔三差五地约一些同学到学校附近的小餐馆解解馋。那时学校食堂最好的菜就是红烧肉，不像现在的大学既有大锅饭式的食堂，又设有专门菜肴丰盛的小餐厅。我所住的寝室围墙外马路边就是一些小餐馆，对外出售一种淡黄色的散装啤酒。每到星期六的下午，就有同学，将一根长塑料绳子的一端拴住热水瓶手柄和买酒的钱，缓缓地向下放到小餐馆门前逼仄的空地上，由小餐馆服务员灌满啤酒，再由买酒的同学拉上去。发展到后来，有不少寝室不临近围墙的同学特意到临近围墙的寝室里，仿效着做。久而久之，用塑料绳拴热水瓶吊啤酒，就成了安徽师范大学一道奇特的风景。

恢复高考最初的1977、1978、1979届（级）大学生，最让人难以忘记的特点就是年龄的差距。我们班五十个同学，年龄最大的比年龄最小的正好大十二岁，相差一轮。据说，数学系某个班级同学之间的年龄相差近二十岁，最大的同学已是五个孩子的父亲了。相比之下，我们班的年龄差距是小巫见大巫。我当时的年龄正好处在中间位置，比应届生大，比“老三届”小，这也符合我所追求的“适中”的生活哲学。年龄的差距，不仅生活习惯存在较大差异，思维方式也大相径庭。像塑料绳吊啤酒之类的事，墨守成规的“老三届”们是怎么也想不出来的，只有那些思维跳跃的十八九岁的应届生才能想得出来的。据考证，这个点子就是邻届的来自皖江中部小镇一个全年级年龄最小的S同学发明的。

大学的几年，在人生的长河里虽然只是一个短暂的片段，但它对于每个上过大学的人来说，不论自己以后是成为达官贵人，还是沦为穷困潦倒一族，都要永远记住大学生活曾给过的恩赐，至少我是这样的。

校友简介：高勤，1979级校友。在校读书期间，有幸与“新三届（级）”都有瓜葛，且结缘都深。睡过1977级的寝室，坐过1978级的教室，当然待得最长的还是1979级，当属与众不同的“跨届（级）”求学者。当过小、中学教师，机关干部，图书编辑，新闻记者，彩票业管理者，亦属新时期“跨界”工作较早较多者之一。

在安徽体彩工作期间，全程参与全国第一家“体育彩票希望工程助学基金”、全省第一所也是全国第一所以“体育彩票”命名的“希望小学”等著名公益品牌项目的策划、组织与实施。

文学作品散见于全国数十种报刊、文集。有多篇作品获奖，入选多种版本诗文集。小说《丈夫》，《安徽工人报》曾开辟专栏展开争鸣。小说《楼的困惑》《最后一台彩电》，散文《祖母》《拇指饼干》，诗歌《这是一段与水鸟和平共处的时刻》等分别被《微型小说选刊》《时代发现》等转载、评论。

1992年加入中国作家协会安徽分会。

退休后，落户、定居北京。

忆师大年华

朱志荣

我1979年考上安徽师范大学中文系，从此走向一个全新的世界。我起初对文学和创作有兴趣。后来对文艺学、美学逐渐感兴趣。教我们文艺理论课的先后是方可畏老师和陈文忠老师。后来有古代文论的梅运生老师，美学课的汪裕雄老师，祖保泉老师为我们开设过“《文心雕龙》讲读”，严云受老师和方可畏老师还为我们开设了“典型与意境”的专题选修课。王明居老师本科虽然没有给我上过课，但他作为我的同乡前辈，对我也多有教诲。学报编辑部的陈育德老师专业是美学，给政教系上过美学课，对我也有教诲。在本科阶段，除了对美学、文艺学感兴趣之外，我对古代文学也有浓厚的兴趣，先后为我们上过课的有贺崇明老师、蒋立甫老师、潘啸龙老师、余恕诚老师和刘学锴老师等。由于喜欢美学，本科阶段有时也到政教系去旁听文秉模老师的西方哲学史课。

由于上大学让我有机会见世面，学到很多知识，我倍感珍惜。在大学本科阶段，我很想把专业学好，希望将来能做学问，成为一名大学老师。所以我经常早出晚归，待在教室里看书，练习论文写作。

毕业以后，由于毕业当年没有考上研究生，被分配到滁州中学任教。一年半以后，又到滁州电大任教。四年以后，1987年，我又重返安徽师范大学中文系读文艺美学的硕士研究生，导师是王明居老师和汪裕雄老师。他们对我的言传身教，使我成为一名学者。两位导师对我恩重如山，我终身感激他们对我的栽培。

我母校里的导师和中文系的老师们对我最大的影响是，把学术事业看成是神圣的事业，学风笃实，治学勤勉。

我那时经常到几位老师家里请教学问，受到他们的热情接待。王明居、汪裕雄、祖保泉、陈育德、严云受、方可畏、刘学锴、余恕诚、潘啸龙老师等，曾经是我经常拜访的老师。他们认真耐心地和我谈学术问题。他们对学术的虔诚，深深打动了我。

校友简介：朱志荣，1979级校友。现为华东师范大学中文系教授、博士生导师，中华美学学会理事、中国文艺理论学会理事、中国古代文学理论学会理事，上海市美学学会副会长。

为学应须毕生力，攀登贵在少年时

王屹宇

38年前，1979年的9月，和在座各位同学一样，我作为中文系的一名新生走进师大校园。文学院给了我真正意义上的文学启蒙、学科训练和思想的滋养，祖保泉、刘学锴、余恕诚、龚千炎等一批学术大家以他们丰厚的学养、儒雅的品格、高远的情怀成为我们学子的导师、偶像和引路人，在2017年师大开学典礼上发表精彩演讲的陈文忠先生那时还满头乌发、风华正茂，他的“文学概论”课是我们追捧的课程之一。我们读书的20世纪80年代是一个对知识和文化全民尊崇的时代，也是一个突破禁忌、敢于思考和思想的年代，经济的贫困阻挡不了我们对知识的渴望，我们省吃俭用购买书籍，师大校园里的书店营业员是我们最巴结的人，《刚刚解禁的世界》和《中国文化经典》一出版就一抢而空。因为那个思想和文化的黄金时代，因为师大文学院敬爱的老师，师大培养出了一批批优秀杰出的学生，我们心中始终对师大、对老师们心存感恩之心，师大给予的营养让我们受用一生！感谢文学院给我这个普通校友如此的荣耀，今天站在这里作为校友代表发言，其实，仅仅我们1979级就有许多杰出的同学，我站在这里，颇有点诚惶诚恐！谢谢文学院、谢谢老师们！

我是一名语文教师，是一个普通的中学校长。我想，我能站在这里发言有一个原因，那就是师大和文学院领导对于语文学科师范教育的重视。作为一线教育工作者我特别赞同和支持文学院领导的高瞻远瞩的战略思想。在今天这样一个追求民族复兴、文化振兴的时代，基础教育特别需要优秀的人才投身师范教育，特别需要优秀的人才在基础教育阶段播撒中华文化和世界文明的种子。重视语文教育和语文教师的培养，就是重视我们民族的精神品质和文化传承。良善和真理的传扬是语文教师的必然使命！史铁生说：“我们都在时光的罅隙里苟延残喘，可是我们都还有一个平凡生活中的英雄梦想。”一个人，一名语文教师，自然是渺小的，但是我们可以有、也应该有英雄梦想，依然应该相信我们可以通过教育传递文学的温度、思想的价值、灵魂的意义，依然相信一名优秀的教师、一名优秀的语文教师可以对某一个人进而可以对这个世界有温暖而微小的改变或影响。

诸位同学，如果我们真的坚定和坚持这样的英雄梦，就需要大学四年的学习、思考和积淀。你们刚刚结束中学的学习，你们一定知道什么样的语文教师才是满足学生需求、助推学生发展的好教师，你曾经希望拥有的好的语文教师的模样应该就是你大学四年努力的方向。你需要通过大学四年的学习和知识储备为未来的工作奠定基础。不学无术不可能成为好教师。优秀的语文教师不是仅靠口才而为人肯定和敬爱，他一定是“读，然后教”！和中学不同或者说需要补中学之缺的就是，诸位需要在大学里阅读、阅读、阅读！唯有阅读和思考让我们强大！一名优秀的语文教师需要不断开拓精神视野，需要保持对思想的新鲜感，需要不断培养、更新、提高鉴别力。而这，除了阅读，别无他途。

雅斯贝尔斯在《什么是教育》中主张：教育，为的是让人“通过语言传承而成为人”，让人拥有优雅的品格和圆满的人生，作为教师应当帮助学生形成理想生活的憧憬与期待，使他们踏上社会时，能够为寻找自己的圆满而生活。众所周知，在今天的教育现实里，优雅和圆满还是稀缺的“物种”。诸位是今天的受教育者，又是未来可能的教育工作者，教师乃身正为范，那么，我们同样需要认识和确立自我生命中的优雅和圆满的标准，修炼和丰满自己的生活，拥有良好的品味和修养，奠定自己的人生底蕴，未来才有事业和生命的高度，也才能像前面我叙述的文学院众多人生导师一样影响和光照后学者的一生！

为学应须毕生力，攀登贵在少年时！（苏步青语）希望诸位同学保持对学问和教育的热忱，摒弃杂念，拒绝诱惑，追随师长，一心向学，不辱人生使命，那么，便是你们将来学生的幸运，是中学教育的幸事，也一定会是安师大文学院的骄傲！作为校友和你们将来的同事，我也会因为与优秀的你们同行而感到无上的荣光！

最后，祝诸位大学四年快乐、充实、进步！祝老师们健康、幸福、发达！祝文学院越办越好，硕果累累，满院生辉！

（注：本篇系王屹宇作为校友代表在安徽师范大学文学院2017级本科生开学典礼上的致辞。）

校友简介：王屹宇，1979级校友。现任铜陵市第一中学党委书记、校长。中学语文正高级教师、安徽省特级教师，享受国务院政府特殊津贴。曾获全国优秀语文教师、全国绿色园丁奖、安徽省教坛新星、铜陵市教育局优秀共产党员等荣誉称号。

最难忘，赭山脚下那四个春秋

池昌海

我是1983年8月走进安徽师范大学的。于我而言，能考进师大是很高兴的事情，意味着有了一个接受高等教育的机会，可以领略另一个不同世界的风采，当然，也会给我的生活带来完全不同的未来。

但一开始，一切都是那么懵懂，不知道即将开始的学习状态与高中有什么不同。我的大学生活就在这样充满疑惑和憧憬中开始了。

记得第一个学期除了“英语”等公共课外，就开设了“现代汉语”“写作”等专业课，后来陆续开设了“古代汉语”“古代文学”“现代文学”“文艺理论”“外国文学”等许多课程，可谓目不暇接，内容也很丰富，让我体验到了和以前被动学习以及主要为记忆、操练的学习特点不同的滋味。课堂上认真听取老师的解读、评价和思考引导，课外尽可能多地去图书馆借各种参考文献阅读。学习紧张而有序。那个时候和现在大不相同，娱乐途径少，条件也不好，学习成了主要的生活内容。

给我们上课的老师，我都很佩服，没有一个不认真、不严谨的，看得出，他们热爱自己的工作，而且很投入，很多老师对专业有自己的思考，有自己的研究心得。其中记忆较深的有讲授“古代汉语”的鲍善淳教授、讲授“文学概论”的陈文忠教授、讲授“现代汉语”的孟庆惠教授与朱景松教授、讲授“逻辑学”的杨树森教授、讲授“语法学”的龚千炎教授、讲授“音韵学”的张柏青教授等。他们将不同专业和方向的沿革、研究得失等展现在我们面前，给了我们开阔的视野，引领我们在学术的百花园里徜徉，并能激发我们的兴趣，解决我们心中的疑惑。他们有的平和，有的沉稳，有的幽默，有的则循循善诱。

要说给我印象最深的，莫过于朱景松教授了。他给我们讲授了“现代汉语”的语法部分，同时兼任我们的生活和学习导师。朱老师不仅专业水平高，能将抽象枯燥的语法知识讲得浅显易懂，更能引导我们思考观察，探求语法现象及其规律。更难得的是，他除了在生活上给予我们很多帮助外，还义务性地组织了“语言兴趣小组”，把1983级里对语言有兴趣的同学组织起来，定期地在办公室给我们开小灶：读书汇报、问题交流、思考心得。他给我们开了一份有一百多本的阅读书目，有索绪尔的《普通语言学教程》，也有朱德熙的《语法讲义》，等等。这一活动持续了一年多的时间，可以说，这给我们打下了较为厚实的专业基础。虽然当时还没有报考（硕士）研究生的想法，但这一学习过程，无疑为我将来的选择提供了明确的选择基础。

每每想起这些，我心中总是涌起热潮，老师们的音容笑貌历历在目，心中的感激无以言表。如今我也走上了他们的教学之路，近30年的教师生涯更让我体会到他们当年的精神是多么难得，怀念他们对我们的无私付出。

老师们，你们辛苦了，谢谢你们了！

我们一定会永远铭记你们的教导，将你们的宝贵精神与优秀品德传承下去，尽力使自己成为一个尽责尽力尽心的好学生、好老师。为你们祈福！

师大的美好，还有很多：美丽精巧的校园，秀气的荷花池，荷花池边的石凳和东侧的树廊是我们早读的宝地，多少个日出我们是在那里迎来的。还有校后院的赭山之麓以及建在山上的艺术系，幽静而景致绝佳，在那里的小径上留下了许多徘徊和思考。还有学校图书馆，对当时的我们来说，就是一座书山，藏满了珍宝，经常是早早在门外等候。还有外语系的阅览室，小却内容丰富，也给我留下了极好的记忆。更为特别的是那幢生化楼，估计快到了大四的时候，几乎每一个晚上，我和几个要好的同学，都会穿过像迷宫一样的楼道，走到最北面的楼层，但那里经常是教室满员，只好一间一间地寻找空的座位。因为那是唯一晚上不停电的自习楼，我们可以在那里多看几个小时的书。在那幢楼里，星星陪伴着我们这些渴求知识和渴望进一步深造的学生们度过了一个又一个紧张但充实的夜晚。

生活上，师大给我的印象也很深，且美好。我出生在宣城的一个古老小镇，那里的山水、人情当然美好。但20世纪80年代初，生活似乎刚刚能喘口气。所以到了大学，一切都改变了，校园的美不必说了，食堂的伙食也很丰盛，除了常规的饭菜外，还有食堂边上的面条店，给人的印象很深，因为味道好，总是排队。还有路边时常摆出的点心摊也让我们流连，记得有位师傅的蛋炒饭很有特色，手法熟练，味道鲜美……当然，还有学校围墙外的夜宵摊点，在酷热的夏夜，或寒冷的冬夜，常常会引诱我们翻出围墙，去品尝芜湖的馄饨、臭豆腐，等等，所有这些让我们的大学生活有滋有味。

说到了学习和生活，不能不想起我的同学、室友。

当时的条件远不如现在，我们一入学就被定了"终身"，十个男生挤进同一个宿舍，另加上四个女生，就构成了一个小组。男生宿舍第一幢就是我们住了四年的地方。在那里，我和来自安徽各地的其他九名同学构成了一个稳定的小家庭，还清楚地记得，班长彭立兵比我们稍年长，总像兄长一样指导我们；李瑞农来自霍邱，直率热情，但开始总分不清他的"吃换"就是"吃饭"；杨礼文来自泗县，喜欢开玩笑，总是背着个大大的书包；张天来来自和县，一来就戴副眼镜，话不多，但学习可是用心用功；汪仕林沉稳腼腆；胡满仓来自青阳，热情风趣，宿舍里有了他就有了热闹；徐迅好则文气内向，偶尔也会来个冷笑话；年纪最小的是吴怀东，来自广德，学习认真不用说了，还很执着。我们小组当时就被大家看成稀奇了，因为似乎特别爱学习，不知道是风气所致还是个人特点，大家在图书馆、自修室待的时间要多很多。毕业那年，就有6名同学考上了研究生，也是同级一景吧。

大学的四年，给我们带来了丰富的营养，在学习上，在生活上，等等，也为我们的后来生活、工作打下了重要的基础。母校丰富的知识底蕴给我后来的专业发展和教学都提供了极为重要的支撑，良师们的学识水平和品德风范，一直激励着我，提醒我要以他们为榜样，在学术上做出自己的贡献。

同时，大学四年也是人生中最为快乐、无羁无绊的四年，虽然生活上仍较艰苦，也必然会有这样那样的遗憾，但那四年是值得珍惜、值得过好每一天的难得的日子。现在当然在各方面都应该比过去要好了，我相信和我们抱着一样憧憬的学弟学妹们，一定会过得比我们更丰富多彩，更有情趣，更有收获。

安徽师范大学，我的大学母校，衷心地感谢您的教育，感激您的激励！

作者简介：池昌海，1983级校友。现任职于浙江大学中文系，为语言学及应用语言学专业博士生导师，浙江省语言学会副会长兼秘书长，中国修辞学会常务理事，全国语言理论和教学研究会副会长。在国内外学术刊物上发表论文60多篇，出版专著和教材多部。

在芜湖的那些日子

胡晓明

一、文艺学

1983年,我考上了安徽师范大学文艺学专业的硕士研究生,当时全国的考生四十多人,只取了两人。我带着考中的兴奋与荣耀,大干一番的学问志气——20世纪80年代初特有的英雄气,以及浓郁沉重的抛家别子的思亲之情(女儿刚刚出生不到一个月,我就只得入学了),从贵阳先乘火车到汉口,然后从汉口坐船,顺长江而下,到芜湖。一路上饱览了长江下游宽阔壮美的气象,感受到古人诗歌的意境和情怀。我在船上看的书是张承志的小说。但是真的没有想到,后来几年一路上车船颠簸得如此辛苦,武汉又是非常热。有一年在武汉,住在武昌的亲戚家,因摆渡转乘的时间太久而误船。武汉给我的印象,太大太重,街边家家户户门前都是一排躺椅,每一张旧旧的躺椅上面,都有酷暑中人的身体烙上去的黑乎乎的湿印。

但是进校之后才发现,原来,我考上了的这个文艺学专业,暂时还没有批下硕士点。那个时候,每一个学校的硕士点必须由国务院学位委员会来审批的,那就意味着,我在这里读的这个研究生,可能是一个没有硕士学位的研究生。一下子弄得我有点着急。因为考的时候并不知道这个情况。我是冲着祖保泉先生考的。因为祖先生有一本书,关于司空图《二十四诗品》的解说,感性而兼学理,我非常喜欢。当时中国的研究生教育一切都刚刚开始,安徽师范大学当然有很强的文艺学专业实力,有优秀的老师,但是地方比较偏,所以影响比较小,可能批下来会比较晚一点,这无疑在我的心头投下了一片阴影。所以,当我的导师组给我设定了一个阅读书目和培养方案的时候,我一看,全是现代文艺学的书目,并没有我想要学的古代文论。我就去跟方可畏老师商量,说我是来学古代文论的,这个书目可能适合我的师兄吴家荣,不适合我。那天晚上,我去找方老师之前,我在心里面其实已经做了一个决定,那就是:要按照自己的要求、自己的标准来读书,读最重要的书——古代的经典。其实那个时代最流行的并不是古代文论,而是西方文论,我在本科时也读了大量的翻译而来的西方文论的书,但是我已经开始有些厌倦了那五光十色走马灯式的外来理论,我决定要读中国的东西,从中开出一条路来,这有点狂,当然跟我的启蒙老师赖高翔先生的影响有很大的关系。所以,我有那个定力,决定不能够完全按照导师组开出来的这个书目来读书,我在心里想,如果读了三年的硕士,没有拿到硕士学位还是次要的,没有好好地读几本重要的书、自己最想读的书,才最可悲的。所以我心里面,决定按照我自己的目标,好好读三年书,至于学位,那并不重要。

当然,方可畏老师并没有令人"可畏"。他为人相当亲切,我当时真是年少轻狂,向他夸口,我几年之后,一定能在古代文论上做一番大事。他没有说我大言不惭,耐心听完我的陈述后,表示古代文论很重要,支持我的想法。

这当然不是说不要听从老师的,而是有些时候,听从自己内心真实的声音是十分重要的。如果说八十年代的学生有什么特点,这算是一个特点。

二、导师

后来的事情证明了,我这个决定是十分重要的。我后来自定的硕士论文的题目是"唐代意境论研究",完全是一个古代文论的题目,在三年后黄山召开的硕士论文的答辩会上,受到了答辩委员会主席蒋孔阳教授的高度评价,我一直记得他的评阅书第一句:"这是我近几年来所看到最优秀的一篇硕士论文。"有这一句话,三年的读书生活就没有白过了。嗯,当然,我的几位老师,给了我很高的自由度,能够在自己有兴趣研究的题目上下功夫,读自己决定读的书。他们的自由包容与对学生的尊重,不但是那个年代老师的风范,而且是安徽这样学脉深厚的地方,才会有的学问风气。这是我对安徽师范大学最初的一个重要印象。说到我的几位老师,方可畏先生的亲切与人情味;周承昭先生的博雅,我记得他给我推荐李石岑的人生哲学,以及民国时科学与人生观的讨论;严云受老师给我们开完整的"文艺学"课程,在他家的方桌旁边,娓娓道来,思路非常清晰。记得严老师说过一句话,现在读文艺作品,要跟过去读得不一样,要有思考地读,要勤动笔,这让我一直受用。祖保泉老师的"《文心雕龙》讲读",是大课,常常从一个字的训诂讲起。他的神情动态,有点古人的风味。老师常常提起他在四川大学的时候跟杨明照先生的一些情景,他对杨先生的感情很深,后来,他跟我的博士导师王元化先生的感情也非常好。导师组唯一的要求,即是根据自定的读书计划，每学期做大量的读书笔记。三年下来，写了好几个本子。

三、三号楼

当时整个安徽师范大学的研究生非常少，可能文科类每年也总共就是七八个人，我们跟哲学系的研究生住在一起，这有一个好处，就是一起去听文秉模老师开的“哲学史”课程，从古希腊讲起，虽然半懂不懂，但是一个课程听下来，毕竟受到了一些哲学思维的训练，一点哲学气息的熏陶，对后来的读书治学还是相当受用。不说别的，元化老师是黑格尔哲学素养非常深厚的，我与他之所以接得上，跟师大文老师有点关系。读博士的时候，特别能够跟得上王先生的思路，先生也觉得我的文章对路。可是文老师抽烟太厉害了，英年早逝。他上课时手不离烟，那种享受的神情，与抽象的哲学知识的享受融合在一起，给我一种很深的印象。那个时代是个哲学的时代，我们跟哲学系的同学，都住在三号楼，经常在一起讨论，一共就那么几个研究生。三号楼也是青年教工的宿舍，我记得还在那里认识了当时的青年教师，后来的同事潘德荣教授，我们在那里一起吃饭。他那时刚刚到师大哲学系做文老师的助手。但生活中难免会有一些尴尬的事情。当时住在我的房间对面，居然是哲学系与中文系的两位刚留校的青年女教师，就只一条走廊之隔。因为研究生非常少，我们就会经常在一起吃饭、聊天，这里面产生了一点小小的误会。中文系某个青年教师，好像对我特别好，有什么好吃的就招呼我。而我自己心里面，好像感觉到有点对不起在远方的妻子，尤其是她刚刚生完小孩。所以就刻意地去跟她疏远，甚而终于找了一个机会，相当生硬地对她说：“我是有妻子的。”“唉唉唉！”她感到莫名其妙的同时，唐突地应着。从此我们就不再说话了。这当然都是因为我自己心中有一个“鬼”。噫！我们这些成家而又抛家出来求功名的老学生呵。这个事情一直到今天，我都感觉到是一件尴尬、遗憾的事情，毕竟，那女教师是那样无辜而又善良。这也算是我们那个时代的“病态青春延迟症”之一。

四、良师益友

今天我们读一个学校，常常以为，这学校是最重要的，在学校里老师是最重要的，也可能吧。但是在我们那个时代，有时候，同学可能才是最重要的。我在师大的读研期间，对我影响最大的同学，就是邓小军兄，可以说影响了一生。说起来，小军与我是世交。在成都的时候，我们有同一个老师，古典文学的启蒙老师赖高翔先生。赖先生是三十年代老川大的才子，林山腴先生的高足，写得一手很漂亮的骈文。程千帆先生在成都时，看过赖先生的文章，曾许为“汪容甫以后，一人而已”。但因为我在贵阳，只是几个假期去成都跟赖先生读古诗文，我从来没有与小军兄见过面，当我考取师大研究生后，跟赖先生辞行，他就提到了已经在师大读古代文学专业的邓小军，让我去见他。这真的是一个生命中的奇缘。同一个启蒙老师，又同一个学校。师大是成全我们的奇缘之地。我跟小军兄一见如故。每天晚饭后，都约好一同去镜湖边散步，无话不谈，从家庭、学问，到国家大事。他可以说是我的良师益友，我之所以能够对新儒家的一些东西，产生浓厚的兴趣，小军是其中的接引人之一。陈寅恪、熊十力的书，都是小军给我推荐的，我在那里第一次读了《十力语要》《新唯识论》以及陈寅恪的《柳如是别传》等。这无疑打开了一个广大幽深的世界。我在一篇题为《读熊十力》文中曾经写道：

> 1983年，我千里负笈，来到长江边上的一个江南小城读书。当时，那还是一个比较安静、颇富于过日子意味的小城市。学校在城里的湖边。读写之余，我沿湖而行，穿行于城市的街巷人群之中，常会有异乡人的感觉。而且，偌大一个城市，似乎只有我一个异乡人，操着与大家不一样的语言，抱着与大家不一样的思想。傍晚时分，有时去江边漫步，望着茫茫的江水，想一个问题：我从哪里来？我来要什么？我那时刚刚经历了四年的本科学习，那是极为充实而富于思想激荡的岁月。我现在自愿离开了一切喧闹，然而生命忽然变得空无着落，狂奔之后的失却方向，而面前的江水似示我宇宙人生的苍茫无边。……快到放假时，江边一声声汽笛，又教我魂飞梦萦于家乡、亲人。总之，我的生活世界似乎正弥漫着一种感伤、怅惘、自我放任，以及虚无主义。我似乎变得很“小布尔乔亚”（今天的说法是“小资”）。正是在这个时候，我遭遇了熊十力。一开始是《新唯识论》，然后是《十力语要》。——这个顺序很重要。《新论》的语言太好了，刚健、清新、有力量，也有嚼头，一扫洋八股味儿。而且，《新论》的系统很舒服，很合适于我们那总是不满、总想颠覆点什么（80年代人的通性）的狂想。《新论》还有些传奇，如熊与欧阳竟无的故事、与王恩洋的故事，以及周恩来下令只印了五十部以赠友邦，再加上与邓小军兄的师友因缘与这部书的联系，等等。那时，书的“在世”意味，总是比现在要本真得多的。接下来的《十力语要》

也很重要，又纯正、又随意、又直指人心。总之，将我从“小布”里拔出来，开始企慕着大人之学。接下来那几年我常常来往于长江上，看鸥起鸥落、日出日没，“哀吾生之须臾，托遗响于悲风”的情绪，不是没有了，而是我将它做了一个底子，翻上来，正是透破那“物与我皆无穷”的天机。从此浩浩长江、一天星月，皆成此妙谛法身。我于是懂得那古时的文学不只是美文，这是通过熊才有的歆喜。熊成了我通往中国文化幽深处、佳胜处的一个桥梁。后来，熊先生也成全了我和导师王元化教授的一段因缘。记得那年和先生在复兴路上散步，车水马龙、灯影婆娑，先生一路说熊，从性情到学问，索性又带我去看淮海路熊先生的故居，我们踩着吱吱作响的楼梯拾级而上，敲开那久已换了主人的房门……，这都是后话了。

熊十力先生，那是我生命中的一段风力，借得这风力，便通得过人生的关口。海德格尔曾说：“没有无的原始启示，就没有我性和自由”。然海氏说也不周，只是光秃秃的无，哪里够。我先是放下一切，体认原始的无，然后由此翻上来，抟成我性，开启自由。我生命中有此一转，前面便觉风光精彩，从此便是不厌不倦。熊说来便是如此简单的好。

我们那时候读研究生有一个后来中断了的传统，即外出访学。我读研的第二年去了两个地方，一是西安，一是北京。在西安访问了霍松林教授，在北京访问了张少康教授。令我惊异的是，2015年我在香港中文大学客座，张先生请我到树仁大学讲演，先生几乎一点都没有变化，八十多岁的老人，步子硬朗，精神旺健，记忆极佳，思路清晰，勾起我三十年前的在北大燕园的记忆。1984年那次访学，尤其重要的是找到了我一直想读的书。在一篇序言里我这样写道：

1984年冬天，我只身往北京访学。北图的管理员告诉我，我所需要看的那些书，包括钱穆、牟宗三、唐君毅、方东美、徐复观等的书，以及《学原》《鹅湖》等杂志，现已迁到一个叫柏林寺的地方。我好不容易找到了坐落于雍和宫东侧的柏林寺。至今已不甚记得，这是清代哪一个皇帝修过的古寺，当时感觉阅读的环境极佳。一间长长的厢房中，两面都是开敞明亮的玻璃窗。气氛出奇的安详、踏实而宁静。外面是刺骨的寒风，里头温暖如春。火炉上一只大铁壶总是“滋滋”地冒着热气。开水是免费供应的，中午，我常常就着火炉烤馒头吃，然后直到关门才离去。我惊异地发现，那里的书已经等我很久。如果说，我今天已了解，讲中国的历史与文学，除了讲辞章之学，考据之学外，仍须讲文学大义，那么，这一新的天地，正是柏林寺为我打开的。柏林寺不啻为我的学问生命的一种特殊地缘。这些年，我时时在想，冬天里的柏林寺，一扇扇疏疏地洒入阳光的窗棂，异样隔绝而充实的读书气息，以及那个“滋滋”冒着水气的大铁壶，……还有么？

在师大的三年中，我还参加了多次重要的学术会议，其中一次是广西桂林的文艺理论会，在那次会上认识了李劼、徐岱、陈晓明、蒋述卓、党圣元、贾益民等青年朋友。李劼那时驼着背，身形凝重，高度近视的眼镜后面，目光忧郁，嗓音急促而富于煽动力。徐岱沉着而有英气，不说话则已，一说起话来分量很重。陈晓明则浑身充满了浪漫狂想的诗人气息，没大没小，像一只鼓满气的皮球，永远好像都要跳起来的样子。老蒋忠厚而热情，后来成为我的同门师兄，是他介绍我考入王元化先生的门下，也算是机缘造化了。当然，因为我后来没有做文艺理论，除了述卓、圣元兄之外，就没有跟这帮朋友再有什么来往了。另一次会议是在屯溪召开的《文心雕龙》学术讨论会。会后组织往黄山一游。导师派我与当时系里的青年教师朱良志一起，先住到黄山去打前站。这次充分领略了黄山令人着迷的美丽。一路上与良志兄非常谈得来，良志是一个充满诗意、聪慧敏感、热爱自然与艺术之美的青年朋友，跟他在一起很容易受到一种感染，更深地陶醉在大自然的美景之中。后来良志也成了祖先生的硕士生，成为我的师弟。后来他在中国美学上写了几本重要著作，非常有成就。我常常引为骄傲。

五、镜湖

前面提到的镜湖是一个很秀美的城中小湖。安徽师范大学就在镜湖边上，一出校门，迎面就是碧波荡漾，柳树轻拂。芜湖这个小城市有了镜湖，一下子就有了灵气，有了江南水乡的妩媚。我与小军兄，很爱镜湖的美，每天都围着湖转上两圈，讲很多很多的话。湖边还有一座电影院，记得有一次放越剧《红楼梦》，王文娟、徐玉兰演的，看了一遍不过瘾，我们连续重复看了三个晚上，竟然每次都在里面哭得稀里哗啦的。这是我受过中国戏曲最深切的一次影响。到今天我觉得，没有哪一部电影能够赶得上这部越剧《红楼梦》。读研究生，一定要有一部震撼心灵的电影。当然还看过很多其他的电影，但都没有印象了。

夏天小城的盐水鸭、冬天的青鱼都特别好吃。那年放寒假回家之前，从长江边买了一条齐人腰的大青鱼，腌制风干，提回家给父亲过年吃。记得在汉口轮船转火车，有半天空余，小件寄存处拒绝存入大青鱼，苦了我提着那大家伙，齐腰高，晃悠晃悠，在武汉街头逛商店，把好多售货员都吓坏了。可惜拿回去，父亲只尝了一口，说是“比起我们家的江团(肥沱)，硬是差远喽”。

湖边还有“傻子瓜子”，当时安徽有名的零食。然而让我觉得最美，最难忘的是在湖边上的一些弄堂口，冬天的时候，总归会有一个小火炉，上面炖着一小口铁锅，里面有一小篼菠菜，翠绿鲜红的样子，一个小辣椒，炖得好入味的牛肉汤。芜湖的冬天很冷，喝一碗，微辛渐入，热力满身，走回来的路上，暖和之极，所有的寒风都不在话下了。读研生活，一定要有一种难忘的美食，那就是这碗牛肉菠菜汤了。

离师大不远处，还有一个邮局，一个澡堂。邮局是每周必去的，那个时代哪里有现在这么好的通讯条件，要与家人联系必须到邮局去排队打长途电话，先填好单子，请话务员帮你接通，你在大厅里等着，话务员会喊你去某个编号的小亭子里，赶紧进去关好门，把话筒紧紧贴在耳朵上，生怕漏掉远方亲人的每一个字。每通好一次电话，比吃了什么大补的东西都要开心踏实，如果电话没有联系上，好几天心里都会空落落地难受。至于洗澡，那是冬天里莫大的享受。尤其是洗好澡，躺在铺上，买一些香干或傻子瓜子，再抽一支烟，喝一点茶，就飘飘然了。那个时代所有的享受就是这些。至于学校后面的赭山，竟然一点印象都没有了。

湖边还有一个书店，买了一些书，回想起来有印象的，只有叶嘉莹老师的《嘉莹论诗丛稿》和曹旭编的那本陈衍的《宋诗精华录》了，后者一直到后来我都用来做研究生的教材。叶老师的那本书，亦成为读研期间影响最深的书之一。艺术感受之细腻深入，文字表达之婉转述情，生命感发之沦肌浃髓，我欣喜在读研期间有这样神交一样的相遇。多年后，我在温哥华叶老师的讲堂里、餐桌前，以及UBC的图书馆里，欣然与叶老师相对，谛听其言，沐其音容笑语，恍如梦寐。

六、余论

聪明的人吃不了苦，吃苦的人不聪明，而安徽师范大学的学生是又聪明而又很能吃苦的。这样的学生能有出息。仅以我所知道的安徽师范大学校友来说，如华东师范大学副校长汪荣明、香港中文大学中国语言文学系教授张健、我的同事华东师范大学古典文学专家彭国忠、文艺理论专家朱志荣、现代文学博士凤媛，以及安徽大学教授唐诗专家丁放、首都师范大学教授文心雕龙专家陶礼天、复旦大学古典文学专家查屏球、浙江大学楚辞学家王德华，以及我的女婿余星宇，都很厉害。人才是对母校最大的回报。

安徽师范大学诗学中心，是国内最成功的中国诗学中心，集聚了一流的人才，有杰出的研究成果。古典文学学科也是国内最好的古典文学专业，有刘学锴等大师前辈，也有胡传志这样优秀的中年骨干人才。

师大一定要把诗学中心办好。诗学是中国文化最精妙、最有灵性的非物质文化遗产，是吾民族的灵性所在。诗学中心要敢于做前瞻性的课题，敢于与世界、与当代学者对话，敢于回应时代最重大的文化课题。我相信师大一定能站在这个领域的最前沿，发出自己的声音。

校友简介：胡晓明，1983级校友。华东师范大学中文系教授、博士生导师，终身教授。现任国家重点学科华东师范大学中国古代文学学科带头人、华东师范大学文学研究所所长。兼任教育部人文社会科学重点研究基地中国现代思想文化研究所研究员、副所长；复旦大学中华文明国际研究中心兼职教授、中国美术学院南山讲座教授、中国古代文学理论学会会长等。

那些师大浪漫主义之印象(上)

吕鸿宾

所谓印象，指有点光影和色彩罢了，时隔三十多年，我的记忆未必准确，或有其事或无其事，所以看官们不必较真细节，如果您能留言补充您记忆中的事实，帮助大家一同回忆，那我真觉得不胜荣幸。

1984年进校，1988年毕业，正好处于20世纪80年代中期，前溯1981级学长，后迎1987级学弟学妹，说跨80年代不算过分，所以我只能写师大的20世纪80年代。

看了许多校友对母校的回忆，尤其是写对师长的款款深情，打心眼里敬仰又羡慕，那些发自肺腑的感情是要有深交至少神交的，而不学无术、花花“公子”的我，那时对于德高望重的先生们的敬畏更侧重在”畏”。怕大人们怪罪我的散漫自由、不求上进，我敢主动搭话的老师只有一位——教我们体育课的老太太李老师，我求她800米达标考试放过我这个懒虫，她就是不答应啊，逼得我邀了一大帮同学端着饭缸为我长跑考试加油。其他的与老师的对话都是老师找我的，连和毕业论文指导老师王维昌教授我也只例行公事交流了一次。学生辜负了老师们的殷切希望，没资格写老师啊。

我只配写写风花雪月、吃喝玩乐了。写法也就照波德莱尔给的定义：“浪漫主义既不是随兴的取材，也不是强调完全的精确，而是位于两者的中间点，随着感觉而走。”在浪漫主义这个标题下，我可以胡说八道。

从风花雪月写起？再写琴棋书画诗酒茶……

风。显然芜湖不似塞北大漠的风城，绝少给人有深刻印象，大江流经的玲珑小城只有“远岫出云催薄暮，细风吹雨弄轻阴”的写意，说风不如来说雨。芜湖四年，被蒙蒙细雨滋润着，从初春杏花雨、春分桃花雨、清明桐花雨直到春末夏初梅子雨，暑假值班的、考研的免不了还要在暴雨中冲向食堂，那年深秋，好不容易组织的小组团日活动——游西梁(天门)山，全组同学被秋雨横扫湿透衣服，虽感冒而永生难忘。

芜湖的雨声，是师大生活的背景音乐；芜湖的雨雾，是师大女生的美容补水利器。你还记得各系美女皮肤最好的一定是本市走读生吗？男生更是，咱班生活委员老孔，那皮肤水嫩得让我们女生也望尘莫及。混迹于芜湖当地小老板之中的樊非老弟，一面垂涎人家芜湖小丫头的美丽，一面学着芜湖腔嘲笑她们的满口国骂。每一个师大女生，在芜湖读书四年，基本等于去了韩国美容，等某天淋不到芜湖雨，即便是秀灵精怪的小燕子，也失去了轻盈。

花。虽是江南名城，三十年前的芜湖，花，也不会像今天中国的任何一个城市那样可以靠金钱引进全世界的品种。春天郊外油菜花蜜蜂嗡嗡，夏天荷花塘清香浮动，秋天赭山公园照例菊展，冬天呢？除了镜湖公园里的梅香，只偶有雪花。不过，那不是年轻时我们关注的，我们关注的是校花、系花和班花。

谁是当年的校花？评起来各系男生恐怕要打架，不过各花入各眼，正如世上花有亿万种，每一个女生都是一朵花，每个人的气质外貌会让人联想起某种花，或艳丽、或清新、或淡雅、或浓郁、或亭亭、或丰腴……你喜欢的花也不同，评价出的系花可能也不尽相同。好在那时世上的审美还没有集中在网红锥子脸上。80年代可不介意这个，有秀美的五官、匀称的身材，最好有点神韵。我的同学程强盯着阳台上他种的花感慨：一样都是红色，梅花就是高贵，不像海棠那样俗气。呵呵，怕是受宋代刘克庄词“压倒群芳，天赋与，十分秾艳”的影响吧？当然能称得上校花的还是大众眼里普遍接受的美丽，就像咏梅、荷、玫瑰、牡丹、兰花的诗歌总比咏油菜花的多吧。

在喜欢花上，我属于杂食动物，万花皆能入我眼，我同宿舍的王松梅同学两根麻花大辫子、一件干净的水红小褂子搭配黄军裤，四年下来没变化，衬托那张怎么在田里劳动也晒不黑的粉脸，活脱脱一朵三月的桃花，不过身边这样的小桃花在校园里不算稀缺，再美也不以一朵而抢眼。抢眼的往往要么是朵儿大，要么是色儿异，要么是味儿奇香，算算每一届名花也有一打吧。

篇幅所限，我来写我们那届一位——1984级艺术系音乐班小提琴手孙心怡同学，私下里我们美称她“小波兰”。其余的，各位可以留言补充您眼里的那朵美丽校花，大家共欣赏。

住在9号楼的心怡同学总是提着提琴盒从我们8号楼边飘过，我趴在窗户上老远就看到她不留一丝刘海的高高额头和那张白得微微发着蓝光、脸颊又隐隐夹着粉色的异域轮廓的脸，淡淡的眉毛下是略略内扣的浅色眼睛，高鼻梁薄嘴唇，不知为什么我认定她是典型的波兰女孩的长相。“小波兰”四年里几乎天天遇见，却从没听见过她的声音，安静、干净、雅致，虽近犹远似月光女神，用朱自清那句“光与影有着和谐的旋律，如梵婀玲上奏着的名曲”来描述提琴手心怡算神笔吧！我那时以为她是一朵莲花，清香悠长的白莲。

在校时从未说过话的心怡同学和我毕业后竟然有一次单独的小旅行。大约是90年代初某周末，我去师大1985级美术系的老同学何晓娟家玩，偶遇已留校任教的孙心怡，不用晓娟介绍，原来我们早就彼此心怡，晚上我们谈熟识的故人、聊音乐，很开心。

离开时她忽然问我：“明天有没有兴趣去教堂做礼拜？”

“好啊，是吉和街的大教堂吗？我还从来没有体验过呢！”

“不是，那是天主堂，基督教堂在二街，走过去挺远，你要准备起早，我过来喊你。”

次日上午我俩赶到教堂时，室内已经坐满了虔诚的教徒，我们只能找了个较后的位置落座，我暗暗观察着周围，充满好奇，我惊讶于台上的伴奏琴师，微卷的花白头发，魁梧的身躯着一件紫红色的水洗丝绸夹克衫，那服饰和气质在芸芸众生中显得别样突出。我们听牧师布道，和众人齐唱赞美诗，接受分发来的圣餐，心怡始终心静气宁好似圣母玛利亚，某一刻，一缕阳光透过教堂的花窗在她亮白光洁的额上闪着，我忽然觉得她那么圣洁、庄严肃穆。

隐约记得仪式结束后，心怡和那琴师打了声招呼，其他的细节早已消失在我深深的记忆海洋里。那时她好像正在准备出国英语考试，此后，再也没见过她，也没有问过她的消息，然而，那个花一样美丽的女子，就和自己的母校师大联结在一起，并不需要经常提起，却永远也不会忘记。

母校繁花似锦，朵朵花开，各美其美。不妨列举一些：墨菊一样珍稀的钢琴师——露，素心兰般花香叶美的才女——静，中国君子兰伫立含蓄的美女——竹，大墙下的红玉兰——玲，花香四溢的木兰——芹……数不胜数，各系都有，印象深刻。看官们，女神们曾经是你们深夜卧谈会的主人公，还是你们来接着写吧！

少女们也羞羞地谈论过那些让人爽心悦目的男神，比如指导我们新生广播操的体育系1982级的胡安琪学长，高大壮实还戴着宽边眼镜，温和儒雅简直就像《血疑》中的大岛茂嘛！我们“现代汉语”课助教的蔡启宁老师，他生动悠扬的磁性嗓音加上优雅稳重俊秀的形象，标准的书生气质迷倒一大片中文系女生。有一次蔡老师带我去芜湖一中录制配音，为抄近路他背着黄书包和我一起翻一号楼前的墙头，后来我和女生们说起这事，引来一阵唏嘘声啊！

雪。芜湖冬天是下雪的，一般随便飘一两天雨夹雪证明来过，冬天冷过。隔几年下一场较大的，像今年那么大的雪那得十年或二十年才有。虽然雪少，那时却有一种以雪命名的冬衣流行起来，叫滑雪衫，差不多人身一件。1985年年底1986年年初下的雪不大也不小，以至于轻便也不暖的滑雪衫抗不住寒冷，去中山路商店想去买件棉大衣，不料小偷摸走了我含辛茹苦攒下的几十块钱生活费和50斤粮票，在教室里晚自习冻得发抖啊，含泪给父母写信第一次要钱买衣。雪上加霜是小偷给我的深刻记忆，也是80年代同学的共同记忆吧！

师大雪少，那时却有不少来自雪乡的同学，隔壁寝室有来自最北的黑龙江方正林业局的曹梦晖同学和艾莉同学，她俩寒假返校盘腿坐在下铺说芜湖真冷啊，比她们家冷多了，孤陋寡闻的我觉得她们矫情，人家说：俺们那旮旯有炕啊！

80年代师大是开放的，为很多省区委托培养人才，我们系有胜利油田大专班，新疆石油管理局委培一百多个本科生分散在各系，艺术系有浙江的委培生……不同地域文化碰撞，为师大添了不少活力。

激情饱满的80年代有许多大有作为的青年，入校第一年就听说系里有很多1981级即将毕业的学长打报告去青海支边。一天，王浩敏的老乡来我们宿舍聊天，他就是要支边中的一位，言谈中听不出他要去那遥远的地方有一丝的伤感，反而是一脸兴奋的表情。果然去青海的十几个师兄当中出了一位后来誉满全国的学者——鲍鹏山。“冰雪林中着此身，不同桃李混芳尘。忽然一夜清香发，散作乾坤万里春。”王冕这诗是写咱这位鲍子学长的吧？

月。芜湖的月不比外国的圆，也不比家乡的更亮。年轻时读《春江花月夜》这样的诗也没有走到江边去发“江畔何人初见月，江月何年初照人”的感慨，年轻人是风景但不在乎风景，在乎的只是一边完成学业一边玩得快乐。而今，人到中年，“人生代代无穷已，江月年年望相似。不知江月待何人，但见长江送流水”，成了一种不请自来的心境。此时，我对月的记忆定格在大一时的中文系诗歌朗诵比赛上，我代表班级参赛，选的是1982年一首艺术歌曲的歌词：

我思念故乡的小河
还有河边吱吱歌唱的水磨
噢，妈妈 如果有一朵浪花向你微笑
那就是我

我思恋故乡的炊烟
还有小路上赶集的牛车
噢,妈妈
如果有一支竹笛向你吹响
那就是我

我思念故乡的渔火
还有沙滩上美丽的海螺
噢,妈妈
如果有一叶风帆向你驶来
那就是我
我思恋故乡的明月
还有青山映在水中的倒影
噢,妈妈
如果你听到远方飘来的山歌
那就是我

现在我把这首歌献给天南海北的校友们,小河、炊烟、渔火、明月,愿它们是您记忆中的芜湖,愿您把师大当作故乡,我们一起在师大回忆过去,寻访现在,展望未来。

亲爱的校友,再次请将您的记忆补充在留言里,您的故事可能就是本文的下集,谢谢您的阅读和共同回忆。

那些师大浪漫主义之印象(下)

吕鸿宾

《那些师大浪漫主义印象(上)》推出后,樊非同学一边转发一边愤愤:"在你这个三十年的同学兼好友的眼里,我竟然是'混迹于……'。你后面要不好好写写那个外语系的女生,就不饶你!"

唉,连我都是混迹于大江南北,是不是混重要吗?当然点名道姓直说确实不对,只能道歉。那个女生?他至少在我这里唠叨过外语系的有三个女生啊,还咋写?写谁呢?

又有同学说:"你的风花雪月写得不得要领啊!记得我们晚上在生化楼上自习,艺术系女生笑着唱着从山上下来,那动静可谓惊心动魄,这个可以写500字。"

是啊,可是我脑子里有99个故事,999个画面,又怎么写呢?

那这么开头吧:百废待兴的20世纪80年代,是科学的春天,学子孜孜求学的师大校园,融融春意在勃发,青春的生命如黎明如晨曦,处处琴韵对熏风,曲诗接流光,逐舞飘轻袖,清歌绕飞梁。好一派:

风花雪月赏非俗,诗酒琴棋画与书。
四季听松依赭麓,三春访柳绕镜湖。

琴棋书画,花开四朵,各表一枝。呵呵!

先说琴。不必说后山上艺术系琴房琴声终日叮咚,也不必说我们这帮器乐爱好者组织的民乐队参加艺术团演出的振奋,单是师大琴音二绝已是令人如入幻境。

有谁在月色之下,探访过幽幽的棕榈树掩映的后山陡梯?那你一定曾听到如泣如诉、如怨如慕的《江河水》,或众马奔腾、奋蹄疾驰的《赛马》二胡曲,那是艺术系陈伟同学在夜夜苦练。某夜,我陪美术班李竹姐上山画画,竹姐一喊"陈伟——"立即传来二胡婉转的"李——竹——你——好——"。竹姐笑说:"还有吕鸿宾","吕——鸿——宾——你——好——"。哇！难道是传说中能模拟人声的擂琴？不是,以陈伟自幼练就的功夫,这点小技何在话下？如果他认识你,只要你喊他一声,二胡一定回答你。好玩的是有时候一批人路过,每个人的名字连起来曲曲折折,谱成一曲小调,逗得大家羡慕又开心,清凉深寂的后山顿时温暖起来。

这还不是最绝的。有一段时间,我上下晚自习路过荷花塘旁的学生会办公室,总能听到古筝弹奏,一勾一抹滑音泛音,招招有模有样,谁会在那里练琴呢？终于有一天没忍住好奇,探头一看,大吃一惊,弹奏者竟然是——她,微微白胖、身着白围裙的三食堂厨娘！白天她还给我打菜呢,怎么能和眼前醉心演奏的是同一个人呢？原来野百合也有春天啊！

有琴怎能无歌舞？多才多艺、身怀绝技的斜杠青年,80年代师大可不少,与今天到处是各种专业培训班培养出的科班底子不同,大家多是因为爱好自学成才的,单是我们入学时系里一台迎新晚会就让人大开眼界,光1982级的学姐印象深刻的就有好几个,余大芹姐的民歌《山清水秀太阳高》让我眼前一亮,大气秀美的台风完全不同于她平时非常朴素低调的模样,李莉姐美声唱法《长江之歌》高亢开阔,二位学姐的演唱丝毫不输于专业歌唱水平,王静学姐表演《雷雨》中的繁漪一角吸粉无数……当然我们新生中也有一批才子才女登上历史舞台,比如代表人物张媛媛,她女中音演唱电影《绝唱》主题曲《野鸽子之歌》,开启了她集美貌与才华于一身的大学生涯……

除了《歌唱祖国》大合唱比赛之外,那时最广泛的群众艺术活动还是舞会。师大80年代的交谊舞热正式开始在1984年左右,每到周末,三食堂、溜冰场、体育馆以及各个能搬动桌椅的教室一律水泄不通,校园里到处飘荡着费翔的歌,会的、不会的,跳得好的、跳得不咋的,晚饭后个个蠢蠢欲动,爱好者们还常常串场,在教学楼自己班级搭好台后,留下学的教的再赶到三食堂大场子,和来自芜湖的小丫头小老板飚舞,当然没有人能飚得过篮球教练杨勇杰老师,他刚从北体毕业带来拉丁风格的北京快四,舞风激情奔放,小老板们只有观赏的份,不得不甘拜下风。

超级舞迷们串到最后集中在生化楼大厅,只有那里可以开通宵舞会,过了午夜12点能真正坚持到结束的常常有我和竹姐、文姐几个女生。有一次我和同宿舍同学季松不知不觉跳到最后已经是凌晨三四点了,不想那时候回去吵醒同学们，我说："食堂师傅肯定开始工作了，不如去那里吃早餐等到天亮吧。"果不其然，那里灯火通明，我们在一边看师傅们炸油条，师傅一高兴，特地做了几个麻花炸给我们吃，这特殊待遇是不是值得炫耀一下？

再说棋。棋其实没有啥可说的，其他竞技体育却很有特色，师大的体育跟着浪潮行进，80年代是得排球得天下的时代，中国女排五连冠好似强劲的兴奋剂，师大最热的项目自然是排球运动，我们的体育课必选排球，还好我们都是《排球女将》小鹿纯子的迷妹，一半体育课花在垫球、发球、传球上也不至于烦到呕吐。每年各系打比赛，1987年还在师大举行过全省大学生排球赛。全校没有不会打排球的女生，只有一群打得不好的女生和排球明星的女生之区别，比如1984级女排中文系的张秀华，政教系的王小波是女生中的英雄。那时模特极少，呵呵，想看看大长腿就得去排球场吧？

男生最热的自然是足球，彼时大家对中国足球队还是抱有希望的，以为起步虽晚鼓足干劲还是有机会像女排那样翻身吧？80年代又是产生足球伟大球星的时代，1986年墨西哥世界杯赛，男生们守着一层寝室仅有的一台12吋黑白电视机，从小组出线比赛一直看到最后阿根廷夺冠。晚上大家一边聊着马拉多纳"上帝之手"、仰望赞叹普拉蒂尼、莱因克尔和贝肯鲍尔一边看球赛，白天午饭后各系自发组织的足球队打友谊赛。我的寝室正好在司令台后面，不是午饭后趴在窗户上瞅几眼，就是干脆跑下来坐在司令台上给中文系队加油。碰到"欧洲杯""丰田杯"或意甲联赛，偶尔我也会挤在那一屋子球迷后面，和大家聊AC米兰的"荷兰三剑客"和国际米兰的"德国三驾马车"，还迷过古利特的小辫子。墨西哥世界杯决赛那场，我怕挤不过看不够，带着几个同学去西大门对面亲戚家观战，深更半夜回校自然又是翻西大门。

提起书。先说书法，你会以为这是艺术系的事吧？印象中还真没他们什么事，倒成了我们中文系的活计。我班同学常汉平听说北大王力先生的研究生曹宝麟先生那时正在师大语言所工作，爱好书法的汉平兄便向系里要求请曹老师出山为1984级开书法课，这一来全年级208名同学都算是曹大师的嫡传弟子了，一度掀起了书法热。汉平兄的寝室书桌成了书法习字台，笔墨纸砚等书法用具一应俱全，许多同学课余去那里切磋技艺，汉平兄一日不停地练着练着终于修成正果，毕业时竟然考取了南京师范大学书法家尉天池的研究生，现在汉平早已经是闻名遐迩的书法家。那时汉平兄是我们班宣传委员兼管收发同学们的信件，我俩常常一起研究那些信封上的字，评价谁的爸爸字好、谁的字最有特色是我俩课间休息的乐事。

那时学校新图书馆尚未建成，旧图书馆藏书不少而借书太难，拿着借书单等几本书差不多要半天，两个爱书的人在那里完全可以约会，擦出火花的估计不少。我在那里借几次书，等了一上午还借不到我喜欢的八类(艺术类)书，心急火燎呀，后来不是非用不可的专业书，就不麻烦那些管理员了，除了买书看，同学之间借或者顺还是挺不错的。这你来我往顺来顺去，让我丢了一大堆好书，有个体育系同学一次借了我5本精品书，30年了也不知他人在哪，还有书吗？我顺来的都还了，最后还剩一本书——从许东升兄那里顺来的《勃朗宁夫人抒情十四行诗集》，好多年以后才注意到书的原主人已经是语文界名师的邓彤学长，他和老许是老乡，到我这是二顺了，一不小心占有名人藏书，我也不打算物归原主了。

80年代新出的好书多，全民热读，一套好书出来一抢而空，有时候在北京上海大城市先售，再到芜湖小城卖，老同学之间寄书、送书、借书顺带千里寄情也很常见。有一次我们宿舍陈斯玲收到北京同学寄来的《梦的解析》和《性格组合论》，当时是最时髦大热的两本书，我的口水都要流出来了，斯玲姐憨厚啊，不忍心我想看睡不着，两本都递给我："你先看，我后看。"过了一段时间，"探索书系"面世，我一下子买了一套，解馋啊！

有一年芜湖新华书店在镜湖办书市，折价卖书。我得到消息比较早，星期天起得比平时上课还早，一上午抱回来一大堆书，寝室的姐姐们看到说我自私啊，不通知她们，好书被我先占了，我好委屈，也很自责，我确实是想第一个跑去抢书，生怕最想要的没有了，才一个人先跑到镜湖去。不过后来姐姐们也都是满载而归，大家心理才平衡了吧？

画。这回得说艺术系美术班了，我特羡慕这帮朋友啊，每天哼哼唱唱上山涂涂抹抹就算上课了，这还不是最爽的，每学期外出写生和看画展才诱人呐！竹姐小娟她们一回来就和我描述惠安女、徽州木雕砖雕什么的，文姐和竹姐暑假北疆南疆跟着大卡车司机跑搜集素材，晒得黝黑的回来，长了一大堆见识，添了一大截胆量，不行，不走天下算什么年轻过？

在师大，还有一股部队也是把看天下当上课的，如果我学理科，估计也就选地理系了，他们去黄山庐山考察地形地貌也算上课，想想都惬意，胆量越练越大。我们宿舍王浩敏的表哥1984级地理系严平同学，在大二那年寒假从芜湖出发独自一人骑自行车去北京，那时可没有什么跑车山地车，估计也只是那种加重自行车，小小的个子寒冬腊月奔驰在北方的国道上，是什么风景啊？那是理想主义的80年代的缩影！后来他到我们宿舍说报考了兰州沙漠研究所，我打心眼里佩服，却一点也不觉得意外。

最后来说说诗。是的，说浪漫主义师大怎么能不提江南诗社？世人说起师大尤其是80年代的师大，言必称诗社，仿佛没有诗社就没有师大似的。诗社有一大批成员，各系都有，它的繁荣强大得益于这样的群众基础，也有大量像我一样从不入伙不入帮不进社团的吃瓜群众写诗，不是社员也有首《九月菊》曾在荷花塘旁的橱窗里亮过相献过丑。

我对于江南诗社诸君子并不多熟识，现在互联网可以随意搜到他们的大名，除了我们班同学李成外，我稍微熟悉的只有其中一任社长1982级的罗巴，那时他叫陈寿星，校园里的明星人物，我们刚入校时他来我们寝室看望老乡学妹陈斯玲，明亮的眸子，响亮的怀宁普通话，激情四溢的言谈给我留下深刻的印象。后来我们中文系由诗人罗巴主演的话剧《告别》从系里演到学校，最后在芜湖工人文化宫公演，应该可以记载在师大历史上的。剧的内容我已经记忆模糊了，但看那剧名，在我内心可以看成是对80年代的告别。

那个诗歌繁荣的80年代已告别远去，但我们每一个中文系人心里几乎都有文学梦，我的同届师兄诸如陈仲平的黄山文化旅游散文、韩可胜的《诗词日历》和《宝宝念诗》、佘林颖同学日写一诗、柯宏胜的工作旅行札记、王树举每周读书四言辞赋小记……还有许多许多同学也在默默写着，无论身处哪个行业，一有空闲，心就会回到那个诗意的远方，回到母校，回到80年代，那何止是浪漫主义的年代，也是启蒙主义年代，更是理想主义年代，在那里重新找到前行的力量。

“昔我往矣，日月方奥。曷云其还？政事愈蹙。”百忙之中的80年代师大校友们，你们都好吗？愿我的回忆让你想起那些花儿，想起我们共同的青葱岁月。90岁的母校，祝你越来越好！

天边飘过故乡的云，它不停地向我召唤。
当身边的微风轻轻吹起，有个声音在对我呼唤：
归来吧归来哟，浪迹天涯的游子，
归来吧归来哟，别再四处漂泊。

作者简介：吕鸿宾，1984级校友。现为无为中学高级教师。

师大回忆

储泽祥

一、关于普通话

刚进安徽师范大学不久，有位系领导在年级大会上教导我们要努力学习，其中说到普通话问题。他说："我的普通话说得不好，但安庆地区的同学我还是可以比一比的。"我们这些安庆地区来的同学都十分尴尬，也刺激了我去参加了学校的朗诵协会。去参加朗诵协会的男同学里，谷习长、黄政还不错，我的基础不好，很快就退出了。现在师大文学院工作的崔达送老师，属于安庆地区的人，普通话说得很好。总算有安庆地区的人可以跟那位领导比一比了。回过头来想，领导的激励是有作用的。

普通话必须学到位，但运用普通话做好本职工作才是关键。记得教党史的一位老师，是江浙一带的人，50多岁的样子，普通话并不十分标准，但可以听懂，他的课讲得非常吸引人，因为有事请另外一个老师代课，代课老师普通话非常好，但讲课像播新闻，班长把同学们不满的意见反映上去，又把那位老先生请了回来。看来，用普通话"讲"，还是用普通话"念"，教学效果差别很大。

二、关于老师

我们赶上了好时候。我不敢说那时候是中文系的鼎盛时期，但肯定是最充满活力的时期之一。我们在师大读书的时候，老师特别好，认真负责，吃苦耐劳，积极上进，学问很高。

辅导员谌伟老师非常负责，抓得也紧，对学生的思想动态、学习生活情况十分了解，我是学习成绩很好的学生，四年都评上了三好学生，说明辅导员、班干部对我是很关心的，至少在我看来，对待学生是公平公正的，因为我是连小组长也不是的平头学生。现在想想也真幸福。那时候评上三好学生有100元奖励，这对当时的我来说，是一笔巨大的收入。

年少不更事。有的老师上课拿两副眼镜来回倒腾，或者把眼镜在鼻梁上压得很低，眼睛从眼镜上方看下面的同学，我觉得很奇怪呀。现在才知道，那是近视眼又老花了。

我们当然讨厌老师的教案已经发黄了，用红笔稍微改一改就拿来教我们。不要以为学生看不见，学生都看得清清楚楚。但对一位老师例外。那位老师是教外国文学的，年纪大，人又瘦弱，爬到五楼给我们上课，累得喘不过气来，休息一下才能讲课，额头青筋凸出，有次还咳出一点血来。客观上说，他的课上得一般般，但没有一个同学不尊重他，他认真负责的敬业精神，就是学习的内容。他的声音并不算洪亮，中气不足，但他的课堂总是安安静静的。

我们读书的时候，师大的语言学研究又迎来一个鼎盛时期。语言课的老师普遍负责认真。胡治农老师教国际音标，那是想尽了办法，他的声音洪亮，中气足，发音标准。蒋同林老师的课细腻深入，娓娓道来。李先华老师教“古代汉语”，太辛苦了，每节课都要写一两黑板，因为我们古文献没有功底，讲了我们记不下来，只有边讲边写。他很瘦弱，为写好一篇文章，累得病倒了。

那时候的老师在专业上自己也是要求上进，充满活力，这给我们树立了非常好的榜样。赵庆元老师研究元明清文学，正值意气风发。刘学锴老师学问高，课也上得好，真正是研究和教学相得益彰。“烟笼寒水月笼沙，夜泊秦淮近酒家”这两句诗就讲了两节课，那真是美的享受。所以他是同学们要求“返场”呼声最高的老师。他也很重视我们这个年级，拿考研试题作为期末试卷考了我们一次，现在想起来，全班考得那叫一个惨，可我们一点儿不恨他。

那时候真是充满活力。汪裕雄老师教“美学”，把版画家、音乐系的教授、书法家（如曹宝麟老师）请来给我们上几节欣赏课，让我们体会什么是美。虽然我在这些方面没有一丁点儿建树，但这些开阔了我的视野，丰富了我的人生。

三、关于考研

我们读书的时候，师大及中文系鼓励学生考研，每个考研的学生还发两袋麦乳精呢！学校也开放有长明灯教室。那时候学习风气也好，不爱学习的同学很少见。学校为发展古籍整理专业，专门办了个班，开设了文字、音韵、训诂、版本目录学等一系列课程，可惜我只报了音韵学等一两门课程，以至于遗憾终生。当初考研，我选择语言学专业，是个理性的选择。我把我各门课的成绩一比较，发现语言学各科成绩优秀，是否我在这方面有天赋一点？我看过斯大林的《马克思主义与语言学问题》,书中说语言没有阶级性,我觉得研究这个更好。现在我才知道,语言没有阶级性,但语言运用还是有阶级性和政治性的。定下考研专业后,我计划把图书馆里与现代汉语和语言学理论有关的书全部看完,结果只看了两三百本就毕业了。据说1983级的池昌海师兄看了四百多本。考语言学专业的同学中,储泰松下的硬功夫最多,那么难记的字表、韵书都背会了,我那时就"不明觉厉",敬佩不已。胡中文、项开喜等同学,研究生毕业以后,分别在商务印书馆、中国社科院语言研究所工作,都发展得很好。

四、大学生活

芜湖夏天很热,现在想想也不知那时候是怎么过来的。太热了,同学们就到楼顶上睡,风大,后半夜凉快。晚上十点前后要提水上去泼滚烫的楼顶,十二点拿草席去铺上睡觉,余良海经常带着我,他比我成熟能干。有个暑假守校,被臭虫咬惨了,白天它们躲在桌子、木床、木凳的缝隙中,半夜就跑出来了。我观察它们的习性,写了一篇调查报告交给了学校,还得到了表扬。学校已经发现了这个问题,很快更换了所有的用具。

我们寝室是最团结的,学习风气好,成绩好,体育也厉害。我们寝室十个人可以组成篮球队、排球队,实力可以挑战许多班级,甚至年级。那真是一个让人永远怀念的幸福小集体。里边的故事和当时的人物,只能我们相聚的时候聊哦,不足为外人道也。

一晃毕业30年了。30年后同学聚会,很意外的是,女同学我几乎一眼就能认出来,男同学有些却要想半天,我的男同学们,时间雕刻得太过分了吧?看到变老的同学,太让人感慨了。

校友简介:储泽祥,1984级校友。中国社会科学院语言研究所二级研究员,中国社会科学院辞书编纂研究中心副主任。曾在湖南师范大学、华中师范大学工作多年。2004年入选教育部"新世纪优秀人才支持计划",享受湖北省政府专项津贴、国务院政府特殊津贴。主要研究汉语语法,出版专著6部,发表论文150余篇;先后主持国家社科基金项目4项,教育部哲学社会科学研究重大课题攻关项目1项。

月光下的棕榈小径

李　成

我一直算不得是一名多好的学生，那原因似乎也“情有可原”——就是从小都喜爱诗歌，因此而耽误了许多功课。幸好还能考上大学。在大学里，我也没有好好做学问或为将来做学问做准备，而是继续东涂西抹，写那些被自己视为“创作”的东西。

但母校的师资力量是素称雄厚的。就在我就读的中文系，也颇有几位在国内学术界知名的教师。其中的一两位从前我就听父亲提起过。他们大多住在校园里的后山上——母校背倚赭山，一道墙垣之外就是赭山公园。墙垣势若游龙，随山坡缓缓起伏，而墙内墙外都是绿树葱茏，自成一体。学校的艺术系也设在那里，时时听到琴音笛韵悠悠传出，自是有一种幽深神秘的意境。

这是我敬重向往的地方。它的左右两侧也有几条小径可以通达，小径两旁还生长有一株株茁壮挺拔的棕榈，长长的树叶辐射开来，几可拂拭一级级向上的台阶。我在课余也曾在这几条小径上溜达，并向散落在各处的教师住宅投注好奇崇敬的目光。但那时我感觉学术之于我是那么的遥远。

一天晚上我在寝室里自习。说是自习，也不过是乱翻翻当时出版的期刊或诗集而已。忽然，从敞开的寝室门口，径直跨进一个清瘦而高的身影，我定睛一看，竟是正教我们秦汉文学课的潘老师。我早已知道他是一位有名的才子，不到四十岁就在许多国家级学术杂志上发表论文，引起学界的瞩目；现在，他从我仰望的讲台上来到宿舍，来到我的面前，我不禁感到惊喜。我请他坐，他也毫不犹豫地坐到我对面的床铺上，并与我交谈起来。他问到我的姓名，是哪里人，对文学研究有无兴趣，我如实相告喜欢创作，以为可能会引起他反感，没想到他会说：好嘛，年轻人就应该写诗，我年轻时也写过。有人说，中文系不是培养作家的地方，我看未必，许多作家也正是中文系出身。他问我写了些什么，我拿出一个笔记本给他看，他认真地翻阅起来。我正为自己的稚嫩之作感到惴惴不安，他却指点着一页页说：这首还不错，这个题目好，这首立意不差，只是题目“塑一座精卫鸟”,“精卫”二字怕引起人联想到那个汉奸,不太好办。最后,他竟提出要将我的这本习作带回去仔细看看。已在学术界崭露头角的青年才俊如此重视一个大学二年级学生的“创作”,真是出乎意外,我感到既惊且喜且惭。但更令我感到惊讶的还在后头:一个星期后,潘老师在讲课当中竟然停下来谈起了我的“创作”,大加赞赏,大约说有才情,有基础,有的已相当成熟,如果加以努力,当会取得成就云云。我在下面听着,自是满心欢喜与感动,但没有出息的我没有好好地洗耳恭听,不是因为我谦虚,而是因为有一件事分了我的心——那天早晨,我刚准备从寝室里赶往教室,却目睹校园里一件意外事件发生,我正急切地想告知我的同学,并鼓动他们去一探究竟,竟没有顾得上细致地听也没有认真思索潘老师对于我的评点,可见,当年我是多么的幼稚和孟浪啊!

也许是出于内心的歉意,过了几天,我便一边打听,一边沿着那通往西山的小径摸到了潘老师家。他开开门来,笑容满面地把我延至他家客厅。稍一坐定,我们的谈话便无拘无束地展开。我对他怎么走上学术道路感到好奇,他告诉我,他出生在上海,从上海复旦大学新闻系毕业后分至皖北凤台,担任过中学教师,后又到教育局工作,20世纪70年代末考入本校,师从卫仲璠、蒋立甫先生攻读先秦两汉文学。他介绍了他的两位导师(我都不认识,因为年事已高,他们都不再执教)的学术门径和成就,说:“正是在他们的耳提面命、谆谆诲导和勉励下,我才逐渐懂得做学问之道,开始了对《诗经》《楚辞》《史记》和建安文学等的研究。”他也说到他几篇论文的写作情况与发表经过,时隔二三十年,我记得的篇名只有《〈九歌〉六论》了,因为这篇他提得较多,可以感觉到是他影响较大的得意之作。我还记得他说,写论文也跟文学创作一样,要抓住读书时的直觉,勇敢探索,迅速用文字记录下来,以后再扩展、补充,这有点像胡适先生提倡的“大胆设想,小心求证”。他还讲到他在学术上的愿景,从《诗经》《楚辞》《史记》顺流直下,打通整个文学史。我对他的学术抱负肃然起敬,更羡慕他有这样勇猛精进的精神。他还从卧室里抱来许多文章剪贴,说是他在研究学问之余发表的杂文,最初是应他在《市场报》做编辑的同学之邀而写的,还将继续写下去。他一边谈话,一边招待我喝茶,不知不觉过去了一个多小时,我朝室外的庭院望去,见那里已经洒满正午的阳光,而室内更是充满生机。

这是我第一次接触一个真正做学问的人,从潘老师那里,我感受到学术也并不是如我所想的那样枯燥,也是可以充满激情的。这当然是因为潘老师本来就是很有激情的人,这一点在往后两三年内我进一步感受到,他无论对学问还是世事都保持着不随人俯仰的独立的见解与批评的姿态，这一点是极其难能可贵的。

从此，通往西山的那些棕榈小径在我看来，不仅变得熟悉了几分，也变得亲切起来。我多么想能不时地迈上这些小径，去拜访潘老师及其他老师，但我深知，他们都忙于教学与科研，也不便经常去打扰，同时，才疏学浅的我也无法与他们交流啊。有时，甚至在深夜，我走上小径，也不过独自徘徊，但闻一闻坡道上草木的气息，心情也觉是那么舒畅。

但第三学年接近期末，却因为一门"唐代文学"的考试没有及格，让我一时冲动，在一个月夜一路疾行来到这山麓，冲上小径，跑到了同样居住在这里的刘学锴老师家门前。刘学锴老师是著名的唐诗研究专家，他的《李商隐诗歌集解》皇皇五大卷，已由中华书局出版，而我在中学时代也就曾读过他的《唐代绝句赏析》。这一次，我竟可笑地抱来了自己发表的几十篇作品剪贴。我叩门，来应门的正是刘老师，一个个子不高而清癯的老人(其实那时他不到六十岁)，得知我是他班上的学生后，就叫我跟着进入他的唯一还亮着灯的书房，看得出来，他正在灯下忙于著述。我向他陈述我来的理由，说他这次考题出得不合理，很大部分都是默写诗句，显然有失偏颇，我们为什么就必须记得这些唐诗呢？唐诗那么多，我们可能记得这个不记得那个；班上有那么多人都没有及格，而且，据我所知，及格的未必就真的是唐诗学得好的同学，亲眼所见的是卷子发下来，坐在教室后面的同学纷纷翻书，这次考试显然有失公正，应当作废。刘老师以他一贯的平静神色听完了我的倾诉，对我说，系里已注意到有关现象，所以很久才公布成绩，但既然是考试，就得算数，不及格的可予补考。我向他呈上我的那些"作品"，并说我从小就读他的"唐诗赏析"，还不由分说就背诵李商隐的一首《无题》("来是空言去绝踪")，意在说明我是喜欢唐诗的，也能背许多唐诗，怎么能连考试也不及格呀(考试不及格在我学生生涯确实是破天荒的事)。也许是这一番慷慨陈词起了一点作用，刘老师竟说："我们可以再考虑一下，你的作品留下拜读，过几天你来取。"我遂辞出。走在那条因月光照耀而留下斑驳树影的小径，我没有觉察自己行为的冒失、可笑，心情仍如来时一样沉重，只觉脚下的台阶也参差不齐，高高低低，而清风拂来，棕榈叶一片沙沙作响，却似在安慰我。我遂踏着月色加快脚步回到宿舍。

大约一个月后，我的心情也平复多了。我再去刘老师家。这次我除了见到刘老师还见到正在择菜的师母(师母似乎比老师年轻得多)。这一次，我们好像都没再提考试的事。刘老师还回我的作品剪贴，告诉我：也没有工夫细看，感觉还是不错的。你说喜欢唐诗，应该的。推荐你看看我的老师林庚先生的《唐诗综论》，会有启发，林先生也是诗人，后来在楚辞和唐诗研究上成就卓著。他一边说，一边从另外一间屋子里取来《唐诗综论》，我接过来翻阅起来，浏览了几页，就感觉到一种亲切有味的文风，直觉告诉我，这确实是本脍炙人口的好书。说着话，刘老师又从书架上取下一册他和另一位老师合著（注释）的《李商隐诗选》，说你既然喜欢李义山的诗，就送给你。他还打开书页，在扉页上题上"天意君须会，人间要好诗，录香山句"等字样并签名。我提到他的《唐代绝句赏析》，他又问我读了其"续集"否，我答没有，他复从书柜里找到一册，也在扉页题上了"转益多师是汝师"几个字，一边念着这句诗，一边解释其出处和含义，并说希望我也能如此，广泛学习，最后形成自己的风格、特色。

拿着刘老师送我的书，虽然考试不及格的疙瘩在我心里并没有解开，但走在小径上的脚步无疑也轻快了许多。后来，我虽然与刘老师再没有单独交往，但我积极地选修了他的课，并把他送我的那本《李商隐诗选》读了一遍又一遍，以至都有点迷恋李义山那一首首缠绵悱恻、深情绵邈的诗歌。

此后，我也多次往返于这几条棕榈小径。我登门拜访过翻译家力冈先生，他翻译的《静静的顿河》《日瓦戈医生》刚由漓江出版社出版，这位在"文革"期间饱经磨难的翻译家正声名鹊起，他推荐我读艾特玛托夫的小说，还送了我一本译作《别林斯基传》。此外，我还曾陪外地来的一位客人访问了著名的版画家郑震教授。

往事如烟。大学时代生活日渐模糊在岁月的深处，说真话，现在要我准确地说出通往西山的那几条小径的方向以及各位我尊敬的老师住宅方位，已十分困难，但是，我始终记得那清幽的小径上棕榈树"嗖嗖"垂落的碎影，那一级级上上下下，甚至忽有忽无的台阶，那洒落在小径上的阳光与风声，尤其是那天去刘老师家去"陈情"，回来时所踏的一路月光——似乎当时没有多么注意，而后来这月光在记忆里越来越清晰，以至让我觉得我似乎一辈子都行走在了这条幽邃深远的月光小径上……

作者简介：李成，1984级校友。中学时代开始发表文学作品。历年来，先后在《十月》《诗刊》《散文》《美文》《文汇报》《青年文学》《上海文学》《读者》等近两百家报刊发表诗歌、散文，部分作品入选《中国年度诗歌》《星星诗刊50年作品选》等诸多选本，有十几个省曾以其散文为高考模拟试题，出版散文集《故乡味》，诗歌作品集《裸夜》《海水动荡不停》《秘密：神话与现实》等。现在新华社某部门供职。

我有师大

施春宏

在母校及母系即将迎来九十华诞之际，文学院中国古代文学专业硕士生王文柯同学来信，希望我们这些“漂泊在外”的老学长们回忆一下在母校母系求学期间的美丽瞬间。一晃，从母校走出来竟然已经24年了，我已年至半百，真是岁月不饶人。这二十多年间，母校在我心中，一直是神一样地存在着。我在十年前出过一本书《汉语动结式的句法语义研究》（北京语言大学出版社2008年版），后记中的一段话表达了我对母校老师的感激之情：

我在安徽师范大学读书时，文学概论课老师陈文忠先生在近两年的时间里花了不少心血培养我在文艺理论方面的感觉，甚至将自己的读书笔记借给我研读。我现在对文学作品和文艺理论仍保有较为浓厚的兴趣，是与先生的耳提面命分不开的。蒋同林老师是我决定学语言学后给我指导最多的老师，每学期的两三次长谈成了我最大的享受。大学毕业后，蒋老师一直关心我的生活和工作。还要感谢年级学习导师陈宪年先生、汉语语法分析课老师朱景松先生、从未给我们授课的陈庆祜先生和卢英顺先生等的谆谆教导。还有很多文学课和语言学课的老师们，我无限崇敬和感谢他们。每次回想起大学时与先生们的或长或短、或老师家中或校园路上的交谈，都让我十分感动。

当然，这只是浅描。现在不妨借这个机会将其中的两幅场景再浓描几句，以表达我更加浓烈的思校之情和感恩之心。

我本是一名中专生，1986年安徽省宣城师范学校（四年制）毕业后被分配到青阳县新河中学教了三年书，后来跟高中生一道参加全国统考而成为师大的一员。这样一来，就比同届同学一般要大三四五岁，算是个“老”学生了。也许是当过几年乡村教师的缘故，在师大的四年里，我跟许多老师有过比较多的接触，他们的学问和人格深深地引导着我。这里就回忆一下陈文忠老师和蒋同林老师对我的指导和影响。

在上中专之前，我的阅读经验，除了《三国演义》《水浒传》和一些连环画，就只有课本了；而中专期间，我也许是同班同学中文学作品读得最多的人，其他杂书也翻了不少。算是求知若渴吧。刚进师大时，我除了对文学作品痴情不改外，还对文艺理论产生了浓厚的兴趣，这完全得益于陈文忠老师的教导。也许是文学概论课上做过一两次不太差的作业，让陈老师注意到了我，或者是我主动接近了陈老师。本科生去老师家接受教导，现在是难得一见了，而那个时候很常见。陈老师欢迎我去他家聊天。大概是第一学期结束时，便去凤凰山陈老师家拜访了一次。陈老师开了几本美学、文艺理论和思想史方面的书目让我回去看。由于记忆力一直很差，具体内容现在都已不甚了然，记得比较清楚的作者有伍蠡甫、钱锺书、罗宗强等。后来先生还推荐我看黑格尔的《美学》，说真的，硬着头皮啃，也没看出个道来。有次去拜望时，先生便拿出他的几本读书笔记让我带回去看，学习如何阅读和思考。我至今仍对此感慨万端，感激涕零。这样的"互动"一直持续了近两年吧，直到我自己的专业兴趣后来出现了"语言学转向"。大三大四时仍然每学期都去先生家拜望，此时除了跟陈老师读小学的女儿陈凡凡讲故事外，聊的话题多了一些民生和时政。我师大毕业后一直跟陈老师保持联系，尤其是教师节和过年边上，总想跟先生说几句话。陈文忠老师在学生中"呼声很高"，先生上课时的激情感染着每个听课的学子，几十年都丝毫不减。去年我还在网上看了陈老师的国家级精品资源共享课"文学理论"的几节视频，那立意，那声音，那神态，那书法……我们的陈老师，还是那样年轻，纯真，充满激情。

说到我的"语言学转向"，就要特别感谢蒋同林老师了。这还得从大一说起。我们大一的"现代汉语"课分成两个学期上，上学期是语音和词汇，下学期是语法和修辞。虽然我上过中等师范，对中师生来说，"三字一话"是基本要求，但我的那个"一话"却总是一难（困难"nán"，劫难"nàn"）。大一时我便被列入了"补习"生而受到特殊对待。因此，我第一学期的"现代汉语"学得并不怎样。后来我的硕士生导师于根元先生也批评过我的普通话；博士毕业找工作也因普通话而不能去某些部门；在北京语言大学教书时，特别擅长纠音的刘广徽老师连着给我补了六七次课也未将我改造好。哎，永久的痛。有趣的是，我对音系学、韵律语言学却很有兴趣。这些都是后话了。大一下学期的"现代汉语"课由蒋同林老师讲授。蒋老师的课内容丰富，举例生动，逻辑性强，且常常有着淡淡而隽永的幽默。只是由于当时使用的教材《现代汉语》跟我中专所学教材《汉语基本知识》内容上大同小异，因此我并没有怎么认真听讲。每次上课都坐到最后一排（其实，所有的课都是如此），而且常常翻看杂书，或者伏桌而睡。有一次没有忍住，跟同坐说起了悄悄话。也许声音"超常"发挥了一下，而且时间"超长"，蒋老师走下讲台，从生化楼阔大的阶梯教室的前面一步一步拾级而上走到最后一排，盯了我一眼，说：你可以睡觉，也可以不来，但不能这样说话。而后转过身一步一步走下阶梯，走到讲台上，继续沉静地讲着课。我已不记得那节课是怎样度过的了，反正后来的课都沉默了。有意思的是，最后一次课结束时，蒋老师留了一张纸条给我，上面写着他家的地址，并说如果将来想学语言学，可以去找他。也许是我这个基本上不怎么听课的学生，期中考试或平时作业给先生留下了一些特殊的印象？我将纸条夹到书里，既感动，又对蒋老师有了更多的崇敬。但大二的大部分时间我仍然沉浸在文学作品和文艺理论以及其他庞杂的理论作品之中，虽然由于中文系的缘故，也看了一些语言学专著。

前行的路上往往充满着困惑和偶然。也许是大二下学期快结束时，有了初步的考研念头，但也并不确定。考什么呢？这成了当时最大的问题。按我的情况，似乎应该考文学研究或文艺理论。但当时新闻出版业很时尚，未来前景很好，于是我也想一试。陈老师得知这个情况后，带我去拜访了潘啸龙老师（中文系教授，本科专业是复旦大学新闻系）。然而，路有多歧。当初翻看文艺理论著作时就发现，我们的文学和文艺学都时风较浓，有些话不便说，不能说；待一看新闻学著作，更是如此。也罢。后来一想，法学专业也不错，于是找过几本书来看看，感觉还是那样。再罢。何去何从？还是学语言学吧；而且自己的数学基础应该对学习语言学有些帮助。这时突然想起了那张纸条。多么有远见的蒋老师！第一次拜望，蒋老师说了什么，已经记不清了，只记得蒋老师开了一些书目，大概是先让我定定神吧。然而，想得太多，就难以气清神定，似乎还是难以确定风该向哪个方向吹。暑假回家帮父母"双抢"，也就没想这些事了。进入大三后，有个大四的历史系朋友在准备考研，还有英语系和生物系的大三朋友也准备考一下，于是我也就想去试试。比较来比较去，还是语言学亲……就语言学了。那个时候，考研报名不限学历，不管出身。我立即登门请教蒋老师，先生的一席话解决了大部分问题：支持我大三考研，而且报考复旦大学，并让我去联系刚从复旦毕业两年的卢英顺老师（卢老师现为复旦大学教授）。其实，考研结果出来之前,也只有蒋老师和卢老师知道我的考研之事,并得到了他们的真切指导,而这一切都是在“地下”进行的。

当然,考研的过程也不是那么容易。大三寒假期间就要考试,只有四个多月的备考时间;而且大三的课程也不轻,还要进行期中期末考试;尤其是我还是那么喜欢文学,突然间又喜欢上了展示市民生活和底层生态的元代文学,看了特别多的元曲。当然,时间短不是问题的根本,主要还是考试内容的问题。那个时候,现代汉语、古代汉语、语言学概论各一张试卷,前两门我似乎有了一些基础,大二下学期的语言学概论则学得有些糊涂,恐怕连音位的本质都没有弄明白。最麻烦的还是庞杂的政治和我的哑巴英语。最后的结果很出意外,竟然考了个现代汉语专业第一。复旦大学中文系现代汉语专业那年拟招5人,等额面试,面试导师是汤珍珠先生和游汝杰先生。面试和复试加试都比较顺利,最后拿到了复旦大学的录取通知书。后来……后来因为调档问题而未能成行,失去了求学复旦的机会。大四时重新考研,蒋老师建议并推荐我报考中国社会科学院语言文字应用研究所的于根元先生。成为于先生的硕士,是我人生最大的幸事之一,于先生的应用语言学理论尤其是“交际值理论”,深深地指导和影响了我这二十年的学术研究。

其实,蒋老师对我的指导不仅在学业上,生活上也是如此。为了生活,我在大三大四期间在芜湖市的几个小学办过几期学生作文班,周六周日外出上课。这期间,跟蒋老师讨论得最多。

上面对敬爱的陈老师和蒋老师的回忆,虽然零散琐碎,但已经结构化了我的学术和人生。这些记忆,越沉淀,越香醇。

两位先生对学生的关爱正是师大先生们的缩影。这就是我们的恩师,这就是我们的师大。师大的每位先生都是我们心中的偶像,都是指引我们不断前行的灯塔。

正是有无数陈先生、蒋先生这样的博大之师、伟大之师,师大才是我的师大,我们的师大。无论走到哪里,师大都是我的师大,我们的师大。

校友简介:施春宏,1989级校友。中国社会科学院硕士,北京大学博士,哈佛大学博士后。曾先后当过中学老师、出版社编辑,现为北京语言大学教授,博士生导师,《语言教学与研究》主编。

追忆我的师大岁月

程丽华

濒临澄澈镜湖，傍依灵秀赭山。母校安徽师范大学如同一位端庄朴素的佳人临水揽照，不妆自美；又如一位古朴深沉的老者，见证着岁月的变迁。

1995年的9月，我第一次跨进安徽师范大学，一进门便看见一座小山坡，蜿蜒绕行过去又是另一番风景，荷花塘莲叶田田，塘边设有石桌石凳，聚满了休闲纳凉的人，荷花塘和东操场之间的梧桐树浓荫匝地。这一年夏天走得特别晚，秋老虎分外厉害，印象中天空蓝得刺眼，几乎没下过什么雨。当时住宿条件差，10人一间，挤得满满当当，又是顶层。大一军训扎扎实实一个月，白天体能队列训练很艰苦，晚上回来宿舍里还是热烘烘的，室内比室外温度高，大家都热得睡不着，现在想来不知是怎么熬过来的。我们1995级中文学生宿舍在东8楼的五楼，五楼以下是男生宿舍，于是学校把东8楼的四楼通向五楼的楼梯封起来了，将东8楼和西8楼的五楼一层打通，我们平时出入都必须借助西8楼的楼梯，需要走过一条长长的甬道，路过政教系、物理系、外语系等诸多外系女生的门前，平添了几分曲折，也多欣赏了一些风景。我们楼下是1994级生物系的男生宿舍，后来不知怎么发展成了友好寝室，平时联系主要通过跺脚和敲击天花板，有时也吊绳传书，互相调侃，记得他们还通过吊绳送过一些老家的特产给我们。对面7号楼也是男生宿舍，正对面的一间住的是1992级化学系的男生，中午时分，我们有时隔空互喊，有一次下大雪，两个寝室居然打起了雪仗，引得四周窗户探出了不少脑袋，呐喊欢呼。每逢晚上电视（广播）转播足球赛，7号楼8号楼的男生们就开始将水瓶往楼下砸，哗哗声此起彼伏。1998年世界杯比赛期间他们砸得更是厉害，两幢楼下，一地碎银，好在那是洗衣房的晾晒场，平时锁着，不会对学生造成什么影响，学校也宽容默许。因此女生打水打饭时都不敢把水瓶随意放在一边，一不小心，可能就被男生“顺”走了。

20世纪90年代的大学校园还是象牙塔，充满诗意浪漫的气氛，大学生天之骄子的味道十足，毕业后能分配不错的工作，没有就业的压力，大部分人悠游自在地度过了四年,不忙于考各种证书,颇有点读书不为稻粱谋的意思。校园里有漂亮的女生、白发的先生,其中女生长发飘飘,衣袂飞扬,各美其美,举手投足都是天然的清纯,人造美女闻所未闻。校园的广播经常播放高晓松和老狼的歌曲,那一片白衣飘飘的年代,那白衣飘飘的年代哎哎……

我们1995级中文系是当时文学院乃至全校出名的明星班,全班100位同学中有十来位师范保送生,能歌善舞,多才多艺,让我们这些过去一直埋首于考试的高考生大开眼界。辅导员老师非常重视学生的综合素养,加之有文艺骨干的引领,我们班各项文体活动成绩都非常突出,合唱比赛年年夺冠。如果我们班有同学当导演的话,应该也可以拍出一部《芳华》,有多少故事埋在岁月里,说出来,一样会感动自己,打动别人。

安徽师范大学文学院是安徽省高校办学历史最悠久的四个院系之一,拥有教育部省属重点研究基地中国诗学研究中心、中国语言文学博士后科研流动站和中国语言文学博士学位授权一级学科。我们很幸运,当时文学院大师们都给本科生上课。余恕诚、刘学锴、潘啸龙、蒋立甫、陈文忠、袁传璋、朱良志、胡传志、刘锋杰、崔达送、李平、杨树森、杨柏岭、方维保、何更生、张应中……老师们或循循善诱,或激昂慷慨,或妙语连珠,四年中给了我们很多教益和启发,从而奠定了我们一生为学的底气。一代代师大人潜心耕耘、励志践行、言传身教,"严谨治学、敬业奉献、教书育人、为人师表"的教风至今影响感召着我们。碧梧何荫郁郁,绿满庭宇。清歌一曲,行色匆匆。昔日的莘莘学子,接过师辈手中的粉笔,师道相传,薪火相继,弦歌不绝。乘车戴笠,求无愧于生。

翻开厚重的校史,在90年的办学历程中,刘文典、周建人、郁达夫、苏雪林、陈望道等一大批知名的专家学者先后汇聚在镜湖之滨,著书立说,弘文励教。"苏雪林"的大名跃进眼帘,唤起我一段珍贵的记忆。那是1998年70周年校庆期间,103岁的国宝级文学大师、台湾成功大学苏雪林教授喜悉母校70华诞,在学生和医护人员一行十余人的陪同下,专程从台湾飞回安徽。苏教授原名苏梅,字雪林,安徽省太平县人,早年曾执教于安徽师范大学前身省立安徽大学。在"五四"新文化运动期间,她的才名直追冰心,诗词书画、小说散文均独树一帜。代表作有自传体小说《棘心》、散文集《绿天》等。在学术研究方面,《屈赋新探》卓然成"一家之言"。1998年5月26日,苏雪林先生回到阔别67年的母校。在校史展览厅,老人良久凝视省立安徽大学校长刘文典的塑像,当在历任教授的名单中看到"苏梅"二字,看到那些发黄的线装花名册和校史物件时,她流下了激动的泪水。苏雪林先生抵达合肥时，我有幸作为学生代表，和学校领导从芜湖前往合肥迎接，一路同行，并陪同她参观校园。苏先生虽然已是期颐之年，华发满头，身体衰弱，但精神仍然十分活跃，喜欢一切美好的人和物，我们相伴她左右，她常戏称“王子”“公主”。虽然和她第一次见面，但老人家却视我为学生般的亲切，常常拉着我的手，默默地想着什么。当时《人民日报》和《安徽青年报》的记者跟随采访，为我们拍了很多照片（照片中红色衣服的是我），后来特地洗出来邮寄给我，他们对一个萍水相逢的学生居然这等细致关心！事后，作为校报学生编辑，我撰写了一则通讯《百岁文学大师苏雪林造访母校安徽师大》，对苏教授访问母校的过程做了报道，刊发在《安徽师大报》第340号校庆专刊上。

在母校读书时欣逢70周年，转眼已是母校90周年华诞。往事漫过20年时间的堤坝，在这一刻一齐涌上心头。晨曦中东操场早操列队，斜阳下荷花塘边人头攒动；备考时通宵教室里秉烛夜读，数灯灿然；毕业季小九华的酒馆里，有人抱头哭泣……透过20年时光的滤镜，年少的一切都是绝美的芳华。我理解，所谓“不忘初心”是无论到什么样的年纪都不失去当初那颗美好的纯真的心，而这样的信念，是在母校建立起来的。祝福母校！祝福老师们！愿每位同学出走廿载，归来仍是少年。

校友简介：程丽华，1995级校友。中学高级教师，芜湖一中语文教研组长，芜湖市语文教研大组组长，安徽省教育学会中学语文教学法专业委员会常务理事。

再见了，我的大学

王　珏

如果有人要问我，走出半生，过得最无忧无虑的是哪段时光？

我一定会回答，大学。

作为一名地方大学入伍生，四年的象牙塔时光，是介于紧张的高中生活和严肃的军营生活之间，最松弛的一段流金岁月。

它自由、轻盈、安逸、云淡风轻。

就像一首歌、一曲词、一幅画，在寂静的深夜，在记忆的缝隙，缱绻而肆意地吟唱着、铺陈着、绽放着，暗香浮动，沁人心脾。

2018年，我的母校安徽师范大学建校90周年。因为无法赶回去庆贺，我总觉得有几分遗憾。

这几日，又到了一年的毕业季。

看到有战友在发回忆军校的文章，心就开始痒痒的。就想写点什么，来纪念那段旖旎的青春，重温那抹瞬逝的光阴，感受灵魂深处那份渴望重返18岁的隐隐悸动……

——引　言

5月20日，安徽师范大学建校90周年校庆日。

选择这样一个日子举办校庆，也许是校方别有深意。

当晚，师大留任的同学就给我发来了校庆晚会的视频，我很认真地从头看到了尾。

这些年在部队搞演出太多，自认泪点较高，但当我看到晚会LED上那一幅幅熟悉的老照片、一幕幕亲切的老视频时，还是禁不住红了眼眶。

有些事物，其存在的本身就是一种感动。透过它们，会让我产生置身其中的穿越感，仿佛自己正走进那些泛黄的照片，走进那段活动的视频，所有的记忆在一瞬间苏醒，我沉浸其中，触感凌厉清晰。

一、女生宿舍狗窝也是家

20世纪90年代的大学宿舍，大多具有三个特征：挤、热、乱。女生宿舍也不例外。

师大的学生宿舍，典型的筒子楼结构，10个人共住的房间，大约30平方米，放5张上下铺、10个行李架、10张拼接长条桌和10把小方凳后，基本上行走就很困难了。若是再想从门口走到窗台晒衣服，要举着衣架喊5声“借过”，才能勉强侧身到达，晒完再一看身上，湿答答一片。

到了6月，宿舍里连个电风扇都没有，人人手拿着个纸扇搁那拼命摇。一到晚上熄灯，10个人全部躲进蚊帐，个个热得贴烙饼，入睡困难。好容易睡着，半夜还经常悲摧地被热醒。

怎么办？又不能像男生一样光着膀子睡天台。只好接一盆水放床上，湿了毛巾往身上擦，借以获得短暂的凉意。不过别说，这“退烧法”还挺管用，凉水从皮肤的毛孔中蒸发出暑气，透心爽，擦着擦着人就晕过去了。

每次一下完课回到宿舍，都有一种“欢迎回到贫民窟”的即视感。床上、桌上、行李架、窗台口……到处都是东西，品种涉及衣物、食品、书籍、饭盒、护肤品等各种类型。要是再遇上几个起得晚赶上课的，床上一片狼藉，眼瞅着都肝疼。

当然也有例外，那就是赶上学校卫生大检查。一眼望去，房间清清爽爽，什么多余的东西都没有，但这样统一样板的最大问题就在于：

咦！这宿舍是在上演集体变脸吗？

汗！走错房间了。

不过狗窝归狗窝，家的氛围还是很浓的！

因为大家都在本省，周末经常会有人回家。到了周一，返巢的室友就会带上爸妈做的爱心菜，有时候是雪里蕻肉丝，有时候是笋干烧肉，有时候是腌豇豆、辣泡菜。大家围坐在一起你一勺我一筷地吃，总觉得吃起来味道格外的香。

宿舍里北方人多，赶上过节或者有人过生日，大伙就会聚在一起包饺子，买菜、剁馅、擀皮，请食堂帮忙蒸煮，吃不完的还会送到其他宿舍和别人一起分享。不知道从什么时候开始，包饺子就成了我们309寝室的一项金字招牌，至今回想，依然唇齿留香。

犹记得1996年9月我第一天走进宿舍的时候，是倒数第三个，瞅着大家都在收拾床铺整理杂物；2000年7月我最后一天离开宿舍的时候，是正数第三个，瞅着大家也都在收拾床铺整理杂物，场景恍若同天，只不过是彼此间的打招呼，由“你好”变成了“再见”。

这世间所有的聚散，大抵都不过是这清清浅浅的四个字吧。

然而潜藏在这四个字背后，那或浓烈或恬淡或锥心或灼烫的期待、欣喜、忧伤和无奈，更与谁人说？

心，微痛！

二、生化楼听见花开的声音

生物化学楼，简称生化楼，1960年建成，是师大较早建成的楼宇之一，楼层很高，教室格局极为复杂，不熟悉的人常常会转晕。

每到夜晚，楼内灯光昏暗，楼层通道众多，加之教室分散、设施陈旧、室门斑驳，且四楼的生物和化学试验室内存有不少活体标本，总让人觉得有几份森然和寒凉，所以在这幢楼上晚自习的人是最少的。与其他学习场馆灯光通明、自习需提前占位的热闹相比，它显得安静、清冷，也格外的寂寞。

上大二的时候，全国各高校都掀起了一阵辩论赛的热潮。师大也组织了一次全校范围内的主题辩论赛，我们1996级新闻抽调了两男两女参赛，我有幸身在其中。

为了更好地备战，我们选择了安静的生化楼。那段时间，我们每晚都在楼内穿梭寻找自习人少的教室，查资料、写辩词、模拟辩论，到处都留下我们讨论、争执、谈笑风生的身影。

就这样一路过关斩将闯入了决赛。

决赛前两天的晚上，本来约好四个人一起备战的，可一辩、三辩有事不能来，那年头又没手机，二辩的帅哥怕我空等，便晃到生化楼来寻我。

那天也是巧，赶上整幢楼停电，他寻着我的时候，我正顺着三楼幽深漆黑的楼道往回疾走，心下正瘆得慌，看见他走过来，心里一下子就放松了。

我们边走边聊着，很快就到了楼梯口。可眼瞅着脚下黑漆漆一片，我便迟疑着半天没下脚。他却已经下了两级台阶，见我没动，竟很自然地侧身伸出手道：“太黑了是吗？来，我牵你。”

额，这个，这个，是不是有点小暧昧了噻？

我一时间心跳震雷，忘了回应，他便回转过头，静静地看着我。极淡的月光映照下，他的眼神清亮澄澈，眸子里流转的光彩，灿若星辰。

我终于缓缓地伸出手去……

双手相牵之时，我眼前的一切都仿佛明亮了起来，就像一个不为人知的春日，正在我们身边悄然绽放……

前两天大学好友杨子和我微信聊天，突然心生感慨：你看你们俩，多纯多美多正能量的师大爱情故事啊，一晃20年了。

是啊，这一牵手，都已经20年了呢。

所以即便我们都渐老了容颜，爱情早已蜕变成争争吵吵、左手牵右手的亲情……

我依然会时常想起多年前这座清冷的生化楼，想起那抹斜进楼道的白月光，想起第一次牵手时。

我心底，那花开的声音。

三、小九华品人间百般滋味

每一所大学的旁边，都会有一条饭馆林立、充满着烟火气息的长街，名字五花八门。

师大的这条长街，有着一个很佛系的名字——小九华。

名字很佛系，姿态却极其招人。

师大3号楼宿舍旁长年架有木梯，连接着小九华某一个小饭馆的楼顶。每到饭点，都会有络绎不绝的学生排队从此抄近道，或打牙祭，或喝酒聚餐，或结伴觅食……

说起这个小九华，有两点我印象最深。

一是价廉味美量足；二是可观众生百态。

所谓"价廉味美量足"，就是无论多少个人去任何一个小饭馆撮饭，人均十块钱左右就能搞定。

这真不是吹牛，我们宿舍一个月聚一次餐，每次凑份子一人10块，就能吃上十来个菜，其中还不乏烤鸭、鱼头煲之类的"硬菜"，而花费最多的一次，也不过才花了99块钱。

麻婆豆腐1块5，青椒土豆2块，鲫鱼炖豆腐4块，鱼香肉丝6块，糖醋排骨15块，土豆烧牛肉16块，大份羊肉火锅23块，吃过的最贵的一道菜——板栗煨甲鱼也不过30块，其用料新鲜，分量比现在宁波的饭店多一倍都不止。对于平时吃食堂太久、肚里油水不多的学生来讲，其色香味俱全，更能吃得溜饱。

若是再配上1块1瓶的啤酒、3块一扎的勾兑果汁或10块一瓶的白酒，让我们这些清贫的学生偶尔做东买单也不会觉得囊中羞涩。

所谓“观众生百态”，就是在这条俗世的长街上，可观世人的喜怒哀乐、悲欢离合。

狭长陈旧的街道中，密密麻麻的饭馆里，你可以看到欢笑，看到拥抱，看到买醉，看到流泪，亦可听见歌声，听见欢呼，听见喧哗、听见痛哭，你很容易就会被带入、被淹没、被触动、被感染，然后在心底，生出几缕或浓或淡、或深或浅的欢喜或惆怅来……

有一回老乡聚餐，坐在我们隔壁小包厢里的，是一对学生情侣。包厢的隔音很差，我断断续续地就听到了他们的交谈。大约是两人都大四了，因为某些显而易见的原因，不得不分手，男孩就请女孩吃顿散伙饭。

也不知道过了多久，耳边就传来了女孩的哭声。透过两边微敞的门，我瞥见女孩哭得特别伤心，而男孩则先是伸出左手帮她擦了擦眼泪，然后又伸出右手，轻轻地在女孩的发顶揉了揉。

就那么一个简单的动作，我突然就红了眼圈。

有一句话怎么说来着：对不起，我很喜欢你，但是这辈子，我只能陪你走到这里。

傍晚时分的小九华，灯色初亮，喧闹嘈杂，可我的世界却瞬间被调成了黑白和静音。

他和她告别，就像我们所有的师大学子，终有一天也会和同学告别，和象牙塔告别，和爱情告别，和青春告别。

但内心，又何尝不是深深眷恋、不忍离散、不愿分别的呢？

人们常说：不见不散。

见了，或许便散了。

那么，就不再相见了可好？

这样，在彼此的心头，在悠长的思念里，我们或许，就永远也不会散了。

四、荷花塘留影多样青春

师大的荷花塘，其实就是一方约2000平方米的中型池塘。池中绿藻弥漫，荷花密布其中，远远望去满目青碧，虽不甚美，倒也养眼。

塘畔有一条约两百来米、绿树成荫的宽长走道，连接着教学区、大操场和宿舍区，故而成了校园里最热闹的一方中枢宝地。

每到开学季，荷花塘畔就成了学校各类社团报名、老生兜售书籍和小日用品的集散地。新生们一走到这里，大都会停下脚步好奇地张望，然后很快，就会被人热情地包围。

“同学，身材这么好，参加我们舞蹈社吧。”

“同学，我们诗社是师大最有名的社团，参加会让你受益匪浅。”

“同学，我这八成新的布老虎丛书，才20块一套，真心不赚钱。”

而懵懵懂懂的新生，总会稀里糊涂地参加个把社团，买上几本书、几条毛巾、几排发卡之类的小杂物。

初夏时节的荷花塘畔，还曾被人誉为学校的“最佳表白地”。那个时节正值荷花初放，雨季过后池水清澈，晚风收暑，微波轻荡，透着一股润凉人心的清爽。

有一天晚上8点半，天气炎热，我下完晚自习后，就在学校小店买了一盒香芋冰激凌，慢悠悠地踱到塘畔的一张石凳上坐下，等待一约好的学妹来拿书。

刚一落座，就看见班上一男生和一穿白裙子的高挑妹子坐在我旁边石凳上，有一搭没一搭地聊着。

塘畔没有路灯，又是背对，我索性当没看见。那男生肯定也没看见我，聊着聊着，嘴里突然就蹦出句话：“我觉得你穿白裙子特别纯洁，就像一朵白莲花。”

噗！刚进嘴的一勺冰激凌差点没被我全部喷出来。哥们，咱夸人能不能不要这么用力啊！

好在那个年头还没有出现“白莲花”这个词的隐喻，要是有，估计那妹子一耳光就招呼过去了。

可还没等我笑出声，那厮就又来了一句：“我能有幸拥有这份纯洁吗？”

然后我就笑不出来了。

也许他的表白过于琼瑶，但我却从中听出了他的真诚和勇敢，竟也和他一同生出了几份忐忑。

可那妹子听了，却只笑笑道：“走吧，天色已经很晚了。”

男生至此之后就没有再说过一句话，我看着他们离开，渐渐便觉得难过。

都是聪明人，有些话是无须点透的，那妹子看似没有听懂的回应，分明就是再委婉不过的拒绝。

风拂过，荷叶发出沙沙的脆响，仿佛在为忧伤的青春注解。

塞涅卡说：青春不是人生的一段时期，而是心灵的一种状况。

有懵懂、有心动、有伤感、有怒放，就像这塘中的芙蕖，初露、含苞、盛绽、凋残，却始终以挺立的身形屹立。

感谢荷花塘，以渺目烟视的姿态，记录下这些青春的模样。

五、文学院精神的上游之地

文学院创办于1928年，与师大建校同年，我读书的时候，它管辖两个系——中文系和新闻系(现在的新闻系已单列成为新闻传播学院，暂且不表)。

新闻系属非师范专业，1993年创办，学生人数很少，比如我们1996新闻，统共加起来才30人，与每年动辄200来号人的中文系相比，是名副其实的小弟。

第一次去文学院楼，是我爸和他的大学同学——时任文学院院长的谢昭新教授一起领着去的。

记得当时谢院长指着文学院的牌子对我说："姑娘，想当年我和你爸就是在这里学习了三年(注：工农兵学员)，如今你子承父业，千万别给你爸丢脸！"

不知道是不是对这句话有心理阴影，我这四年，一直不敢放开来撒欢，生怕一个不留神就活成了一棵无人知道的小草。好在有点小聪明，耍花腔般的各种折腾，总算是在院里混了个小有名气。

哈哈，我这算不算有点不要脸？

还是回到文学院楼的话题吧。

这幢小楼一共两层，为抗战时期所建，一楼是教学区，二楼是教师和院领导办公区，进楼后给人的感觉是幽静、古旧、民国风。门宽窗窄，不少窗户玻璃上还粘有彩色碎片状的贴纸，采光不是特别好，旧时期的年代感特别强。

一楼教学区教室不多，每间教室也最多只能容纳40人。对于人数众多的中文系来讲，除了偶尔开个班委会，基本上无法利用，所以就让我们新闻系捡了个漏。

那四年，我们的新闻采访、新闻心理学、广播电视概论、摄影摄像等不少专业课，都是在这幢小楼内上的。

在这里，我读懂了法拉奇、范长江、穆青，爱上了《焦点访谈》《参考消息》和《南方周末》。

在这里，我懂得了做新闻的本质是与这个时代的疾病和良药打交道，理解了新闻采访不是去改造世界而是去认识世界，明白了一名真正的记者必须时刻保持独立和警惕，忠于事实胜过忠于自己的生命。

在这里，我认识和接触到了赵庆元、潘啸龙、余恕诚等一大批闻名省内外的文学大咖，他们低调谦和，不求名利，潜心钻研，诲人不倦，为我树立了干净做人、踏实做事、淡泊处世的榜样和标杆。

在这里，我还上了本科生涯的最后一堂课——《社会学》。那时候临近毕业，同学们的心思好像都已经不在课堂里，但因最后一课的独特意义，大伙儿还是颇有默契地全员到齐。

而教授在上课前讲那段精彩的开场白，我更是至今记忆犹新。

他说：同学们，今天这堂课是你们人生当中的一个分水岭，45分钟内，你们还是一名本科生，45分钟结束，你们就要和本科生涯说永别了。所以我希望你们珍惜这短暂的45分钟，学到什么不重要，重要的是，记住这张课桌曾经给予你们的约束、自律、收获和快乐，从此以后无论是走上社会还是继续深造，都始终守护好你们内心的单纯。

不知道是不是教授的这番话起了作用，我总觉得这堂课，是我们入校以来课堂纪律最好的一堂课。

课结束后我们离开时，爬山虎已经翠绿了这栋古朴小楼的一整面侧墙。

或许越古朴的事物，就越容易承载或积淀一些历史传承下来的东西，比如品性，比如气度，比如精神。

我喜欢这些在不经意间刻在我身上的文学院烙印，它们让我在许多年过去以后，依然能够保持对文学和优秀新闻作品的关注和热情，依然能够用温暖的目光注视这个多变的世界，依然能够保持一颗正直、良善和光明的内心。

求学四载，回忆颇多，一时间什么都想写，一下笔却是丢三落四、遗漏万千。

想来还是自己给自己挖了个坑，非要以地点为段落串文，好多内容塞不进去，若是以“学在师大”“吃在师大”“玩在师大”“爱在师大”为分段，估摸着能写的东西会更多。

不管了，就这样吧，好歹我把自个挖的坑给填满了，血槽已降至最低。

我停下笔，闭上眼，任自己进入柔软的梦乡。

或许今晚，我就将再一次梦回母校，在那方温润、纯净、多姿多彩的校园里，悠然地读书、安静地考试，放松地与同学们打闹嬉戏……

那是无数次在漫漫长夜里浮现的生动画面，它丰满、美妙、亦真亦幻。

令我久久不愿醒来……

校友简介：王珏，1996级校友。2000年入伍到海军福建基地宣传处，2003年调入海军东海舰队宣传处，历任干事、俱乐部主任、东海舰队文化活动中心主任、东海舰队宣传处文化办主任，在部队荣立三等功两次。2016年转业至宁波市鄞州区人社局人才开发科。

师大：也想与你共晨昏

卢赟秋

昨夜到了芜湖，今天中午就要离开。如果不是出差，我极少来芜湖的，更别说到安徽师范大学。常常不愿去看关于师大的文字，生怕勾起种种扰人的思绪，却终究绕不开这段人生旅程，毕竟那里流淌过我的青春。

昨夜，恰好朋友圈有1983级师兄师姐们返校团聚的文章，甚是热闹，便决心一早来母校看看，因为住处就在赭山之麓。

早上六点多，从西小门进去，是教职工住宅区。无论小路怎么弯弯绕，我还是那么熟悉，仿佛未曾离开过。我想，很多老宅就是应该保留下来，保持原有风貌，这样才能留得住乡愁。

我从这里经过，似乎看见曾经的自己：周末骑着单车，带完家教归来，闻见浅浅的栀子花香，构思着室刊《赭之华》的创刊词。

留学生院常能看见黑、白肤色的国际友人。走近了，我还退了回去，因为要拍下整个岔路口。向左，通往文学院临时办公楼，向右是物理楼。说是文学院办公楼，其实已是21世纪初的记忆了，现在挂的牌子是“安徽师范大学教育基金会”。经过这里，想起楼里的信箱，以及面熟的几位辅导员。

继续东行，则到了文学院老办公楼旧址，建了个小公园广场。记忆里，文学院老楼是民国时期建筑，古色古香。进校后，我是班级生活委员，常来老楼开些例会，也看看墙上学生会的干部名单。其实，我一直不明白，一个连自己都照顾不好的人，怎么能干生活委员。还有不明白的是，为何要将这座老建筑拆除？

生化楼，一个阴森森的地方。英语之角协会常在这里放些英文电影，我进校时看过两次，有次提前退场，黑漆漆中猛一扭头，加速度撞到墙角，鼻梁上隆起个大包，疼得要命。还有就是通宵教室，我临考前去过两次。有次人都走光了，我一个人到了半夜，竟丢开教材，看完了丰子恺的《缘缘堂随笔》。后来，天亮了，鸟叫了，空气清新，浑身清凉。

图书馆是我常去的地方。教学楼、图书馆，本来该是和谐相处的两个地方，在我眼里，却彼此对立。我常常选择逃课，躲到图书馆翻翻书、想想心思。看着那一排排高高的书架，浩瀚的书目，常常心慌气短，觉得此生有涯，而书未读几本。

南望是西操场。一道长廊将篮球场和网球场、跑道隔开。长廊还是老样子，紫藤郁郁葱葱，水泥凳上坐过熟悉的人。只是北边的沙池没了，铺上了塑胶，也多了很多健身设备。

到了情人坡，清晨的阳光正好铺过来，感觉很宁谧祥和。坐在坡上，是适合吹着微风、仰望夜空的。一开始，情人坡没有种树。我们在校时，栽了多个树种，把篮球场也铲掉了，拓展了情人坡。想一想，和我一起坐过情人坡的，似乎有一个女生，还是我的高中同学。我在这里是没有故事的。

过了情人坡，东行便是教学楼，我们教室在1403。大一时，我还很认真的，上课愿意挤到前面去听。陈文忠老师的文艺理论，我的课堂笔记写了几本。他说，你们是浪漫的，我是理想的，所以有共同语言。他在我的读书笔记上批字，让我有问题找他。刘运好老师觉得自己课堂上每句话都是金子，让我们都记下来，他觉得自己的板书飘逸独特。最后的最后，当大家都忙于找工作，听课人数寥寥时，我却坐回了第一排，认真学习了杨树森老师的逻辑学。他来回踱步、沉醉于思维乐趣的姿态，连同陈文忠老师丰富的面部表情，一起印在我脑海中，如此亲近。

我们的东操场，刚入学时，是黄土地的。每天早上六点，广播响起，我们都要从各宿舍楼涌出，奔向这里做操。对了，还有军训的大阅兵，也在这里。漫天尘土飞扬，兵强马壮。那个秋天的傍晚，教官和我们告别，就地表演散打，胳膊被石子磨破也不顾及。我却望着远处高高的梧桐，思考人类情感与理智。操场改造开始，我们便没再做过早操，清晨就此沉寂了下来。

荷花塘本来是有围墙的，里面有花圃。大一暑假完成了改造，成了开放式的，有了广场，荷花也盛开了一个夏天。听完残荷中的雨声，便不再开放。好在如今荷花再植，又再度盛开，错落有致。在松风荷韵间，我那时会拿本书，坐在这里。看一看书上的字，瞅瞅塘里的红鱼，听听路过的人语。如此，便耗去了大把的光阴。

自荷花塘登几步台阶，回望晨曦中的小广场，还是那么崭新，这逝去的时光去了哪里？远处亭子里，我曾经读完雨果的《九三年》。荷园的大石头上，落款“二〇〇一年七月”，那是竣工日期。我想起夏天这里有小贩买香瓜，让你拿着塑料袋，将香瓜在你手中切开，动作娴熟，清香隐隐。我还想起，刚进校时，耳畔总是林志炫的单身情歌，有些老练的学长上门推销随身听。

到了我的宿舍楼，八号楼。本来东西隔开，东面住着女生。后来经过改造，去掉了中间的铁栅栏，打通了，全住男生，本来九人间也改成了八人间。

从宿舍楼上坡，到了一食堂、二食堂，原来是并排的两座瓦房。进校报名在一食堂，父亲和二叔陪着我。二叔在食堂外给我买了凉席，告诉我，回去再换个好的。改造后的一、二食堂，提供餐具，黄的绿的，很方便，碗也很大，我在这里喝过啤酒。

从食堂再折而西行，是从宿舍到教学楼的必经之路，以前木制的展板里，贴着各式学生协会的海报。我在江南诗社时，曾邀请了陈文忠教授办讲座，室友老二帮我写的海报。陈老师的讲座爆满，他愉快地回忆起知青生活，笑着回答当年没有小芳。

周末，大礼堂总有电影，屏幕不大。也许是这不伦不类的影院，让我失去了兴趣，整个四年去看的电影寥寥可数。能记得的是《卧虎藏龙》《特洛伊》，分别是大一、大四看的。这里还办过王蒙的讲座，院长谢昭新主持的。王蒙将《锦瑟》的诗句打乱重组，以此证明诗歌并不需要明确表意。

我很满意自己对后山的熟悉。时隔十四年，我对小径依旧那么熟门熟路。那几年，我思想苦闷时，便独自一人拿本书跑来。虽然看不进去，但仪式感很重要。

山径旁的几棵树，必有一棵爬过我的小蜗牛。那年春季新雨后，我来到后山，看到潮湿的老树干上，一只小蜗牛正悠闲地往上爬，生命以一种自适圆满的姿态展现在我面前。这只小蜗牛，写在我的日记里。渺渺时空里，也许它早已收悉我的信息。

后山的墙外是广济寺。父亲送我入学时，带我逛了步行街、镜湖、赭山和广济寺。在广济寺里，他告诉我铁链上挂满的各种锁，是情侣们锁上的。这类话，我过去没有听父母说过，顿时觉得自己是长大了。2001 年的元旦前夜，广济寺办了法会，热闹非凡，钟声响彻天地。

沿着后山，转出西大门。斜对面原有一家锦江超市，二叔送我入学时，让我和父亲站在这边，自己到对面，进了超市，不一会，拎了一罐奶粉出来。二叔离开我们已六年了。我站在路边，想象自己十八岁的模样，目光越过穿梭的车辆，看到亲人向自己走来。

经过西小门回住处时，上衣已经湿透。在这高温天气下，我终于完成了一次怀旧之旅。我们也许总觉时光已走远，其实人生何其短，岁月何其漫长。拥有现在，便拥有着青春。珍惜现在，便依旧年轻。往事不可追，今日仍可奋发。

我把途中照片精选了几幅，发在朋友圈。老婆留言："校友，你早。"

校友简介：卢赟秋，2000级校友。在校期间曾任江南诗社社长，现在安徽省政府办公厅工作。

舌尖上的师大

樊　蓉

没有一种爱，会比对食物的爱更真诚。

——萧伯纳

真正爱极了最新一期《上海一周》上的这句话，让我于混沌的人生中，再次被唤起记忆中那些食物温暖的味道。它们总会在某些不经意的时刻，缱绻于舌尖，挥之不去，拂之还来。

是该写点什么了。记忆也好，重温也罢，为了那些曾经满足我口腹之欲，并让我常常心心念念着的食物。尤其在如今物欲横流、道德沦丧的饮食氛围中，它们是那么的美好，那么的可爱。

一、老校区食堂

入校时，师大老校区共有三个食堂。每每下课时分，人声鼎沸，声如洪涛，足见食堂人气之旺。军训期间，我便对三食堂的红烧大排情有独钟。两毛钱米饭，外加一块大排和一份青菜，真是一顿极美好的午餐啊！大排之所以美味，一是肉质细嫩，二是酱汁浓郁。可惜价格略贵，两块钱一块。后来与室友同行打饭，顿觉每顿都吃大排是件奢侈之事，遂改成一元一份的炸酱面。炸酱面的窗口常常排起长龙，大家自备饭缸，筋道的面条，浸泡在香喷喷的汤汁里，也是百吃不厌。我最爱的是从缸底不停地捞黄豆、干子丁，往往一缸面能吃半个小时，其乐无穷。直到今天我还能忆起那面的味道。可惜自从三食堂改造，就再没吃过那么好吃的面了。

大一有早操的规定。而我们通常都是赶在早操结束后就去吃早饭，吃完再回寝室睡个回笼觉。如果去食堂较早，那么恭喜，你就可以赶得上香味四溢的葱花蛋饼了。隔着一层玻璃，我们在窗口一边看师傅操作，一边咽着口水。蛋饼的制作程序是大同小异的，但食堂的蛋饼，里面好像放的是猪油，烤制的时候特别香，而且烤出来的饼很蓬松，咬下去弹性十足。我常常一个蛋饼不过瘾，晚饭时还要补加一个。但师傅通常都是早上一次性把蛋饼做好，晚上的放置太久，口感自然逊色很多。疯狂吃蛋饼的后果便是我在大一的第一个学期结束时，体重便狂飙到接近60千克，这也是我迄今为止最辉煌的纪录。

到了大二时候，食堂改造，两个食堂暂搬到我们宿舍楼下了，这下真是近水楼台先得月，往往下课后才4点半，我们就先到食堂打个什么土豆烧肉加米饭垫个肚子，到了晚上八九点，食堂继续营业，再下楼或喊室友带个香肠卷或饼啥的做宵夜。我还清晰记得，每次打了土豆烧肉，都不忘先数数里头有几块肉，通常是四块，若是哪天多了一块两块，那简直跟中了彩票一般开心。美好的食堂啊！

大四时，新食堂终于改造好了，成了一栋三层小楼。里面是两所食堂。不过我最爱的还是去二楼食堂吃那儿特有的白斩鸡。鸡被事先切好，一份份地摆在窗口，三块钱一份，有的是鸡腿，有的是鸡翅。我最爱挑鸡腿，有嚼劲，鸡皮筋道，鸡肉香绵，我怀疑那窗口的鸡大部分都是被我买走的，因为天天吃。后来室友S受我影响，也天天买鸡，还怪我影响她变得爱吃肉了。苍天啊……

研二搬至新校区后，我们几个要好的室友常常抱着怀旧的心态去游老校区，也常常去食堂吃饭，但渐渐的，再也找不回那种主人的感觉了。每次吃完，便黯然离去。后来也就不再去了。老校区的学生换了一拨又一拨，我们只不过是其中的一拨而已，一味地留恋，只能徒增伤感罢了。但老校区的食堂里食物的味儿，却随着岁月的逝去，日久弥香。

二、春安路

之所以把春安路放在紧临学校食堂后的第二位来写，这说明它的地位实在太太太……重要了，可以说，它就是当时师大学子的校外食堂。我在老校区待的五年里，倘若细细统计的话，或许在春安路吃的次数比在食堂还要多得多。

春安路首先占据了地理优势。凡是2006年前在师大上过学的都知道，那简直就是一块风水宝地。出师大正门往右200米不到，一条看似貌不惊人的小街道，却藏龙卧虎、活色生香。尤其是傍晚，什么歪子炒饭、陕西凉皮、桂花酒酿、麻辣烫、砂煲以及形形色色的烧烤摊全都应时而出，那个热闹！春安路的第二大优势是价格。相比学校食堂，食物品质自然丰富得多，但价格却基本持平。在大一大二那会儿，花个3块钱就能吃得非常满足，而到了大三大四的时候，最多也不超过5块钱,而且吃得更好。真是平民的价格、皇帝的享受!以至于春安路被拆除后,我一度难过失落了好久。

许是天生对于面食的偏爱,我最爱吃那家山西刀削面。老板是一对夫妻,是否真是山西人不得而知,我们只知道老板弟弟就是师大物理系的学生,由此平增一份亲切。他弟弟常在哥哥的面摊上帮忙端面,这一家人手脚都非常灵活,而且老板记性特好,不管你什么时候来的,只要你嚷一声:"一碗……面!"他都能记得次序,以及你点的是什么面。他家面最受北方学生欢迎,因为很地道,面很硬,有嚼劲,货真价实的一大碗,食量再大的男生也能填饱肚子。面条粗细均匀,汤汁鲜得恰到好处,旁边就是一口熬牛肉的大锅,牛肉在浓郁的汤汁里翻滚,往往老远就闻到牛肉纯正的香味了。即便点的是素面,老板也会慷慨舀几勺牛肉汤加到面碗里,那个过瘾!不知为什么,我总特别相信,他家的面条是正宗的牛肉面,因为,相比现在的香精辣椒精比兑出来的牛肉汤,口感是绝对骗不了人的。

我还记得刚入学的时候我特别省,每次只点素面,加点雪菜,一块五一碗,为的是把钱省下来再买点别的小吃。刀削面搭配什么才好呢?旁边一老头卖的炸串是我的最爱。尤其他家的炸臭干子,那真是我吃过最好吃的臭干子了!一根签子上串三四个小块,炸透之后吱吱冒油,再涂上甜酱,洒上辣椒粉和芝麻,一口咬下去,焦脆的外皮,颤颤的干子心,不但没有丝毫臭气,反而是沁人心脾的豆香,与盈荡在舌尖微微的甜辣,让你的脑子刹那间出现间歇性的空白,那便是幸福的空白!实在是食物的魔力所在!常常是一串干子下了肚,还浑然不觉,每次要个三串,都意犹未尽,但为了给日后留个想头,还是忍痛打住了。那老头也被大家戏称为"臭干子王子"。随着春安路的消失,老头也一同消失了。日后,我再也没吃过能与之相媲美的臭干子。我常祈祷,若能再给我个机会,吃一次他家的臭干子,那便是上天对我最大的恩赐了。

还有隔壁的陕西凉皮。老板是正宗的陕西人,去的多了,常和老板的帮手,也是他的侄女聊天,貌似比我大几岁,聊天的时候得知,她从小就向往上音乐学院,因家庭的原因未能如愿,只能在叔叔的摊子上帮忙打工。我从小就爱与姐姐辈的人打交道,再加上对这女孩子本能的好感,当然,更重要的是他家的凉皮太好吃了,自然常去。不知道是不是北方凉皮的制作法子有什么诀窍,那凉皮,晶莹剔透,弹性十足,香滑可口,加上黄瓜丝、海带丝、豆芽、面筋,以及透亮的飘着白芝麻的红辣油和雪白的蒜泥,用筷子那么一拌,盛夏时分,"哗"吞下一大口，简直是无与伦比的享受！而且价格也相当公道，一块五一碗。只可恨我笔墨有限，写不出陕西凉皮与本地凉皮的区别，但前几年去西安，所吃到的地道凉皮，让我一下子就忆起了这家凉皮，那味儿，是一模一样的！看来中国的地方小吃、特色小吃，重就重在一个“地方”上，那独特的味儿，独特的感觉，是真正难以替换的啊！人的味蕾就是那么的奇妙！

这家凉皮的魅力实在太大了，以致我的室友在疯狂地迷恋上它之后，连续吃了一个星期，导致胃病住进了医院。看来再好吃的东西，也得把握一个度。但她的狂热行为，简直堪当这家凉皮的绝佳代言人。

凉皮也是夫妇俩开的，这是一对聪明的夫妇，知道凉皮的热卖季节夏天一过，生意便不好做，于是到了秋冬季节，他们开始卖手擀面、肉夹馍。这些都是北方的特色小吃，北方人随便做做，也绝对比本地的强。肉夹馍也是我的最爱。一个炉子里烘上十几个小面饼，老板娘再从热气腾腾的大锅里，捞上几块肥瘦相间的肉，当然，这肉是加了多种香料卤制好的，一出锅便浓香扑面，剁碎后，再加入香菜和青椒，最后往剖开的面饼里一夹，咬上一大口，满满的面香、肉香、香菜香，交织在整个口腔中，让人欲罢不能。我们的祖先实在太伟大了……他怎么知道这样的搭配是那么的完美，那么的纯粹呢？其实食物最美好的味道，就是它最本真的味道，可惜，现代人过多的去粗取精，甚至越俎代庖，以添加剂、化工原料等去替代食物本真的香味，真正是最最愚蠢的错误！人们在无关紧要的琐事上，频频花费过多的心力，在善待自己、珍爱自己方面，却无比轻视。这究竟是进步，还是倒退？或许，时代的确真的在发展，社会财富在急剧增加，文明在不断迈进，但倘若连珍爱我们自己、珍爱我们的胃这一点都做不到，我们又有何底气去谈及珍爱其他？太过于急功近利，这社会最终到底会出现怎样的混局？真的不敢想。

为了省钱，每次在春安路吃小吃，总得事先做一个码算，以免超支。而到了读研期间，经常做兼职，手头稍微宽裕了些，对自己也优待了些。我们寝室四人关系一向密切，行动一致，常相约去吃春安路的砂煲。

砂煲是适应天气寒冷时吃的食物。里头食材丰富，又保温耐热，往往吃完之后，砂煲还是烫的。我们最爱去的是街口那一家。这家太有特色了，夫妻外加几个亲戚，除了老板，全是女的。而且这两口子年轻气盛，常常吵架，我们每次在他家吃砂煲，都做了吵架现场的壁上观。老板娘发起飙来，芜湖方言一串串的，虽然我们听不懂，但也知道不是什么好话，老板也不甘退让，于是先是吵，然后就摔东西，我怀疑他们赚的那几个钱都不够买碗碟的，哈哈！

即便耳根不得清净，我们还是爱去他家。毕竟，那味道太诱惑了……常吃的有干丝煲、里脊肉煲、三鲜煲等，有时家里寄来生活费，或兼职赚了点小钱，就点个里脊肉煲，平时还是吃干丝煲的多，这是最具性价比的一款砂煲。里头依稀有干丝、猪肚丝、鸡丝、笋丝、青菜、蘑菇，粉丝，还有其他的记不清了，品种繁多。砂煲特有捞头，汤汁也鲜美有味，我们四个常常吃得大汗淋漓，兴尽而返。尤其干丝和肚丝，那鲜滑的滋味，常常是一口下肚，余味无穷，彻底俘虏了我们的胃，百吃不腻啊！写到此，我曾几度咽下不争气的口水，那美味，太令人难忘！而且只要三块钱而已！相比而言，现如今的砂煲，真的是一个天上、一个地下了。上次在师大新区吃了一碗八块的老鸭煲，除了几块腥叽叽的鸭子，就是粉丝和青菜，泡在味精水里，彻底摧毁了我对砂煲的美好回忆。我痛恨那些随意就摆出小吃摊子的人。倘若你没那个本事，你可以去卖杂物卖水果卖其他的，但请你不要糟蹋食物，好吗？每种食物的本真面目都是最美好的，但倘若遇到不识货的人，或者肆意轻慢的人，那真的是食物最大的悲哀了。它的功效非但不能实现，反而与人落下口角。比如砂煲，原本那么美好的东西，换个拙劣的人来操刀，便成了唾之不及的渣滓。真是可厌、可气、可叹！！！

春安路还有一个响当当的歪子炒饭。不光是师大人，好像芜湖本地人对这个都非常熟悉。因为我总看到很多上班族也在晚上坐在炒饭摊上。隔壁还有一家小燕子炒饭，老板娘虽然皮肤黑了点，长得却很灵秀。爱美之心人皆有之，我于是常去她家买炒饭。肉丝炒饭和香肠炒饭味道都很不错，不过我最偏爱的还是面食类，光顾炒饭并不多。

依次的麻辣烫、鸡蛋汉堡等太多了，恕不一一介绍。

各有特色，却互不相扰，是春安路最大的特点。我喜欢这条街，但对它的逝去，却只能作为旁观者暗自感伤。得知春安路要拆迁的消息，我们甚至有一种兔死狐悲之感。因为与此同时，我们那级的研究生也要被迁往新校区了。难过之余，也有一丝欣慰，毕竟在师大的几年，春安路一直陪伴着我，街口微弱的灯光，喧闹的人群，许多陌生或熟悉的面孔，老板亲切的招呼，我犹记得在春安路吃的第一碗麻辣烫的方位，犹记得生病时点的一碗排骨刀削面，犹记得研一最后一次英语考试前吃的那一碗砂煲……从大一到研一，我记得很多个在春安路度过的夜晚，有欢乐，有失意，有沮丧，有释然……每一种食物，都曾陪伴我度过别样的日子，别样的心情；每一种食物，都曾携带着我别样的感受，别样的回忆。而如今，这一条伴随我五年大学时光的路，已然不在了。每每想至此，便有不可遏止的心痛之感。

本以为春安路的那些摊主们，会随着师大南迁一同过去。可后来新校区周边的小吃街建成，却没见到熟悉的面孔。只有陕西凉皮的老板，却也改卖了炒饭。没有了。曾经的一切，统统没有了。

如今的春安路伴随着城市的发展，已然进入轰轰烈烈的轻轨站改造进程之中，它曾经作为一条美食街的历史已戛然而止，但那些美味的食物，它们却不会背叛我。时隔近二十年之久，它们依旧会不时从记忆深处蹦出，勾动我的味蕾，引我想起，诱我怀念。

三、小圆门

除了春安路，师大学子们更熟悉的，可能就是西门口的小圆门了。大一的一天，由一室友的老乡带领，直奔小圆门的麻辣烫，据说那家麻辣烫最好吃。作为吃货时代的大一，自然最爱货比三家，来到小圆门，惊喜地发现此处别有洞天。不光有美味的麻辣烫，还有牛肉拉面、藕稀饭、菜饼以及各色小吃等等。

曾一度想写篇文章来记录小圆门，终究因为懒，不了了之。如今出现在此，敷衍成文，不免有愧。毕竟，小圆门是最忠实地陪伴我大学整个生涯的一条街，甚至直至今日，周边的建筑被改造得稀里哗啦，它依旧倔强地伫立在那儿，而先前的诸多摊点也仍有保存。说到此，不由想到如今的城市建设。为发展，为更新，不断地拆旧建新，以至最终，拆了城市的根基，也拆了城市的根本，究竟是损是益？方言是非物质文化遗产，服饰是非物质文化遗产，而于我来看，特色小吃更应作为非物质文化遗产而被珍视、保存。动辄踢了人家的摊子，拆了人家的大本营，或非得把小本经营的生意人赶到门面房，这些遗产还如何保存？如何继承？如何交流？如何发扬？

第一次来到小圆门，便被一家麻辣烫的声势所震倒。只见摊主(两三个中年妇女，后得知是姐妹)手脚并用，在几口热腾腾的大锅前穿梭不停，将顾客依次送来的菜排序、下锅、捞菜、配料，大锅前挤满了手拿各种菜的顾客，多是女孩子，而两条长桌前，坐满了急吼吼等待美食的食客，不得不佩服老板娘的记性，一是来客次序记得清，二是很多老顾客的口味她也相对熟悉。重辣、微辣、不辣，去个几次，她就不需再问了。

门口一个整洁的小柜子里，依次放置着不同的菜品，青菜、菠菜、卷心菜、蘑菇、香菇、金针菇、鹌鹑蛋、香肠、火腿肠、臭干子、素鸡、腐竹、脆皮……琳琅满目，菜们被整整齐齐地码放，各就各位，煞是可爱。而几口大锅里，老汤分别炖着海带、鸭血、虎皮蛋、豆芽等不易入味的菜品，正中一口大锅就是主角，烫好的菜从那里出锅，老板娘快速地点上调料粉和辣油，一碗热气腾腾的麻辣烫就出炉了。

我最爱点3毛钱的粉丝，加几串豆制品和鸭血、海带，因为粉丝有捞头，放一点辣油，看点点红辣油在汤里氤氲开来，深吸一口香气，就着热气挑起一筷粉丝，顿时鲜香扑鼻，趁热吃上几口，整个肠胃立马被熨烫得服服帖帖！爽!!

整条小吃街里，这家麻辣烫的生意是最好的，每次去都顾客盈门，常常要结伴同去，一人点菜，一人等位。两年过后，毗邻又新开了一家手抓饼。它的出现，对于麻辣烫而言简直是如虎添翼。毕竟空腹吃辣比较伤胃，他家的辣油味道独特又不忍舍弃，那么，在点上一碗麻辣烫之后，再买上5毛钱的手抓饼，超级绝配！手抓饼是兄弟二人开的，一个简单的木板台面，摊开一张大大的饼，不知采用什么手法，薄薄的面饼里竟然有许多层，薄如蝉翼。我喜欢把刚出炉的饼撕碎泡在麻辣烫的汤汁里，类似陕西的羊肉泡馍，但由于这饼太薄，稍稍浸泡便得入口，否则就化了，吃一口蕴含着浓郁汁水的千层饼，酥脆顷刻间化为绵软，葱香与面香交汇处，隐隐浮起若有若无的辣油香，袅袅不绝，荡气回肠。这委实是胃口不错的人的最佳选择。哪怕你再能吃，点个1块钱的饼，也能吃得心满意足了。

麻辣烫的对面，就是小圆门响当当的牛肉面。我这人对面食有天生的狂热，但出于经济的考虑，还是更倾向于春安路的刀削面，因为这家的面价格略贵（其实也就贵5毛钱而已），分量也略少。但前提是，2元钱的面，却是货真价实的牛肉面，与当下10元一碗的牛肉面不可同日而语。

这家面的主打是牛肉拉面与牛肉刀削面。老板虽然身架瘦小，拉面的功夫却举重若轻。一团柔软的面，在手中摔打、翻腾、揉捏、搓拉，不过几分钟的时间，一碗细若银丝的拉面就入锅了。这家牛肉面的汤汁较春安路那家更浓，许是香料的用法不同，而且他家大锅里常年炖着五香蛋与卤干子，说到卤干子，貌似本地多家的牛肉面都有这一附属食品，但唯有这家给我的印象最深，私底下也认为味道最好。干子厚实丰盈，卤汁鲜香可口，每咬一小口，都觉天上人间，无比美好。

肉丝面和牛肉面都是我的最爱。记得有次在附近做头发，弄好之后已经快晚上8点了，饥肠辘辘，和室友一起，毫不犹豫地冲向了他家的摊点，并且无比豪爽大呼一声：“老板，两个大碗肉丝面！”前所未有的！面刚端上桌，整个小店里就听我俩此起彼伏的吸溜面条的声音，大口喝汤的声音，那一刻，真正觉得，没有比他家面条更好吃的东西了！

小圆门好吃的还有海带馅菜饼、炸里脊肉、藕稀饭，等等。炸里脊虽说是炸串摊最常见的一种食品，但若要里脊味道好，并非人人都能做到。现在常见小摊上的里脊肉，红得怕人，可能又是摊主发挥了某些化学家的特长，用什么色素或化工原料加工腌制也未尝可知。我也吃过极其难吃的里脊肉，难以下咽。而我常吃的那家，却是原汁原味的肉色，稍加腌制，下锅烹炸，快速捞起，此时里脊肉的边缘有微微的翘起，颜色金黄，香气四溢，涂上酱，洒上香料粉辣椒粉，暂且不去计较是否正宗的里脊肉，光是那细致鲜嫩、微带酥脆的口感，便足以使你称赞不已。

在小圆门吃饱喝足了，再从周边的水果摊买几个水果，从旁边的点心摊里秤一点点心（犹记得我先前最钟情沙琪玛），心满意足地踱回学校。上完自习回到寝室，便是悠闲的宵夜时光。代价是牙齿在大三那年被严重摧毁，甜食害死人啊……补牙花去我足足一个月的生活费，从此彻底根除夜间吃零食的坏毛病。福祸相依，有得必有失！

如今的我已在芜湖工作成家，闲暇之余还会去小圆门溜达，吃点那些记忆中的美食，遗憾的是，曾经那么红火的一条街如今也面临改造拆迁的命运，许多熟悉的店面已经搬迁了，紧缩的铁门无言地昭告着衰败的结局。那家曾经最鼎盛的麻辣烫换到了临街的一家店面。老板娘竟然还记得我，热情地跟我打招呼，真让我惊讶。但心底也有丝丝的温暖。在这样一座陌生的城市，能建立起与他人联系的，竟然是食物。也算是一种缘分了。

四、师大新校区

研二那年，我们正式搬迁至城南新校区。作为刚开发的地段，周边无比荒凉冷落。但随着大批吃货的入迁，一条条小吃街也如雨后春笋、应运而生了。

新区周围基本都是农村，小吃摊点的环境自然好不到哪里去，以露天为主。即便是露天，也阻挡不了我们对美食狂热的追求……印象深刻的是一个小姑娘和她妈妈开的山东大饼摊，舀一勺金黄的杂粮面，均匀地往锅面上一摊，打上一个鸡蛋，快速地洒上葱花、香菜，涂上甜酱或辣酱，再放上脆生生的锅巴，一卷，一叠，成了！排队买大饼的常站成了长龙，基本以学生为主，不会出现插队，所以可以放心排队等。而小姑娘也很有特点，许是天冷的缘故，一边做饼，一边不停地吸溜鼻子，害得我每次等我的大饼时，都心惊胆战地盯着她的小鼻子，生怕……所幸，几年下来，我所担心的场景一直没有发生，哈哈！

很快，一些外地人也赶过来摆摊了。旁边便有一家云南母女开的米线摊，应该是地道的吧。最有特色的是他家的酱。不管是鸡肉米线，排骨米线，还是三鲜米线，都有浓郁的酱香。或许独门秘籍，学也学不来的。起初吃的时候还有点不习惯，觉得太咸，但在米线里一搅拌，再喝那汤，却鲜香无比。久而久之，吃惯了他家米线，再吃别家，反倒索然无味了。

还有一家淮南人开的牛肉汤，老板讲一口地道的淮南话，汤也做得很正宗。据后来的淮南同事介绍，当地正宗的牛肉汤也不过这个味儿。酣畅淋漓地喝了几年牛肉汤，吃了无数的葱油小饼，如今这两年再去，突觉味道寡淡了许多。先前货真价实，如今物价飞涨，水涨船高，最可恶的是，价格涨了，质量却大不如从前。常有人说，觉得今不如昔，是嘴巴刁了的缘故，真的是这样吗？我想未必。味蕾不会轻易地背叛自己，世道阴暗，人心浮躁，急功近利，或许才是其味道突变的根源所在。当金钱将灵魂抛之脑后，利益凌驾于诚信之上，我们还能奢望什么美食？

与老校区的种种小吃相比，新校区的优势，可能并不在于此。那两年，我们最常去的，还数学校正大门对面的天柱山餐馆和老奶奶饭店。

读研时，整个专业的同僚都相处得热火朝天，而大家见面最多的地点，当数酒桌。搞文学的人向来忧患意识较强，常三五结伴，去小酒店饮酒浇愁。愁从何来？失恋之愁、论文之愁、工作之愁、毕业之愁、乱七八糟的各种愁……轻轻寻一个，都可以作为喝酒的理由。而那种物美价廉的小酒馆便成了我们最好的去处。天柱山餐馆的各个菜都脍炙人口，可惜时隔久远，已然淡忘，唯记得有个菜叫芙蓉鸡片，每次必点。除了天柱山，隔壁一家东北老夫妇开的餐馆，名字不记得了，我们就称其为老奶奶家，大家都心知肚明。他家的招牌菜是酸菜鱼、溜肉段什么的，也非常好吃。

其实于我们而言，菜只是个陪衬，关键是酒。从四月开始喝啤酒，一直喝到次年的七月，足足喝了一年多。而那些酒量不甚好的也终究摆脱不了被拖下水的命运，我至今犹记得他人评价Z的一句话："他不是在喝酒，就是在去喝酒的路上。"事实上Z是我们中最不善饮的一位了，一喝多就痛哭。由此可想见当时的疯狂。到了研三，工作、论文尘埃落定后，大家更是肆无忌惮，夜夜笙歌，从本专业扩展到文学院，从本届的延续到师弟师妹，凡是有一面之交的、善饮的，统统拉来，一醉方休。喝酒之后，看平日那些不顺眼的，也觉得分外可爱，而对那些拿腔捏调、托辞不喝的，我们极其鄙视，下次坚决清除出局。那种年少轻狂、纵情青春的激情，在研三那年被发扬到了顶峰。我想对我们中的很多人来讲，那绝对是此生最疯狂也最难忘的一段岁月。

从师大毕业后，很快的，对面的临时摊点相继被拆除，整体规划成了一片服务区。而新建成的服务区内，多了很多新面孔，那些熟悉的、爱光顾的，又如先前的春安路般，消逝了，不见了。

想起往事，历历在目，而蓦然回首，惊觉世事苍茫！过去的这些年间，生活似乎发生了很多变化，细想又似乎如一潭荒野清泉，波澜不惊。只有当好友从外地赶来，意犹未尽地聊起当年的美食、小吃，想吃又不得时，方觉时光易逝，难以捕捉。

若论食物，其本身可以简单到极致，记得研一时，S曾一脸深沉地发出“人只有吃饱了才不孤独”的言论，当时为我们所不屑，细细想来，却也不无几分道理。圣人皆言“为腹不为目”，何况我们凡夫俗子？

而若论起更远，记忆中悠远的美食，则更多的是一种符号，一种表情，一种细节，一种与生命的维系，一种对情感的寄托。独特的味道，牵绊的是那段岁月中难忘的事，难忘的人。但不管如何，食物带给人的快乐、意外与满足，却是其他东西万万替代不了的。舌尖滑落，齿颊留香，引发心灵的颤动，情感的跌宕，这样的感受，岂不是上天赐给人类最珍贵的财富吗？或许，纷乱尘世中，“悠然一饱自笑愚，愿为口腹劳形驱”才是我们对自身最好的犒劳，最完美的慰藉而已，只是身在其中，不自知罢了。

逝去的终将逝去，未来的依然会来。我只愿在今后的遥迢岁月中，能邂逅更多的心仪美食，用味蕾消受，借记忆贮存。

校友简介：樊蓉，2000级校友。现任教于芜湖职业技术学院。

飞影记

何亚兵

从师大毕业后，在扬州的一所高中任教了七年语文。后来因工作调动，离开了教育系统，当时曾写一联纪念：水流痕犹在，云飞影尚存。回想几年的教学生涯，有不少值得一记的同事，于是涂鸦了一篇名为《流痕记》的文章刊载在《喜剧世界》上。今年正值母校建校90周年，则以“飞影”为题，专录师友旧事一二，以表思树怀源之意。

那时，学生间有“中文政教，吃饭睡觉”的戏说。不要说外语学院的那些同学天天早晨五六点钟就开始在荷塘边或雪松下背单词，更不要说理工科的那些同学天天晚上在阶梯教室里做题“练升级”，单就中文系那琳琅满目的专业课程就足以让人羡慕了，且不说还有那么多大名其外、实力其中的教师了。中文系的教学队伍在学校应该是名列前茅的招牌团队，随便哪位任课教授在网上搜索一下，都是著作等身、成果斐然、声名卓著。不过，让我印象深刻的倒不是这些，而是他们有趣的教学方式。

教“美学”的是陈文忠教授，他是那种上课很能“抓”人的老师，很喜欢和学生互动，讲课时常常征引比较，深入浅出，让人听得很提神、很过瘾。陈老师曾说过一些他的治学经验，大意是一个人研究学问不能只专注本专业，还需要在其他专业上也做一点研究，并且尽可能深一点，以收触类旁通之效。有一次上课讲到“咬”这个字，他就突然询问了起来：“在座的同学，有没有家是枞阳的？”周围的同学唰地看向我。也难怪同学们印象深刻，枞阳方言平翘不分、边鼻不分，再加上音调古怪、语速奇快，什么“看书”听成“扛须”的笑话比比皆是，同学们大多听不懂。也无时间多想，只好站了起来。陈老师问道：“你用你们当地方言，说一说‘咬人’和‘棉袄’这两个词的发音！”这是我大学伊始第一次在众目睽睽下回答提问，加上正处于方言和普通话的痛苦转换期，一时间只能用半方不普的腔调将这两个词读了一遍，自然惹得同学们一阵大笑。陈老师很有耐心，再次提示说：“你这个是普通话的读法了，你再想一想，你们小时候怎么读的！”

迎着这亲切的目光和声音，我慢慢放松了下来，突然想起小时候的发音，再次读了一遍。在枞阳方言里，“咬”和“袄”读音一样，都读“e^ao”（无法用拼音标注），这个音是老一辈人常说的，现在早不这么说了，我也只是摸索着童年记忆才有那么点印象，同学们听着自然感到很神奇。陈老师这才满意地说：“我还以为你是个假枞阳人哩，现在可以证实你是如假包换的真品了！”说着示意我坐下。就此一事，就足见陈老师对一些偏僻如方言之类的专业研究之深了。陈老师在课堂上常有一些经典语言出现，网上至今都流传着数百条陈氏语录，比如“不要让学科蒙蔽了你的眼睛”，“学时髦就是学糟粕，上大学学传统，学时髦上大街”，“舞台小天地，天地大舞台”，等等，现在看来，都是些很有哲学内涵的话语，哈哈一笑之余很是引人深思。

不只是陈文忠老师，中文系的教授们授课风格各异、各有特色。余恕诚教授给我们讲“唐诗风貌”，那时候余老师已经六十多岁了，还能坚持在本科教学第一线，真是不容易。余老师上课从不点名，他开课时来蹭课听讲的尤多，估计也没法点。余老师上课喜欢发讲义，讲义只有提纲，而无具体内容，然后也不需教材，就那么对着讲义，在阶梯教室的走道里边走边讲，娓娓道来，声音不大，却总是很奇异地就将我们带进盛唐气象之中，感受着唐人的风骨和那个时代鲜明昂扬的精神，教室里一片宁静，绝无嘈杂之音。

授课最有激情的当属潘啸龙和袁传璋两位教授。两位老师的课少有人缺席，因为讲得实在是精彩。潘老师教我们“楚辞”，其授课特点是语言绵密、文辞优美、激情洋溢，一大段话说下来，让人喘气的功夫都没有，用现在时髦的观影“术语”来说，就是“全程无尿点”。这种讲课方式影响了不少学生。大四时我们在贵池中学实习，那里百分之九十的老师都是学长，自然对我们照顾有加。其中一位胡姓中年教师的授课，让我们感觉很熟悉，于是问起来。他大手一挥，解释道：“这都是跟潘啸龙先生学的！”据他总结，潘老师上课的语言特点，就是同一句话，同一层意思，至少也要用三五个差不多内涵的排比句或者同义词、近义词来说明，让人“耳”不暇接。我们听了回想比较，觉得很有道理，也足见潘老师的备课之功和语言之利。潘老师的语言风格在其论著里尤为明显，在楚辞研究上常与一些学者论争、笔战，绵里藏针、语带机锋，让人看得非常够劲，就像他授课的风格一样，喷薄出来的都是火与气，绝不是那种懒洋洋的“温吞水”与“辩证法”。其为学如此，为人亦如此。记得有一次王蒙来学校大礼堂开讲座，主题好像是“李商隐与《锦瑟》”，中文系师生济济一堂、专心听讲，讲了没多久，潘老师就在前排指出其某个字读得有问题，让人颇感意外又在情理之中，这当然就是我们心目中最熟悉和尊敬的潘老师。袁老师教我们“史记”，一头白发苍苍的他，上课时却中气十足，“咄咄逼人”，由古论今，借今言古，对太史公、对《史记》可以说是“情深意切”，那悲慨的语调、愤直的话语，让我们觉得他早已融入《史记》之中，其精神特质与司马迁是一脉相连的。世纪之初正值大学扩招，袁老师似乎颇有不满，他认为这种只要有一个床位就要招一个学生的做法是值得商榷的。他说，过去一位教授往往只带一个博士生或者两三位研究生，手把手地传授，一带就是几年，这样才能带出学生来。现在步行街掉块广告牌砸四个人，三个是大学生，还有一位是研究生。一个教授每年都要带七八个，怎么带得过来？面都见不了几次，遑论传授学问了。话虽有火气，但却很有道理。袁老师的担忧现在也正慢慢变成现实，这些年的各大院校的毕业生质量很明显不如八九十年代，“流水线生产”毕业的多，能传承学问自成一派的少。

或许是“自古文士多风流”的缘故，中文系的老师们不论男女都是真性情。忘不了教“西方文学史”的杨惠老师在周末带着我们去看当时还属禁片的电影《活着》，让我们写观后感的情形，那时的杨老师身材纤弱，加上穿着高跟鞋，讲课讲到高兴处，很有风摆杨柳的感觉，让人想去搀上一把，以免跌倒；忘不了体量较大的李平教授，一边讲课一边用一条围在胳膊上的长毛巾频频擦汗的情形，虽然研究着气功学，传授着文化概论，但再深厚的文化功底也阻止不了气功外放带出的汗珠；忘不了方维保教授课间休息时，在教室的窗边点起一根烟眯眼享受的情形，那吞云吐雾的神情神似鲁迅，同学们都以“方树人”称之；忘不了王昊教授用西瓜作比笑谈论文撰写怪象的情形，从本科“论西瓜为什么是圆的”，到研究生“论西瓜为什么不是方的”，再到博士生“论西瓜是圆的还是方的好”，一针见血地调侃着学术研究乱象，这与其球场上神准的中投很有一拼；忘不了杨柏岭教授见选修明清词的学生太少且因大四找工作而大部分没到时，索性抛开讲义教材走下来与我们团团围在一起神侃的情形，让人感觉颇具古代书院师生互相辩诘驳难的精髓……

大学教学与高中完全不一样，全凭学生自觉。虽然中文系的作业不多，但是作业的要求可不低。那时还不是学分制，平时的作业占到最终专业成绩的百分之三十，也由不得我们不重视。想要通过小聪明或者突击用功糊任务也难，因为中文系的教授们不但授课有一套，布置课题检测学业也很有一手。

布置作业最“狠”的大概是储泰松教授。储老师那时风华正茂，三十多岁年纪，讲课时严肃端方、不苟言笑，加上古代汉语又确实比较难，不少同学都很难坚持听下去，于是有时课堂上聊天声就有点多了起来。不像一般的老师会视而不见，储老师是眼里揉不进沙子，往往大声喝止，言称不听可以出去，听就得好好听，一时间课堂纪律肃然。也不知是哪里来的传说，说储老师是中文系“四大名捕”之一，每学期都会有一半人考不及格，这让我们更是敬畏有加，只有更加认真听讲。有一次，储老师出了一道题目：“对《论语》中‘子路曰愿车马衣轻裘与朋友共敝之而无憾’一句进行句读，同时论述理由。”要求查阅相关资料，两周内完成。这个题目别人是怎么做的，我不清楚。我当时几乎放弃了课外活动，一连两周就泡在图书馆中，将《四书正义》《十三经注疏》等相关资料翻了个遍，写出了一篇“洋洋洒洒”三千多字的小论文交了上去。很快在下次讲课时，储老师就这次作业进行了评价。他讲了不少，主要是三个方面的意思。首先是对大部分人的作业表示很不满意，认为缺乏独立思考的精神，很多都是在网上搜的；其次是重点表扬了仅有的三名优秀，幸运的是我也位列其中；最后是说明之所以给优秀并不是赞同或者认可文章的观点，而是肯定和赞赏文章表现出的独立思考的精神和具体的研究方法。几层意思很清晰，让人激励更让人清醒。多年后当我需要独自攻关不熟悉的专业领域课题并撰写研究报告时，才知道这是我在大学里学到的最有价值的内容之一。后来，我将储老师出题的故事写了出来，发表在《人民日报》的微议录上，被国内不少媒体转载。古代汉语学好不易，从平时作业可见一斑，到了期末考试时，翻开试卷更是一片叫娘声。试卷题量不大，一段先秦文言文，先是句读，接着翻译，最后进行论述，环环相扣。对于平时用功不足、文言文功底不强的同学来说，可能就如观天书。考试结束后，不少人都感叹着下学期要重修了，结果却让人意外，竟然全都过关了，一个也没抓。后来储老师解释说，这次考试很多人不及格，还有考二三十分的，他最终都提到了及格分，六十分以上的则一分未改，平时严厉主要是希望大家好好听课、认真学习，云云。大家听了一片唏嘘加感激，觉得这样平时“狠”考试“松”的老师真正是能让我们学到真东西的好老师。而我更是欣喜和感激，我的成绩是八十六分，这在周围是最高的。

出题有个性是中文系教授的一大特点。教授“中国文学史”的叶文举老师，曾让我们用诗化语言去“翻译”《采薇》，探寻其中的美感；同是教授“中国文学史”的叶帮义老师，则让我们找出《史记》中出现的五首歌，并分析司马迁将其写入著作的用意，逼得我们不得不翻开原著，从文本中去研究探析；还有教授“文学理论”的江守义老师，则让我们写诗词鉴赏，意外的是不少选择偏僻高深诗词来赏析的都“折戟沉沙”了，宿友则以一篇看似浅易常见的《析孟浩然〈春晓〉》夺得优秀；还有教授“现代汉语”的孔令达老师和教授“西方文学史”的范传新老师，则喜欢在黑板上抄写题目当堂检测，这时点名代喊答到就彻底失效了……

还有很多、很多……

梅贻琦先生曾言：“所谓大学者，非谓有大楼之谓也，有大师之谓也。”确实，一所大学之所以能够弦歌不辍、桃李芬芳，就在于拥有这些优秀的老师们。水涸有迹，云飞影存。对于母校而言，我们都是漂泊在外的游子，云踪无定却心有依依。毕业已经十三年，但只要想起母校，脑海里就会浮现出老师们在三尺讲台上传道授业的一幕幕场景，并真诚地在内心祝福师大的明天更美好更辉煌。

校友简介：何亚兵，2001级校友。毕业后任教扬州某高中，在《语文学习》《中学语文教学参考》《语文教学与研究》《中华活页文选》《语文报》等发表教学论文等三百余篇，策划和参编教辅用书7部；现在扬州某机关部门任职，研究方向为党史党建、组织人事学，在《内参选编》《学习时报》《中国组织人事报》《中国纪检监察报》《群众》《唯实》《领导科学》《现代领导》等发表调研评论文章百余篇。业余时间进行创作，在《小说月刊》《短篇小说》《微型小说月报》《散文选刊》《火花》《牡丹》《诗词月刊》《扬子晚报》《杂文报》等报刊发表小说诗文四百余篇，获各级各类征文奖项百余次，入选《80后文学选》《2012年中国幽默作品精选》等多种选集和年度选本。

岁月如歌

赭山脚下最美的青春底色

——访1970级校友朱小蔓

叶　瑾　徐炜红

她手捧一颗赤诚之心，却从未带走半株花草；她视教育为空气，满育天下桃李。她是教育者，用知识浇筑青春；她是研究者，用学术探索青春；她是缠绕在三尺讲台上的藤蔓，纤细却又坚韧，凭借着对教育事业的一腔热血，笔耕不辍，研读不止。她，就是中国陶行知研究会会长、原中央教育科学研究所所长兼党委书记、联合国教科文国际农村教育研究与培训中心主任、南京师范大学副校长，现北京师范大学教育学部教师教育研究所博士生导师朱小蔓教授。她的教育之梦，始于安徽师范大学，作为我校1970级中文系校友，她在安徽师范大学感受到学问与品格对于教师职业的重要性，感受到师大教育精神的代代传承，在师大的求学与工作经历，成为她铭记一生的珍贵记忆。

一、师生情谊传递温暖青春

1970年，朱小蔓成为师大中文系第一届工农兵学生，她深知机会的来之不易，也更加珍惜在师大学习与生活的时光。“在师大和恩师、同窗度过的时光，我一辈子都不会忘记。”回忆起那段求学经历，朱小蔓的眼睛里仿佛闪烁着青春的光芒。

正规的课堂学习仅有六个月，却给她留下了难以磨灭的深刻印象，只要回忆起来，仿佛还能触摸到当时几位老师在课堂上营造出的斑斓色彩。她喜爱契科夫、普希金等的简练与朴素，也因此感受到苏俄文化的魅力；她喜爱《红与黑》《简·爱》等的深刻与独特，也因此推开了文学世界的大门；她喜爱古典文学里《红楼梦》《水浒传》等的艺术与思想，也因此体会到经典文学的精深；她喜爱现代文学中柳青、赵树理等的文思与情怀，也因此开启了探索中国文学的旅程……师长的教诲让朱小蔓受益匪浅，而深厚的同窗情谊也让她难以忘记。52位工农兵学生年龄不一，知识水平也参差不齐，但同窗之间的美好情谊至今还铭刻心底。她们与年轻教师关系密切，一起创作剧本，曾一起合作创编出小歌剧《一条棉被》、小话剧《龙虎山上》等作品，将与工人、农民共处的丰富、细腻、真实的生活加工搬上舞台。她对在宣城的一次军事训练记忆犹新。作为学生干部、文艺骨干，他们在野营拉练途中收集老师、学生们的优秀事迹，编成快板、小曲儿，不知疲倦地跑前跑后，传递出生活的美好与温暖。在师大与恩师和同窗一起度过的时光，那些充实、不失艰苦而又洋溢着温暖的日子，为朱小蔓的青春岁月增添了一束耀眼的光辉。

二、教育事业折射赤诚青春

毕业实习时，朱小蔓被分配到安徽繁昌中学。“当时我讲的是高尔基的《海燕》，在那期间，我还担任过班主任，面对的多是农村中学生，我觉得他们特别好学，而且淳朴、可爱。”她面带微笑，温柔地回忆道。毕业实习让她第一次站上三尺讲台，也让她萌生了踏入教育行业，进行教育研究及实践的念头。

朱小蔓毕业时，校、系领导和辅导员没有因为她父亲当时（“文革”后期）还没有被“解放”而放弃选择她留校，而是让她担任了师大中文系汉语言教研室教师。“以前总觉得白天听课听不够，晚上在宿舍旁边的盥洗间借助灯光看书，那是常有的事。”在教学的过程中，她深刻感受到了师大人文底蕴薪火相传的重要性，也在教学实践过程中践行了自己的初心。“那时候有一股强大的力量在支撑着我，为了教育事业我可以拼尽全力。”这份炽热让朱小蔓在后来四十多年的教育生涯中用她的温情和严格，感染和引领着一批又一批学子。正因为知道学生求学的艰辛与不易，朱小蔓对他们才更加严格，即使自己身体有疾也拿出全副精力指导学生，严重时躺在病床上仍用手机给学生指导论文，一讲就是几个小时。她对学术的执着在学生心中埋下科学研究的种子。1993年以来，她分别在南京师范大学、北京师范大学、中央教科所指导硕士生5人、博士生40人、博士后17人、访问学者近40人。

在行政工作方面，无论是重大的教学改革设计，还是烦琐的教学事务安排，朱小蔓都事无巨细地用心创造，并尽职尽责地落实完成，将每一件事情都尽可能处理好。“我的老领导们，他们教会了我们如何做人做事，这些都是我人生重要的经验积累。”提到在师大的教学与工作经历，朱小蔓无时不透露出怀念与感激，正是因为这些历练所带来的宝贵经验，为她之后的人生发展拉开了华丽的序幕。

三、累累硕果追忆辉煌青春

本着对教育事业的不懈追求，朱小蔓相继考取了东南大学哲学与科学系硕士研究生、南京师范大学教育系博士研究生，曾与国际各知名教育组织深入交流、合作研究，她的学术研究涉及教育哲学、道德教育、教师教育、农村教育等多个方面，其中情感教育成为她后来所有研究得以生长的母细胞，也成为她一生的坚持和专攻。

作为中国陶行知研究会会长，她秉持“千教万教教人做真，千学万学学做真人”的理念，认为学校应该加强道德教育，唤醒学生的内在自觉；她推崇“生命教育”，指出教育培养的是活的生命，应该引导孩子对生命有一个美好的期望，不能压抑孩子活泼的天性；她认为教师应该主动表达、积极进取，用真诚的、不伪装的交流来感染孩子的身心，善待知识、善待生命；她研究“教师教育”，认为教师应该“俯下身来看见学生”，关注学生的发展，提高问题意识，加强教师教育研究和实践；她认为“教育的根本是关注心灵发育成长”，主张把人的本性中的情感发育起来，推动了教育新思想的产生与发展；她践行陶行知先生“把公民和读书的精神，化合在一处”的理论，提倡让读书支撑生命，追寻文化的强大力量……《情感教育论纲》《反思与构建——小学素质教育模式理论研究》《教育的问题与挑战》《儿童情感发展与教育》《情感德育论》《关注心灵成长的教育》等著作，是她教育思想的提炼和集中体现，也是她所积累的教育实践的升华。

“在我的工作与生活中，经受的所有磨砺，收获的所有经验都是无价之宝。”朱小蔓一直十分感激她所经历的一切，艰难的求学之路、困苦的劳作生活、扭曲(“文革”期间)但又不失师生亲密关系而显现美好的大学时光……那些磨砺锻造了她面对挫折的乐观精神和追求突破的人生态度。现在，她身着素衣，手握笔杆，依旧保留着一颗躬身教育的赤诚之心。经受的是磨砺，得到的是坚韧，而这，都成就了青春的最美底色。

校友简介：朱小蔓，1970级校友。中央教育科学研究所所长兼党委书记，全国教育科学规划领导小组办公室主任，国家督学，兼任中国德育杂志社社长、主编，教授、博士生导师。

读书益知，思考增识；读万卷书，行万里路

——访1974级校友李建强

臧　玉　柏跃桦　崔晓涵

一、大学生涯之“忆苦”

大学生活作为人生最美好的回忆，是十分值得珍惜和记忆的。对李建强而言，大学不仅意味着使得自己博学多识，增长才干，还承载着自己在学校学习和生活的珍贵记忆。

说起自己的求学之路，李老师颇有感慨。“我是在当了5年农民以后，才到高校学习的，因此求学的愿望特别强烈。”有过5年农民经历的李建强在黄土绿苗中一直坚定求学的信心和热忱，最终得以进入安徽师范大学学习。虽然当时的学习条件非常艰苦，还经常受到一些非正常的政治因素的干扰，但学校依然尽可能给予学生最大的帮助和支持。在李建强记忆中，“老师们对教学都非常投入和敬业，大多数同学的学习则非常认真和刻苦”。

老师的敬业乐道和同学的勤奋努力，更是让李建强迸发了学习的热情。“我记得，我们班上还有一个小范围的读书小组，不管谁手里有什么好书，大家都偷偷地轮流传着看。”在同学们的眼中，书不仅是纸张，更是宝贵的精神食粮，需要精心呵护。“同学们都非常爱惜书，用两层硬纸或报纸做成封面，这样传到最后一位读者手里时，这本书基本还保留着原样。我们就是用这种方式，读了一些当时所谓的‘禁书’。”谈到当年与同学们一起学习奋进的日子，李建强仍然十分有感触，在他看来，那几年的学习生活，为他和同学们以后的工作和学术研究打下了良好的基础。

在安徽师范大学学习期间，师大的老师给李建强留下了深刻的印象，其中最重要的一点就是敬业。“在当时那样一个非常时期，读书无用的思想四处泛滥，同学中自然也有受波及的，不把读书当回事。但老师们大都不理这一套。”谈到老师的“可爱敬业之处”，李建强更是回忆起许多老师的趣事。“教元明清文学的华老师，为人亲近友善，家就住在校园附近，几乎隔天晚上就会到教室来，

耐心帮学生们讲解辅导；教现代文学的邢老师，有点桀骜不驯，他讲鲁迅，不仅谈作品，注重发掘思想性和'国民性'，而且着重谈知识分子的人格模式，认为鲁迅为国人提供了一种全新的人格模式。"各位老师的教学风格和教学内容对同学们的为人行事起到了潜移默化的作用，也让李建强深深感到教学的魅力。

除了教学的老师，还有其他老师经常给李建强他们进行讲解。"记得每学期，校本部都会来几位老师为我们开讲座（比如外国文学的孙老师），同学们反响热烈，除了讲座后的积极提问，晚上，大家还会三五成群地结伴去老师的住处请教。老师们总是有问必答，给我们干涸的心灵注入了润泽的甘泉。"日久天长，不少老师的名字已记不清了，但是那场景、那氛围，依然如在李建强眼前。老师们的敬业精神是一笔宝贵的财富，也正是这种精神，让李建强不断传承和发扬，并坚持至今。

二、学术研究之"醉心"

人们常说一个人的爱好，其实是对你在自己的职业当中所不能得到的那部分的一种补偿。对于李建强来说，爱好和他的职业更是息息相关。

和许多同学一样，李建强喜欢读书和写作。说起在校期间不同于其他同学的求学经历时，他回忆起一件小事："记得大二那年，我写了一篇几千字的文学评论，题目叫《淮河岸边的小英雄》，是评论一部抗战题材的少儿作品的，发表在当时省里的一个文艺刊物上。这是我第一次发表文艺评论文章，也是我以后专业研究的起步。"小小的成功勉励着李建强，也正是此次经历，让他走上了日后学术研究的道路。

李建强在毕业以后留校工作，因为学校地处偏僻，加上当时百废待兴的政治环境，文娱生活很单调。他唯一的娱乐生活就是骑自行车跑到城里看电影，因为来回不便，常常去一次就连看几部电影。"这大概就是我后来喜爱电影、研究电影的动因吧。我第一篇评论电影的文章发表在1983年初的《电影艺术》上，以后便一发而不可收，虽然工作地点、工作岗位屡经变化，但这种爱好一直保留至今。"第一篇有关评论电影文章的成功发表以及后来对电影的执着爱好，都使得李建强在电影研究领域越走越远。

三、母校祈望之"寄语"

现在的在校生特别是初入大学校门的新生，通常都会对未来感到迷茫和困惑，对于李建强而言，他们当年一代人困惑的是：国家向何处去？民族向何处去？现如今，同学们面临的困惑不再是这样“宏大”的问题，但是“人生向何处去”这个现实拷问却是回避不了的。

李建强提出：“互联网新媒体时代，随着生产方式、思维方式和生活方式的快速变化，给人们带来了更多发展的路径和可能，但也容易使人产生更多的焦虑和欲望。”面对这样的现实之“困”、时代之“惑”，李建强认为要脚踏实地，只有努力做好当下的“事”，才有可能开拓未来的“业”。在他看来，“在校学习期间，就是要多读书、多交流、多思考、多长见识；习得和践行，两样均不可少。应该说，今天大学的学习、生活条件，和我们当年已经不可同日而语了，但人生发展的规律是一以贯之的。”正所谓九层之台，起于累土；千里之行，始于足下。李建强在和自己的研究生交流这方面的心得，就经常这样希望他们能够一点一滴积累经验。

母校留给李建强的不仅是学识上的拓展，更多的是精神上的学习。“投入、敬业、认真、刻苦。这八个字看起来都是大白话，做起来并非易如反掌，融化到生命血液里去，尤其不易。我愿和同学们一起共勉。”

对母校未来的规划，李建强认为师大是一所具有悠久历史的高等学府，她的语言文学、历史等学科曾经声名远播。“作为她的学子，我们希望她凸显特色、砥砺前行，在群雄逐鹿的未来发展中迈出新的步伐。”李建强对母校寄予深沉的敬意。

在李建强看来：“大学是一个追求‘明德、亲民、止于至善’的有生命力的地方，是我们人生成长最重要的阶段。”如同梁启超先生认为：人类心理，有知、情、意三部分，总要三个具备，才能成一个人，所以教育应分为知育、情育、意育三方面。就当下教育现状，即智育范围太单一、德育范围太笼统，体育范围太狭隘，李建强认为：“知育要教到人不惑，情育要教到人不忧，意育要教到人不惧。教育家教育学生，应该以这三件为究竟，我们自动地自己教育自己，也应该以这三件为究竟。”

四、小结

著名的教育思想家蔡元培先生曾说：“教育者，养成人性之事业也。”由此可见，教师的教学过程不仅仅是简单的传道受业解惑，更是需要关注学生的思维与情感，追求知识、思维和情感三位一体的过程，这也是教师技能与学生学习能力双轨迹递进上升的过程。其中，知识是基础，思维是根本，情感是源泉。只有被教育者保持对人和事的充沛情感，思维才有不竭的动力，知识才因思维的灵动进而不断流动汇聚成汪洋。本次与李建强老师的访谈让我们受益良多。从老师的字里行间，我深切地感受到，作为一名教师和一名学者的责任与担当。李建强老师一直坚持踏踏实实教学，实实在在育人，扎扎实实探索，用善心、爱心去关爱每位学生，用责任心和事业心感化每位学生。李建强老师言传身教，以恒心以时光，走出了一条刻有师大文学院印记的学者路、人生路。

校友简介：李建强，1974级校友。现为上海交通大学教授，博士生导师，中国电影评论学会副会长、微电影研究会会长。先后出版《高等教育改革与人的全面发展》《我国微电影的发展及其研究》《中国电影批评》《区域创新体系探索的理论与实践》《创新视域下的高校技术创新》等著作，在《求是》《中国高等教育》《电影艺术》《当代电影》等报刊发表各类文章180余篇。

爱铸师魂，润物无声

——访1974级校友伍巍

涂梦婷

他是一位普通教师，对待学生视同己出，用满满的爱心与责任铸就师魂；他是一位科研工作者，学识渊博，一直将求实严谨的学术作风传递给学生……二十年多来，他在教学岗位上辛勤耕耘，默默奉献，只为无愧于心、无愧于师。他是伍巍，安徽师范大学中文系1977届优秀校友，我国首届现代汉语方言学博士，暨南大学中文系教授、博士生导师，更是莘莘学子成长路上的人生导师与引路人。

一、风华年少，谆谆教诲念师恩

"母校，是我起飞的地方。"回望在师大的记忆，伍巍教授首先表达了对母校的感恩以及对母校老师的敬重，"在那个'文革'尚未结束的时代，即使我们是留校的工农兵学员，师大中文系的李凤阁、徐英翰等老师还是伸出温暖的臂膀拥抱我们，从此一颗心就紧紧地贴近了母校的心脏，数十年来走过山山水水，还是能勾起很多联想与温馨的回忆。"如今伍教授在暨南大学任教，但他依旧不忘母校，时常回母校进行讲学，在母校80周年校庆时，伍教授风雨兼程，从广州赶回母校参加校庆活动，探望当年恩师。

提及在师大求学的时光，伍教授记忆最深的还是当年的授课老师，教授"现代汉语"的胡治农、孟庆惠老师，现代文学的刘元树老师，古代文学的余恕诚、朱彤、刘学锴、刘清渭老师，以及当年语言研究所的老前辈张涤华，张紫文、陈庆祜等先生……他强调，正是在这些老师的教导熏陶下，自己才能够得以成长。"我感恩母校，不仅是因为我在母校读书、求学，更是因为母校的老师给了我师大人自强不息的精神与严谨求是的治学作风，它一直伴随我、激励我前行"。

20世纪70年代末，北京举办"文革"后的第一期"全国普通话研究班"，师大只有一个名额，中文系毫不犹豫地推荐伍巍老师进京学习。回校后，他开始从事徽州方言的调查研究，从此与汉语方言学结下了不解之缘。20世纪90年代初，伍教授报读暨南大学，师从著名方言学专家詹伯慧先生，成为全国首届现代汉语方言学博士，从此飞向更辽阔的远方。

二、教书育人，三尺讲台立师德

岁月不居，时光如流，转眼间，伍教授已经在教育战线上走过了二十多个春秋。学而不厌，诲人不倦，在伍教授看来，师德的本质也包含着爱，“我们这些老师也是当父母的人，将心比心，每个学生都是父母的孩子，他们把最宝贵的青春年华交给了老师，作为老师怎么能没有一份责任呢？”

1994年于暨南大学获博士学位后，伍教授任教于暨南大学中文系，教授“现代汉语”“方言学”“汉语音韵学”等课程。他是一位认真严格的老师，“国际音标”课以听写方式要求学生逐一过关，“音韵学”课要求学生全部背下字表中每个字的音韵地位，带研究生下乡做语言田野调查时，则是一个个手把手地教……凡要求学生掌握的知识，伍教授都以身作则，用自己的示范让学生心服口服。

怀着对教师这一职业的热爱和对学生成长成才的责任感，伍教授勤勤恳恳，兢兢业业，把不断提高教学质量、做学生喜欢的好老师作为自己的奋斗目标和不懈追求。由于在教学方面的突出表现，伍教授于1997年获得暨南大学“十佳优秀教师”称号。

学高为师，身正为范。“教师这个称号是有尊严的，为了这份尊严我愿意去守护，哪怕生活清贫一点，也能拥有内心的一份坦荡与自在。这也是守护我们师大人的一份精神遗产。”笃爱无私，寓人格教育于日常生活与教学之中，这是伍教授一直受学生爱戴的重要原因。教师的魅力和权威不仅源于学生的评判，更源于教师自身的学识与人格魅力。

三、潜心治学，笔端耕耘诠师道

身为人师，要做一名对学生有终身影响的老师，需要引导学生迈好人生的第一步。谈到治学，伍教授认为最重要的是人品，他教导自己的研究生首先要学会做人，因为人品会影响一个人做事治学的风格。“我对母校安徽师范大学是归心低首的，因为母校有一支非常优秀的学术队伍，这支队伍一直有着求实的优良学术传统，影响着一代又一代的师大人，我深深受益其中，并一直奉为我传道受益的座右铭。”在采访中伍教授如是说道。

作为汉语学界的专家，伍教授主要从事现代汉语、汉语方言学教学及汉语方言、汉语音韵学研究，然而在语言研究之外，伍教授在文学与艺术领域也开辟出自己的一方天地。作为广东省国学学会会长，伍教授对茶文化、建筑文化、唐诗文化等均有涉猎，“知识本是一个整体，语言与文学本来不应该如此为壑，在坚持自己本专业方向学习的同时，多读一些相关专业的好书，可以拓展知识面，开阔视野”。对此，伍教授建议同学们在出版业发达的今天，对书要有选择，要多读书、读好书，并且要在阅读时学会思考，善于提出问题，借以提高自己的判断能力。

人间有胜境，但追求无止境。伍教授怀揣着对教育事业的满腔热忱以及对科学研究的一片赤诚之心，授人以渔、助人以诚。在母校90周年校庆来临之际，伍教授真情寄语，希望母校能够扎实做好学科建设的各项工作，培养好苗子，把师大的学术精神与优良传统一代代延续下去。

真爱如雨润物无声，无私奉献浇灌桃李满园。接受采访时，伍教授耐心回答，谈吐恳切，充分显现出他对于教学的激情，对学生的真挚关爱。几十年光阴匆匆而过，伍教授一直坚守在教育和研究的阵地上，以德树人、以情育人、以智启人，用“智慧”和“爱心”做学生成长路上的知心引路人！

校友简介：伍巍，1974级校友。现任暨南大学中文系教授、汉语言文字学博士研究生导师，从事现代汉语、汉语方言学教学及汉语方言、汉语音韵学研究。

惟愿此身，世世书生

——访1977级校友黄元访

刘珍珍　阚薇薇

一杆笔，书人间苦乐冷暖；一生情，忆师大岁月难忘。高高的个子，挺拔的身材，平和的面容上挂着温和的笑，初见老师，一股儒雅的文人气息扑面而来，沉静而有力量。他就是安徽省教育厅原外事处处长、《安徽教育报》原总编辑、安徽期刊协会副会长，安徽师范大学合肥校友会会长、1977级校友黄元访。

一、中文人：缘起师大，当年相遇正韶华

“江南好，相遇正韶年。‘四害’初除民气涨，冰河解冻百花鲜，儿女奋攻关。”谈及美好的大学时光，黄元访情不自禁吟诵了一首自创的《望江南》，瞬间把人拉回了那段激情燃烧的岁月。作为“文化大革命”结束恢复高考后的第一届大学生，黄元访感到无比幸运。

“整个‘文革’造成的那种万马齐喑的气氛一下子被打破，走到哪里都有一种百废待兴的感觉，特别是在大学，大学时光真是人生中最美好的四年”，他由衷感叹道，熠熠的神采在眉宇间飞扬。

黄元访与安徽师范大学结缘可谓巧合，“当得知被师大录取时，一开始是有些失望的，但来了后就渐渐被老师、同学的深厚情谊所打动”，提起往事，黄元访娓娓道来，语气平和，“塞翁失马，焉知非福”，当年没被自己所填报的学校录取的遗憾逐渐被初上大学的喜悦冲淡。

在师大中文系读书学习的四年，对黄元访后来的人生道路影响很深。提起当时中文系的各位教授老师，黄元访如数家珍，记忆犹新。刘学锴老师学识渊博，讲课生动诙谐，把古代诗歌的意境、内涵讲得透彻而深入；余恕诚老师治学严谨，表面严厉实则心思细腻，春风化雨，润物无声；贺崇明老师留着大胡子，疾恶如仇，有一种绿林好汉的味道，他与学生聊时局聊人生，独特的人格魅力让人深受感染。除了恩师，同学之间的深厚情谊也让黄元访心生温暖。周末时间，他常与同学们一起登山游江，把酒吟诗，指点江山，挥斥方遒，诗意人生，莫过如

此。在另一首《望江南》中，他曾经这样写道：“江南忆，最忆是赭山。一塔秀出高岭上，长松数株挂晴岚，指顾论江山。”

二、媒体人：秉笔直书，铁肩担道著文章

“我上中学开始就喜欢舞文弄墨，喜欢写文章”，黄元访一生都与笔结下不解之缘。上大学之前在原宿县地委宣传部工作过六年，大学入学后担任学生会宣传部部长，毕业后被分配到安徽省教育厅办公室，后来调至省教育宣传中心，再后来又担任安徽教育报刊社总编。黄元访有着丰富的媒体宣传工作经验，当从省教育厅被调到安徽教育报社工作时，有人替黄元访的才能惋惜，他却有一种“跳出三界外，不在五行中”的自由感，也只有真正的文人，才能做到如此豁达。在前一段时间流行的“前世”游戏测试中，测得自己前世就是书生时，黄元访有感而赋：惟愿此身，世世书生，有书即读，开卷即行，学仁学义，修德修能。

谈及作为媒体人的经验，黄元访表达了自己的见解，虽然现在新闻自由度有所提高，新媒体传播手段的发展给予媒体人更多的宣传渠道，但在工作过程中仍会遇到一些敏感问题和困难。他希望后辈在从事媒体工作时，都能做到实事求是，仗义执言，秉笔直书，歌颂光明，揭露黑暗。顿挫有力的寄语，是一个老媒体人对后学的殷殷期盼与嘱托。

三、指路人：语短情长，师大情结犹在心

“我在师大这四年实在是难忘，师生情很深。人生走了大半，回过头来看，师大情结越来越重”，采访尾声，黄元访再一次表达了对安徽师范大学深深的依恋。正是因为对师大怀有深厚的情感，退休后他被推选为安徽师范大学合肥校友会会长，搭建起校友与母校联系的桥梁。毕业多年，他总是竭尽所能去帮助同学、校友，在1986届校友余伯成的邀请下，黄元访担任安徽儒林图书有限公司的顾问，大力支持儒林奖学金在安徽师范大学等多所高校的设立，助力教育事业的发展。

2018年是安徽师范大学90周年校庆，黄元访对师大送出了自己的祝福。他祝愿师大能不断发展，为国家培养更多栋梁之材。同时，他勉励师大学子们要把握住人生最美好的四年时光，多读书，不断提升自己、修炼自己，争取成为母校的骄傲。采访结束时，黄元访将自己所著的《远方诗词集》赠送给采访组成员，并悉心指出书中三处错误，细节之处见治学之严谨。

安徽省文化厅副厅长唐跃在给黄元访的诗集作序时，赋词形容他“平生心愿行间诉”，“忘不了，家国抱负”。黄元访自己也在诗中抒发了心中情怀，“少年意气曾飞扬，诵诗书，著文章，天下苍生，都在胸中藏。时势蹉跎岁月老，望远山，赋斜阳！”文以载道，言以述仁，这是黄元访的情怀，也是安徽师范大学传承的情怀。

校友简介：黄元访，1977级校友。安徽省教育厅原外事处处长、《安徽教育报》原总编辑。现任安徽期刊协会副会长，安徽师范大学合肥校友会会长。

纯粹人生，从文道传承到师道生长

——访1977级校友刘锋杰

涂梦婷　杨安然

他是温情的行者，用一帧帧画面、一句句真言记录时光的故事；他是谦逊的学者，潜心钻研，笔耕不辍，用一部部著作凝聚深邃的思想；他是躬行的匠人，用赤诚的心传师道、树完人。他是刘锋杰，安徽师范大学1978级优秀校友，苏州大学中文系教授、博士生导师，江苏省重点学科文艺学专业学科带头人、中国文艺理论学会常务理事、中华美学学会会员、国家特色专业建设点负责人。

春华秋实四十载，心念师恩忆风华

花津毓秀，赭山灵动，老校区里的荷园，是刘教授心中难忘的美景。回忆起当年的风华岁月，刘教授的脸上情不自禁地露出了笑意。“荷园是我们每日必经的地方，盛夏时节，在荷园旁的树荫下听老师发言，荷花盛开，清风徐来，绿云自动，这样的画面现在想起依然十分美妙！”

1978年3月，刘教授进入师大中文系，从此踏上了在师大的求学之路。提起当年在师大授课的老师，刘教授言谈恳切，满是对恩师的感激与怀念。祖保泉老师认真严谨、师心独见，把《文心雕龙》深奥的哲理讲得深入浅出；余恕诚老师知识渊博，讲课不紧不慢、有条不紊，让人如沐春风；周承昭老师幽默风趣，讲课形象生动，讲解《西游记》时竟然让维修窗户的师傅都停下手中活，竖耳倾听；严云受老师讲课逻辑严密，层层推进，同学们都被他的论证所征服……“老师讲课时，我听得特别认真，边听课边记笔记，如果遗漏了一句，下课也会找老师问清楚。”长成来奏三千牍，桃李春风冠集英，直至今日刘教授还保留着当年上文艺理论课时的完整笔记。

风景旧曾谙，最忆是赭山。在师大中文系读书学习的四年时光，除了专业知识的学习，老师们严谨治学、独立思考的精神，图书馆里的丰富藏书，还有校园宁静单纯的学习环境……都对刘教授的人生道路产生了深远的影响。

四十年悠悠时光，弹指一挥间。虽然刘教授已毕业多年，但他的时光记事本中依然深深地记录着在中文系成长的痕迹，一页一页地书写着当年的拼搏与奋斗、欢乐与汗水。

二、潜心苦读研笔墨，谨严立身探学海

读书使人明智，书墨飘香，浸润心灵。读书是刘教授生活中必不可少的一部分。对于如何做好学术研究，刘教授认为首先要有苦读的勇气和毅力，从而开拓阅读的广度和深度，发挥主动性和创造力，形成自己独特的思考。

“文学中潜藏着生命的奥秘，文学研究可以探索人类与生命的奥秘，这多有意思。”怀着对文学的热爱，刘教授多年如一日地坚持阅读与思考，潜心学术，笔耕不辍。“做学问没有可以偷懒的地方，只有静下心来苦读思考，才能做出研究成果。”正因为严谨治学，刘教授在文学理论与美学、中国现代文论史等领域研究颇有建树，并曾多次主持和参与国家社科基金课题研究，成果斐然。

“研究文学成为一种自觉，而且成为一种生命的需要。我已经被其‘异化’。”据统计，刘教授在《文学评论》《文艺理论研究》《中国现代文学研究丛刊》《红楼梦评论》《学术月刊》等期刊上发表学术论文200余篇，出版《中国现代六大批评家》《文学象征论》《人间词话百年解评》《文学政治学的创构》等近十部著作。板凳要坐十年冷，文章不写一句空。学术是一场“寂寞”的长跑，在做学问的路上，刘教授以严谨的学术态度要求自身，以深厚的学术修养赢得尊重，成为众多学子学习的榜样。

三、躬身杏坛育桃李，木铎金声满庭芳

教育是一项充满人文关怀的事业，教书育人、为人师表是教师的天职，这也是刘教授一贯以来的追求与坚持。从教33年，刘教授不仅在学术上孜孜不倦、不懈追求，也在三尺讲台上辛勤耕耘、默默奉献。

作为一名教师，刘教授兢兢业业，用爱心与责任心浇灌着一届又一届学子。“教育是传承文化与文明的重要途径，教师要热爱学生，热爱这份事业，做好知识的传播与传承。”为了更好地开展教学工作，刘教授结合自身的教学实际经验，主编《文学理论》《文学批评学教程》《大学新语文》等，参编《大学人文读本》(三卷本)、《大学人文教程》等，其中《大学新语文》是普通高等教育“十一五”国家级规划教材，《文艺学撷英》是普通高等教育“十一五”国家级规划教材配套用书。

此外，刘教授在课堂内外积极思考如何提高学生阅读兴趣、养成爱读经典作品的习惯，并为此多次参与阅读推广的活动。在教育方式上，他不是进行简单的说教，而是通过自己一言一行来影响学生，感染学生，帮助学生。正因为这份教学的责任感、育人的使命感和对教育事业的赤诚情怀，刘教授多次获奖。

“师者，所以传道受业解惑也。”谈到如何成为优秀的教师，刘教授认为教师一定要热爱学生，这是老师最应具备的品质。“在培养学生独立思考能力的同时，培养学生的善良和社会责任感也是老师教学过程中的重要任务。”刘教授不仅仅传授学生书本知识，更一点一滴地教导学生做人的道理。

浓情系母校，寄语后来人。在母校90周年校庆之际，刘教授衷心祝愿母校越办越好，培养出更多的优秀学子。对师大的学弟学妹们，刘教授更是有着殷切的期盼与叮嘱，“希望学弟学妹们在大学里好好读书，多读一些优秀经典的书籍，珍惜短暂的大学时光，不断充实自己，成为更优秀的师大学子，为自己奋斗，为师大争光”。

作为师大中文系的杰出校友，刘教授无论是从事学术研究还是教书育人，都成果丰富，贡献卓著，这既是刘教授自身的荣耀，也是师大中文系的荣耀。

校友简介：刘锋杰，1977级校友。师大毕业后入安徽宣城中学任教；同年秋考入西北大学中文系文艺学专业，师从郝御风、刘建军、张学仁先生，1985年7月毕业，获硕士学位。1985年至1998年，曾任安徽师范大学文学院教授、硕士生导师、文学研究所所长。现为苏州大学中文系教授、博士生导师，江苏省重点学科文艺学专业学科带头人、中国文艺理论学会常务理事、中华美学学会会员、国家特色专业建设点负责人。

主要从事文学理论与美学、中国现代文论史等领域的教学与研究。在《文学评论》《文艺理论研究》《中国现代文学研究丛刊》《红楼梦评论》《学术月刊》等期刊上发表学术论文200余篇；出版《中国现代六大批评家》《文学象征论》《人间词话百年解评》《想像张爱玲》《文学政治学的创构》等近十部著作；主编教材《文学理论》《文学批评学教程》《大学新语文》等。

从师大走出的教育工作者

——访1978级校友潘德安

胡施颖

在2015年高考中，安徽省太湖中学取得了600分以上397人，一本达线728人，二本达线1391人的卓越成绩。今天，我们拜访的就是这所知名中学的现任校长，安徽师范大学的校友——潘德安先生。

初见潘德安先生，我们就被他身上亲切的气质所吸引了，采访在学校接待室里进行，作为师大的校友，我们首先从安徽师范大学聊了起来。

一、师大的四年里，我学到的不仅仅是知识

"我到现在还记得我到师大报道是1978年9月13日。那时候适逢百废俱兴的时代，所以我16岁考上大学，我是那一班同学里年纪最小的。"提起师大，潘德安先生十分激动，这也让我们对他的师大经历更加好奇。同学，作为一起学习生活的人，在我们问到潘德安先生的同学印象时，潘德安先生这样说道："同学们都比我成熟，知识比我丰富，见识比我多，我与他们相比，有很多的欠缺，这也成为我当时奋斗的动力。"在潘德安先生看来，老师也给予了他重大影响，他还为我们一一列举了当时为他上课的老师，特别提到了教授现代文学的李论（音译）老师和指导自己毕业论文及实习的莎士比亚专家王文昌（音译）老师，这样深刻的记忆也让我们十分感动。

在提到师大印象时，潘德安先生这样总结："在师大的四年里我学到的不仅仅是知识，人生里，我有许多重大的成果都是在师大打下的坚实的基础，我非常感谢师大。"

二、培养有理想、有目标、志向高远的人

太湖中学作为当地的知名中学，在高考中一次又一次取得了夺目的好成绩，我们向潘德安先生询问了其中的"秘密绝招"。

"哪有什么秘密绝招"，潘德安先生笑着回答，"我们学校最主要的目标就是

培养有理想有目标志向高远的人，2006年，我校结合课改要求，注重学生的品行培养，开展了一系列生涯规划教育，就是为了构建学生的高远志向和健全人格。”

同时，潘德安先生还为我们介绍了该校特色的“两本两度”，即以学生为本，以课本为本，教学工作要做到有温度、有效度。由此可见潘德安先生的独特教育理念。

三、面对高考改革，有些工作必须要做

采访当天，恰逢太湖中学高二学生的期末考试，不免让我们想到了高考的问题。作为一名中学校长和一名教育工作者，高考是潘德安先生工作的中心，而2017届的学生将进入高考改革阶段，社会尤其是学生家长对此表现出了高度的关注。

在问到潘德安先生是否会有压力时，潘德安先生说：“压力肯定是有的，现在，世界发展，文化多元，家长对教育的期望很高，总体的教育环境也很好，我们都在争取更好的发展空间，现在提出高考改革口号，我们面对这些重大变革，有些工作必须要做。”

潘德安先生认为，高考是一场牵一发而动全身的仗，不仅影响一个学生，也影响一个家庭，甚至也影响国家政治、经济、文化的走向。作为一个学校，高考升学率往往是社会的关注对象；作为一名校长，他的价值观取向是非常有主导性的。所以做好高考工作，是一项非常重要的任务。

四、百闻不如一见和绝知此事要躬行

作为一支大学生实践团队，我们也询问了潘德安先生如何看待大学生实践活动的问题，潘德安先生用“百闻不如一见和绝知此事要躬行”这两句话回复了我们。

“我们每年都接待很多的大学生团队来校实践，我觉得这是非常有意义的活动，现在的基础教育重视书本，然而要了解社会的真实状况，只能通过实践，我认为这是当代大学生的重要工作，大学生可以通过这样一个实践活动有目的有计划地投入一个行业，去亲身体会，去深入地看问题。”

在了解中，我们得知潘德安先生是赵朴初研究会的会员。提到赵朴初先生，潘德安先生这样说：“赵老在晚年非常关注家乡的发展，对太湖可谓是有求

必应，我们太湖中学的校训‘难学、能学、难行、能行’就是赵老亲自题写的，你们大学生实践也是这样，不仅要学，更要行，好好学是为了好好行，要做到知行合一。”

亲切和蔼，有前瞻性，乐观积极，用这些词来形容潘德安先生是最合适不过的。在这次的采访中，我们领略了潘德安先生的风采，2015年是潘德安先生任太湖中学校长的第十个年头，我们相信在这位教育工作者的带领下，太湖中学的优秀成绩会一直持续下去。

校友简介：潘德安，1978级校友。中学语文正高级教师、安徽省特级教师，现任安徽省太湖中学校长。1982年至1990年在安徽和县幼儿师范学校任教，1990年至2001年在安徽省太湖师范学校工作，先后任政教处副主任、主任、副校长，2001年至2005年任安徽省太湖中学副校长，2005年10月至今任太湖中学校长。

安庆市第九届党代会代表，安徽省语言学会会员、安庆市文学艺术联合会会员、赵朴初研究会会员。1991年获“全国优秀教师”荣誉称号，2007年获“安庆市名校长”荣誉称号。

师大是我梦开始的地方

——访1977级校友谭学纯

李子兰　孔　静

他不远千里风尘仆仆赶往芜湖，时光荏苒，再遇师大，母校的一切陌生而又熟悉。在中央城大酒店，记者采访时对他的第一印象是，眼神清澈明亮，满鬓银霜却神采飞扬，温和儒雅却朴实真切。

他是福建师范大学文学院教授、博士生导师、语言学及应用语言学博士点学科带头人，教育部高校哲学社会科学学报名栏“修辞学大视野”学术专栏（《福建师范大学学报》）特邀主持人，中国修辞学会副会长，安徽师范大学1977级校友谭学纯。

一、真诚求学，圆梦师大忆芳华

忆及当年的求学经历，谭学纯感慨颇多。恢复高考后，谭学纯作为“文革”后第一批大学生迈入师大校园。进入大学殿堂的机会对他而言实在是太难得了，在当时特殊的时代背景下，城市初高中学生，大批到农村插队。他也有过七年知青生活，也正是这个经历使他对上大学有了强烈的渴望。

“我是芜湖人，每当走过师大校园的时候我就想着，会不会有一天自己能成为这个校园里的一员，等到这个愿望真的实现的时候，很长一段时间我都觉得这好像不是真的。”他的眼里似乎闪着光。

他感慨道：“现在师大的面貌是全新的，但是在我记忆中，作为1977级新生走进校园时的师大是我心中最美的家园，因为那是我的梦开始的地方。现在看来，当时的校园可能有些简陋，但是对我以及和我一起进校的学生来说，已经很奢侈了。

“太长时间的知识匮乏，恢复高考进校的学生如饥似渴，那时候，同学们有一个共同的感觉，常常觉得课听不够，书看不够，尽管老师上课的时候几乎想把全部知识积累掏出来给我们。

“很多老师我都很难忘，祖保泉、严云受、刘学锴、余恕诚、蒋立甫、陈育德、鲍善淳、杨昭蔚、赵庆元……他们都是我很尊敬的老师，不仅仅因为他们的学识，更因为他们的人格魅力。”

在国家从拒绝知识、疏离知识转向尊重知识的过渡期，谭学纯和很多同时代人珍惜这弥足珍贵的教育机会。

二、严谨治学，精研修辞结硕果

因为家学渊源，谭学纯很早便与修辞学结下不解之缘，父亲谭永祥研究修辞学，尤其以研究修辞格见长。在没有电脑的年代，他帮父亲手抄过很多书稿，耳濡目染对修辞产生了兴趣，这为他此后研究修辞学打下了坚实的基础，也是在这个探索过程中，他产生新的修辞之悟，萌发一个念头：尝试走出狭义修辞学研究格局，构建广义修辞学理论体系和研究范式。在此基础上，他先后出版《接受修辞学》《广义修辞学》《广义修辞学演讲录》《问题驱动的广义修辞论》等代表作。“修辞学的学科生态是多层次学术共同体构建的，是多学科共享的，需要跨学科的研究视野，因此我开始探索跨学科研究，跨学科一定会涉及交叉领域，交叉领域肯定有一些重叠空间，这个重叠空间更值得开发。”他致力于语言学、修辞学研究，以打通语言学、文艺学、美学等学科界限的跨学科研究体现自己的特色，发表的论文多见于《文学评论》《文艺研究》《文艺理论研究》《中国比较文学》《语言文字应用》《语言教学与研究》等中文核心刊物。其学术影响力也颇为深远，邢福义总主编的《20世纪中国修辞学》专节评价“谭学纯的广义修辞学”，复旦大学《当代修辞学》专栏评介其“广义修辞学研究范式”，北京大学、复旦大学等多所高校邀请他就“广义修辞学”研究做学术讲演，相关学术评价几十篇，见于学术专著、学术综述及《人民日报》《光明日报》等报刊。

当被问及何以取得如此成绩时，他说：“读书期间，我敬仰的老师做了很好的示范，我也许在不自觉地模仿他们的精神生活。”当谈到做学术的秘诀时，他说“在于信息碎片和时间碎片管理”。

三、诚恳劝学，倾情寄语贺华诞

“我是‘老三届’初中一年级学生，‘文革’前初高中生中的小老弟，知识储备远远不及教育经历比我完整的同学，所以大学期间，把精力放在多读书上，自己补课”，他意味深长地说，“学校是一个适合阅读和思考的地方，我做知青时曾经想要三间茅草屋，屋里摆满书，后来这个愿望超值实现了。”他欣喜又欣慰。

“我想新一代青年学子的明天更美好，因为他们出发的起点更高，无论是精神自由还是物质条件，都比我们当年好得多。”谭学纯若有所思，“我对青年学生充满期待，相信他们的智商和情商。”值此安徽师范大学建校90周年校庆暨文学院建院90周年院庆，谭学纯对母校提出殷切期望，也倾情寄语学弟学妹们。

四十载光阴岁月如在昨日，求学勤勤恳恳，不忘初心；治学大胆创新，牢记使命；劝学情真意切，感念母校。芳华已逝，情怀不改。谭学纯从师大文学院走出，现虽身在闽地，但仍心系故里江城。

校友简介：谭学纯，1977级校友。1996年晋升教授，2001年增列博士生导师，2003年至今为福建师范大学文学院语言学及应用语言学博士点学科带头人。兼任教育部高校哲学社会科学学报名栏“修辞学大视野”学术专栏（《福建师范大学学报》）特邀主持人，中国修辞学会副会长。享受国务院政府特殊津贴。主要研究领域：修辞学、文学语言学、文艺美学等。发表论文200余篇，出版学术论著15种，曾获福建省政府哲学社科优秀成果一等奖和福建省优秀教学成果一等奖。

忆青春芳华，秉纯心任教

——访1979级校友郭惠宇

丁 宁

2018年，恰逢安徽师范大学建校暨文学院建院90周年，为向广大师生献上九十华诞的礼物，文学院特地组织一支寻访院友团队，期望通过采访优秀校友，聆听校友故事，重温师大记忆，纪念逝去芳华。现任马鞍山第二中学校长，安徽师范大学中文系1983届校友郭惠宇，于2月3日上午在校接受采访，讲述属于他的师大故事。

一、那是一份情怀记忆

郭惠宇，1979年考入安徽师范大学，就读于汉语言文学专业。回忆起自己的入学经历，郭校长颇为感慨："我1966年进入小学，1976年高中毕业，十年'文革'就是我的读书经历。这导致了我在进入大学后，对很多东西还是懵懂的，需要重新学习和领悟，就相当于在四年中学习完从小学到大学的所有课程。"也正是因为如此，郭校长在谈及师大四年的学习经历时，言语中尽显对师大的浓浓谢意。"这四年对我的人生产生了巨大影响，因为我真正意义上的求学之路是从师大开始的，师大是我学习生涯的新起点。"

当年，安徽师范大学只有赭山校区一个校址，物质条件的不足，使得多方面资源都十分匮乏：校内设施不完善，连学生基本的住宿都经过多次变动。在这样艰难的条件下，包括郭惠宇在内的一大批学子仍然十分珍惜在校的学习机会，坚持苦中作乐，每天背着书包，拿着饭缸，在教室、图书馆转悠，成为校园的"风景"。那时候除了学习，唯一的娱乐活动就是看电影，对电影的那种痴迷，可以让他们跑遍整个芜湖的所有的电影院，可以让他们在时隔三十余年之后，依然怀念不已。

二、那是一片师生情谊

"师者，所以传道受业解惑也。"直至今天，老师们教学之严谨、博学之多才仍给郭惠宇留下了深刻的印象，也带来了巨大影响。“杨昭蔚老师那时教我们‘古代汉语’，他做事永远一丝不苟，记得他总是梳着油光锃亮的头发，虽然上课从来不带教材，但却总能以一手漂亮的板书将一篇篇古文中的文句呈现在我们眼前，然后详细讲解每一个知识点，老师的博学多才给我很深的触动。”谈到为人作风方面，郭校长用“学为人师，行为世范”这几个字来形容他的老师们。“给我们上课的李老师，他身体不太好，但是从不坐着上课，也从不喝水。记得有一次因为天太热，老师身体不太舒服，想要脱一件衣服又觉得很不礼貌，便征求我们的意见，同学们都觉得十分感动。每次上课前大家都将椅子搬到老师的面前，但是老师仍始终选择站着为我们上课。”受老师的影响，郭校长也坚持践行着这种职业理念，他认为这便是为人师表的意义所在。

而令郭校长感到遗憾的，便是当时没能和老师们有太多的交流。2013年，同届同学毕业三十年后再聚，不想正值祖保泉老师仙逝，再无法得见，聚会的第一站便到了芜湖殡仪馆，为老师送上最后一程。想当年老师讲授《文心雕龙》，时不时地给学生们分析一两个汉字，幽默生动的场景，仍历历在目。郭校长谈到这里时不禁感慨万分，“师大的四年，是奠定了我学养基础的四年。”祖保泉老师、刘学锴老师、余恕诚老师、胡叔和老师、陈文忠老师……一位位名家良师将其满腔的热情全部奉献给了师大，用他们的才学和精神影响着一代又一代的师大人。

三、那是一句真诚祝福

郭惠宇校长自1983年从师大毕业至今，立身讲堂已三十余年，三十年如一日的坚守，三十年如一日的奉献。当被问到一步一步从刚毕业走上教育岗位，到如今成为特级教师、全国模范教师、全国劳动模范，对于语文教师这个职业有什么不同的看法和感受时，郭校长表示，过去时代的语文教育更注重学科的知识的传输，而现在更注重从学科教学转化为学科教育，以立德树人作为教育的终极指向。语文不仅仅是一种工具，而是情感、品质的凝聚，所以语文教师承担的教育责任更加重大，不仅在于传承优秀文化，更需要在帮助学生形成正确的世界观、人生观和价值观方面，起到引领的作用。他将语文教师比作牧师，希望所有老师都能够以一颗虔诚、纯净的心去对待每一个学生，走近他们，使语文教育在精神世界的引领上发挥更大作用，而非局限在技术层面的教授。

采访的最后，郭惠宇校长认真审视了当下语文教学的问题和现状，对语文教师提出了自己的期望。“现在的语文教学面临的问题，一方面是语文的教学、评价等纯技术要素还很难提炼、固化、可操作，另一方面是在帮助学生形成语文学习能力的课程上还比较单一。这些都是需要我们语文老师下功夫、做研究的。”

作为一名师大学子，郭校长也对母校进行了深情“表白”，他希望师大能够在教育领域继续深入研究，努力提高语文师范生的教育素养和专业水平，培养出更多更优秀的语文教师，延续师大辉煌。同时，他希望每一位师大学子从做好自己出发，坚持本心，有目标、有毅力、少懈怠、少功利，成就自己，服务社会，奉献教育。

校友简介：郭惠宇，1979级校友。中学语文正高级教师、安徽省特级教师。现任马鞍山市第二中学校长。安徽省十一届人大代表，安徽省督学，全国先进工作者，全国模范教师，全国中青年语文教师教学大赛一等奖，安徽省教坛新星，安徽省学术与科技带头人，安徽师范大学教育硕士导师，安徽省中语会副理事长，马鞍山市导师团团长。

忆文，惟念师大求知岁月

——访1979级校友查屏球

宁文静

方正书台前，他是倾心研究的治学人；三尺讲台上，他是兢兢业业的教育者。他与师大相遇，是一种特别的缘分；他与师大的故事，点点滴滴都被时间珍藏。35载冬夏，收藏着春华与秋实，又是一段仲夏日，查屏球老师回到母校，回忆起赭山脚下的中文系求学时光。

一、初印象，心中有期许

查屏球老师于1979年在安徽师范大学求学，而来到师大，却有着别样曲折的故事。"高考后那段时间，我坐上了人生的过山车。"查老师向我们讲道。当年高考成绩公布的时候，查老师取得了全市第一名的好成绩，在全省也是名列前茅，这样一个好成绩，是很有信心进入名列全国的重点院校的。而在高考体检的时候，查老师却被告知因为高度近视，被各个学校拒收，复杂的情况让查老师的求学之路一时面临断路。"录取的时候，人家告诉我，因为我高度近视，各个学校都拒收。当时我们整个年级，一个年级大概有近千人，只有我一个人戴眼镜，而且我是一千度的近视，最后没有学校录取我。"查老师平静的言语叙述中仍深藏着丝丝遗憾。

后来经过教育局的说明，学校召开校办会议，安徽师范大学同意接收查老师进校学习。让查老师难以忘记的是，进校以后，当时任中文系主任的祖保泉先生就与他单独谈话，"祖保泉先生专门把我找去谈话，他说你不要因为没有录取到北京大学或者其他学校而沮丧，我们学校也有北京大学来的老师，我们这里也有北京大学毕业的人来做老师，我们这里的老师也不比北京大学的差。他当时讲的就是我们的刘学锴老师，以前就是北京大学的老师。"也就是和祖保泉先生的一番谈话，查老师对于师大的学术定位有了很高的期许，心里也知道来了一个好学校。

二、念吾师，求知多收获

朝夕相处师生逢，谆谆教诲莫言衷；不厌其烦解书意，厚德载物润心声。在中文系的求学时光，查屏球最难忘的就是与老师交流学习的经历。在大学期间，有很多老师都对查老师有很大的影响和帮助，而他记忆最深刻的就是余恕诚、刘学锴、祖保泉三位老师。因为上了余恕诚和刘学锴老师的课，查老师喜欢上了唐宋文学，也决定了他以后的学术研究方向，“他们上课非常投入，把我们很喜欢的唐诗宋词讲得非常生动，往往都带着个人的感受去讲，是非常引人入胜的，后来我工作了以后，也和这两位老师交流过，他们自己也说，他们当时在教学上投入了很大的精力。”查老师回忆道。查老师犹记得在做学年论文时祖保泉先生对自己的帮助，“我当时选了祖先生讲授的《文心雕龙》，祖先生对我们要求很严格，印象特别深的就是《文心雕龙》五十篇，他要求我们背会二十篇。我确实听了他的话，认认真真地把他指定的二十篇背会了，这一点童子功对我以后的帮助确实很大。”因为喜欢这门课，在写作学年论文时，查屏球下了不少功夫，翻阅了不少文献，获得了祖先生很好的评价，取得了一个很好的成绩。这大大提升了他的学术自信。

四年求学路，查老师在师大得到了这些前辈们的悉心指导，为他的学术研究奠定了一个坚实的基础。到后来工作的时候，查老师还和祖保泉、刘学锴先生探讨师大的学风与教风。师大的学者走出去的有很多，有一段时间，各个学校里面都会有许多师大学者。“我们的学生为什么能够受到全国那么多学校的欢迎，就是和我们在师大四年打下的基础有很大的关系，那么我们这个基础是什么呢？当时我们学校培养的目标是以后要出去当中学老师的，要教学的，所以我们对作品文本下的功夫比其他学校要多，我们在对作品的逐字逐句的理解上，在对作品本身的钻研上，会有一定的优势，在去别的学校时就会展现出这方面的优势和实力，这应该是我们师大的一个特色。”查老师详细分析道。

说到师道传承，查老师讲道，让自己很自豪的是，在师大学习时，所师从的老师虽不是那些了不得的名师，但就如同师大的学风，朴素中透着坚毅，平淡中不乏热情，虽少争先冒进的躁动却有不甘平庸的信心，情怀满满而又不露形色。老师教学时是非常平等的，“那个时候我是本科生，老师都是和我们用平等的方式来讨论学术前沿话题，这样一种风气，这样的一种引领，对我的影响很大。”在教学中，除了注重对作品本身的把握外，中文系教学还强调学生的写作能力，查老师讲道："我们师大特别强调一个人的写作能力，一篇文章要写好，各门功课老师都要求这一点，各个方面对这个写作都特别强调。老师一再说：写不清楚，就是没想清楚；读书笔记写不明白，就是书没读明白。我们师大人善于写，这是我们师大人的特点。当时同学中有各类写作社团，出了一批有影响的校园诗人、校园作家，这个对我以后的发展也有很大的作用。清中叶后有'天下文章在桐城'之说，注重作品文本解读、强调文章表达，实际上就是对桐城派讲究'义理、考据、文章'传统一种新的传承。现在学坛上颇有影响的江弱水、鲍鹏山诸先生也多是受此学风影响。"

三、忆往事，前行有榜样

初入学的时候，是恢复高考制度的第三年，停止高考已经有十多年了，那个年代的人上大学很不容易，大学生的求学、求知欲望极其高涨。"我那个时候还算是应届生考入学校的，还有一半的同学是经历过上山下乡做知青以后考过来的，他们对时间就更加珍惜，也就更加努力。"查老师回忆起那个时候的求知时光，曾遇到过两位让自己印象深刻的同学，一位是在自己去旁听一门高年级的课时坐在他旁边的年纪大一点的同学，正在抄《论语注解》，把一本书都抄完了，"我们觉得不可理解，书为什么要抄，我现在回头想一想，这个同学他做了这样一个工作，他的古汉语水平也就会得到很大的提升。"查老师感叹道。此外，令他记忆深刻的还有一位1978级的同学凌德祥，现为上海交通大学教授，他在本科学习期间，就给《说文解字》注音，而且有出版单位愿意给他出版。一本《小说月刊》上的中篇一天之内一寝室同学都传阅过一篇，当晚就会有"午夜研讨会"。查老师记得当年几个1978级同学读诗读得兴奋了，在晚自习时自发地举办诗朗诵会，朗读雷抒雁的《小草在歌唱》，不到十分钟，大教室里就挤满了人，朗读者声泪俱下，听众也热泪涔涔。那场景，一辈子也不会忘记。"学术研究需要沉下心，但不能少情怀，我们师大人是有情怀的。"这是查老师的对师大学人的记忆。

查老师还说："从文本接受的角度看，我们古代文学的学习是一个由难到易的过程，刚开始时，一定要下决心接触那些看似艰深的经典文本。"他提及大一时，老师让他看余冠英先生《诗经选注》，又看了郭沫若翻译的《楚辞》，自己觉得没见到全书总不过瘾，恰好遇到潘啸龙、易平老师正在进行研究生实习，任教班上，当时他们导师卫老就坐教室听讲，当讲到《左传·崤之战》"尔墓之木拱矣"一句时，课本解释不明，有同学以为是“合抱”，卫老在课后，就在纸上写出拱字的篆字字形，说明其双手合拱之义，他恍然大悟，也确实感受到细解文本的魅力。当时见《先秦文学史参考资料》比作品选解读要细，查屏球也就找来读，借助上面的注释，又找来朱熹的《诗集传》与洪兴祖《楚辞补注》读，虽然不能全懂，但古文阅读能力提升了不少。到大三时，他又开始看马瑞辰的《毛诗传笺通释》，便觉得轻松许多。即使如此，从大一到大三，也只是知道了《诗经》《楚辞》长得什么样子而已。但是，这些文本是最需要一字一句的解读功夫，有了这个基础，看书的信心与眼光也就确实不一样了。

通过查老师的回忆，我们能真真切切感受到那个时代同学求知的热情，也就是因为对知识的孜孜追求，那个时代的学者多大有成果。

四、寄语情，方法微分享

在采访中，查老师与我们分享了一些学习与研究的方法。他认为一个学生应需早点确定好自己必须要钻研懂的经典著作。在四年学习中，看完老师开的书单上所有的书是不可能的，要确定下来自己最需要的几本书，一定要把它们一篇一篇地搞懂，保证在四年的学习时间里面，能够认认真真地看懂几本书。“对要看懂的几本书，就不是随便翻翻的，一定要投入精力钻研，保证看懂了，看进去了，那么它也就真正成了你的知识储备，自己在某一方面也就具有了别人难以轻易超越的能力。我花了一年的时间看完了这本书，如果你要和我比，你也要花一年的时间。我们应该有个决心，就是读懂那么几本不是随便都能看懂的书。这样的书读多了，肚里有货了，自己也就具有专业研究的实力了。”查老师悉心向我们讲道。

在和同学们分享了学习方法后，查老师还寄语母校师大，祝愿母校发展得越来越好，前景越来越广阔，学术上越登越高。“我觉得我们师大还是有自己的优势的，前辈们给我们留下的精神遗产，正在为新一代师大人发扬光大。如刘学锴老师，老骥伏枥，八旬高龄仍能贡献出厚重的高品位的成果，学林瞩目，让人敬仰；胡传志、储泰松、刘运好等教授也不断地以新的学术成果，传承着师大的传统；我们师大的学生也越来越受到各校的欢迎。我相信汲取了前辈精神源泉的师大人一定能朝着一个更广、更高的空间去发展。”

赭山脚下文脉绵长，花津河畔新韵不绝，镌刻着一代代师大中文人的青春时光。昔日求学记忆难忘却，中文系的传统依然深刻心间，不断指引着代代学子攀登一座座高峰。在师大遇见大师，在学习中找到自己的方向，有大师的指引，有求知的热情，有榜样的力量，这是属于查老师独特的师大记忆，深藏在圈圈岁月的年轮中，不曾忘记。

校友简介：查屏球，1979级校友。复旦大学中文系教授、博士生导师；中国浦东干部学院“中国传统文化要略”“《资治通鉴》与领导艺术”专题讲座课程特聘教师。1996年获博士学位，1990年开始从事高校教学工作，从1996年至1999年在复旦大学担任教学与研究工作，曾任中国古典文学教研室主任，教授、博导。于2000、2006年赴韩国、日本讲学各一年。1999年9月为韩国釜山大学中文系专任教授，2011年回复旦大学任教。最近研究兴趣多集中于文本形态、传播方式与文学关系研究，推崇史证与哲思相结合的研究方法。

曾在赭山镜水间

——访1979级校友江弱水

魏晓涵　刘珍珍

高而清瘦的身材，白净的皮肤，戴一副眼镜，看上去颇富书卷气，全身透露出一种江南书生的儒雅气质，说起话来不疾不徐，音量不高却十分沉稳，平静的语调中时时闪现出思想的锋芒，他是诲人不倦的教师，是严谨认真的学者，也是激扬文字的诗人。他就是安徽师范大学文学院1979级校友，浙江大学传媒与国际文化学院教授，浙江大学美学与批评理论研究所副所长，博士生导师江弱水。2018年5月，正值安徽师范大学90周年校庆暨文学院90周年院庆，江弱水重游母校，回忆他与师大的故事。

一、携思而行，承蒙师大教诲

“从16岁到20岁，是一个人成长中最关键的时期，我是在师大度过这段时光的。”提起在母校求学的时光，江弱水语气中充满怀念。1979年的秋天，16岁的江弱水离开青阳老家，来到安徽师范大学中文系读书。从来没有出过县城的他，是当年文学院年龄最小的学生，对新环境的一切事物都充满好奇。十分幸运的是，江弱水在师大结识了许多知识渊博、和蔼可亲的老师，在文学院读书的四年时光为他以后的学术道路打下了良好的基础。令江弱水印象很深刻的是教授“古代汉语”的杨昭蔚老师。“杨老师博闻强识，上课几乎不带任何讲义或教参，而是采用‘默写’的方式，《史记》《左传》中的句子都能信手拈来”，杨老师从容潇洒的授课风格给江弱水留下极深的印象。

“在今天这个弱化文本理解的时代，杨老师的治学态度显得尤为可贵。学中文，说到底就是要过‘语言关’，杨老师给我们做了很好的示范，帮我们打下很好的学习汉语言的基础。我相信我们那几届的学生今天谈起他，一定也是充满了深深的敬意。”提起这位“古代汉语”老师，江弱水很是感激。

“如果说杨昭蔚老师给我们打下了语言学的基础，余恕诚老师和刘学锴老师等则在学生心中播下了文学研究的种子。余老师治学严谨，上课时条分缕析，拥有深厚的学术素养；刘学锴老师知识渊博，讲课生动活泼，能将晦涩的文本讲解得妙趣横生；祖保泉老师评点学生论文非常细致，期末还会搬一把藤椅坐在讲台上，挨个检查学生背诵《文心雕龙》选篇的情况。”提起当年在师大文学院教过自己的这些老师，江弱水感动不已，清晰地回忆着在师大读书的时光。

开始研究现代文学，近十年来转到古典文学，新书《诗的八堂课》斩获多项图书节大奖，可以证明江弱水的转型很成功。“就像从文科转到理科很难一样，从现代文学转回古代文学难度也很大。但对我而言，这种转换容易很多，这得益于在师大本科四年培养出来的古文基础。对于原典较高的熟悉度、对原文的思考与阐发都是依靠四年间老师督促下的点点积累。”江弱水把这种转换与文学院紧紧联系起来。

二、与诗结缘，慧心领悟诗歌

“我喜欢写诗，大学二年级开始起诗，那时候才十七岁。”江弱水爱读诗、评诗，他的大学时光也离不开诗。在大四那年，江弱水给著名诗人卞之琳先生写了一封信，是寄到《译林》编辑部转致的。很快他就收到了回信，卞先生对他大加赞赏，不仅对他寄来的作品给出了细致点评，还附赠一本《雕虫纪历》。从那以后，直到卞之琳先生2000年去世前，两人一直书信往来，江弱水受到卞先生诸多教诲。

江弱水大学一年级的时候，他的同学，今天仍在文学院任教的吴尚华老师，成立了一个诗社。时至今日，江弱水还记得这个诗社第一次集会是设在镜湖的迎宾阁。今年，文学院的另一个诗社——江南诗社也已经陪伴师大走过了第三十四个年头。江弱水读了诗社一些成员的作品，对写诗的大学生们提出了“写新诗，读旧文”的建议。创作者广泛涉猎经典名家的诗作，中西交融，兼收并蓄，便能吸收养分，对自我创作大有裨益；而在当代背景下，文化多元化发展、社会日新月异，内在蕴藏着的复杂性与深刻性，都不是古典诗歌形式能够充分表达出的，因此需要借新诗体裁加以阐述。

1992年，江弱水写了最后一首诗。在媒体的一次采访中，他提及26年未写诗的原因——他志在研究诗，而这项事业需要投射理性思维，理性思维太占据主导位置的时候，会压制感性思维，会使人无法纯粹地投入写诗。写不出最好的诗便就此停笔，这是江弱水对诗最崇高的敬意。

三、春风化雨，传承师大精神

博士毕业后，江弱水走上浙大讲台，成为一名大学教师。他主讲中西比较文学，爱诗的他将诗的雅兴和随与带进了课堂，用诗意浸润着学子们的心灵。“厚德、重教、博学、笃行”的师大校训，也早已融进他的教学风格中。“师大出大师”，一代代的师大优秀学子身上，都有着兢兢业业、勤勉踏实的风度，江弱水无疑也继承了这种名师风范。

他上课没有花哨的套路，有的只是平缓的语调，却蕴藉无穷，总是能让学生惊呼：“原来诗可以这样读！”一次，在谈到周邦彦的“情似雨余黏地絮”时，他启发学生们读出诗句，细细咀嚼，辨别嘴唇是否一直处于黏着的状态，学生尝试后，加以揣摩，终于悟出“黏”字之妙。他的学生曾评价说：“他的课堂应该在午后的小茶馆里”，不无道理。

他的严谨与自持，也体现在他的课堂论诗上。他给浙江大学汉语国际教育专业的中外学生开设了一门中国文化课，自编了十几万字的讲义材料，因为他找不到一本合适的中国文化教材。“讲中国文化，我不想人云亦云，我会讲自认为比较有意思也比较有心得的内容。”课下，面对学生送来的论文，他一定会细细地修改，一字一句他都会多加斟酌，连一个标点符号都不马虎。作为教师，江弱水谨记着曾教过他的杨昭蔚、余恕诚、刘学锴、祖保泉等前辈的育人精神，并用行动砥砺师德。

此次应邀回校，江弱水还参加了中国语言文学学科建设高端论坛，为母校的学术发展出谋划策。三十五载岁月中，他始终心系母校，时常回校讲学、协助参与博士生论文答辩等工作。作为师大优秀学子的代表，江弱水孜孜不倦的求学态度、敢于求新的学术精神以及赤诚的文人情怀，无一不体现着师大精神的传承，是文学院学子学习的楷模。

校友简介：江弱水，1979 级校友。1994 年获西南师范大学（现西南大学）中国新诗研究所文学硕士学位，1999 年获香港中文大学哲学博士学位，现为浙江大学传媒与国际文化学院教授、博士生导师。主要研究方向为中国现代文学、比较诗学，也涉及中国古典诗歌研究。著有《卞之琳诗艺研究》《中西同步与位移：现代诗人丛论》《从王熙凤到波托西》《抽思织锦：诗学观念及文体论集》等。

方正铿锵中文魂，至善致远新儒商

——访1979级校友王大明

宁文静　黄晓珂　崔晓涵

一笔诗书中文人，砥砺初心新儒商。他，是一名事业成功的创业者，紧随时代潮流铸就辉煌事业；他，是一名热心公益的慈善家，在慈善路上从未停止奉献的脚步；他，是一名不忘母校的优秀学子，为师大的建设和发展贡献坚实的力量。跨越三十五载的悠悠时光，从求学之路走向经商之路，这一路，他走得坚定而踏实。秉承着厚德大爱的儒商之心，传承着书生意气的文人气质，他就是中文系1979级校友王大明，一名不忘初心、厚德向善的师大人。

一、追忆：思往事兮忆吾师

书生意气，挥斥方遒。1979年，乘着改革开放的新风，怀揣着梦想和希望的王大明迈入师大中文系的大门，成为恢复高考后第一批走进大学校门的时代精英。回想起那段时光，他平静的语调中蕴含着满满的回忆："高考几乎是我们那一代人的梦想，能够上大学，就是人生的一个转折点。进入大学也就感觉到人生的新起点就开始了，尤其是对于未来的实践，上大学这段经历都起到了关键性的作用"，就这样，他把考入安徽师范大学中文系视作人生最大的转折点，走进了梦寐以求的象牙塔。回忆起在师大浸染书香的往事，王大明首先便提到了对他影响深远的刘学锴老师，刘老师渊博的学识、生动的课堂令他至今难忘，"对我们在治学方面有深刻影响的老师之一，就是教我们唐宋文学的刘学锴老师了。他讲课很优美，讲李商隐、讲唐诗，至今都让我很难忘，对我的影响很深！"王大明先生回忆说。身为世范，言传身教，岁月悠长，唯有师恩难忘。

而今跨越35个冬夏，从赭山脚下到花津湖畔，从"田楼"间的书声琅琅到"行知"中的追忆万千，九轶芳华，师大历经岁月变迁，故人归来情愈深。时值安徽师范大学90周年校庆之际，王老师再次受邀回到母校，感受着母校的发展与变化。"师大在不断地进步之中，校区、学科等各方面建设都有很大变化，规模、影响力、校园的环境的发展，都是很让人欣喜的。"王老师言语中对母校发展的赞叹之情溢于言表，看到朝气蓬勃的在读学子，他心中不胜欢喜。

二、创业：逆境中坚毅勇往

立己达人，达己达人。1983年，王大明从师大中文系毕业后，先在省外经贸部门工作，后下海来到市场竞争激烈的深圳商海，最后他抓住时代的机遇，回到家乡安徽这块充满希望的热土上利用房地产进行自主创业，成为香港宝文置业(安徽)有限公司的董事长。

看似寻常最奇崛，成如容易却艰辛。回顾起创业之初的经历，正如王大明自己所说："我是从逆境中成长起来的。"他把自己的奋斗历程分为四个阶段：考试不及格后的主动发奋学习，官场倾轧后的背井离乡，职场失利后的返乡就业和主动辞职后的创业成功。于他而言，每一次身处逆境都是人生的一次转折点。"一个人的成就与幸福都是相对的，实际上就是山有多高，谷就有多深，我们要去做的就是去寻找这个平衡点，和谐才是最关键的。而自己也确确实实感悟到自己的每一点成功其实总是伴随着痛苦或者说挫折，或者说被刺激，这些都是相伴相生的。"王大明感悟道。

外物之味，久则可厌；读书之味，历久弥新。作为一名中文人，王大明非常喜欢看书。关于读书，他有着自己独特的见解："一直觉得自己是一个读书人，而非仅仅是一名商人。在中文系的学习对于我后来的发展影响很大，不管从事哪一个行业，一个人在文学方面的综合素养、情商和口才都对业务的开拓与提升有很大的帮助。"此外，王大明还研究佛学，将佛学思想与生活经历融会贯通，学思于行，获得人生新启示。"初心尚存，望大江东去，波连天云……指点江山，莫叹行路难，自信江波终入海，纵有关山万重，安能阻碍？吾辈同流，杯酒邀千里，共仰长天，花甲壮志未酬。"王大明在给文学院同学做讲座时与同学们分享了自己所作的《念奴娇》，一言一语中足以体现他在读书与学问上的修养。

三、慈善：心怀社会系母校

上善于心，至善于行。多年来，王大明一直致力于安徽省内各项慈善事业发展，并受邀担任合肥市慈善协会副会长。自1999年起，他因资助贫困生而与公益结缘，聚焦教育问题，致力于解决贫困学生上学难的现状，支持民间公益组织，积极捐资助学。同时还通过义务举办大量的讲座、学术研讨会，从理论上引导民众树立正向的价值观，建设精神家园。设立"宝文教育慈善基金"，支持民间公益组织合肥市春芽残疾人互助协会的发展，帮助完善其教学设施、改善员工待遇，促进设立“幸福瑶海基金会”……王大明尽拳拳之力，助力社会公益事业的发展。

历尽千帆，初心不变。除了奉献社会，王大明还情系母校，助力教育发展，力所能及地为师大做出自己的贡献。2010年以来，王大明先后捐赠100万元人民币给安徽师范大学“校友基金”，将其用于学校发展建设、校友活动开展等；设立“安徽师范大学宝文基金”，向安徽师范大学教育基金无偿捐赠1000万暨项目资助，用于公益出版基金、文学院贫困生资助、建设文学院精品学术丛书等项目。时值安徽师范大学90周年校庆，王大明再次向母校捐款2000万元，用于每年奖励学校各院系在学术研究、发明创造等方面做出突出贡献的教师和科研人员。

“我觉得做慈善活动给我自己带来的是幸福，是快乐，也找到了财富的真正归宿和方向。一个人的财富只有真正用于社会、用于大众、用于母校、用于自己喜爱的地方，才有意义，对于我来说，做慈善是发自内心的。”王大明讲道。在这条公益之路上，王大明收获的精神财富远非物质所能衡量。

“希望母校越办越好，希望100周年的时候我还可以再为母校献礼，我也会继续尽自己所能帮助母校建设！”临别之前，王大明表达出了对母校祝福，同时也寄语文学院的学子们：“同学们一定要有理想，好好学习，为自己定一个最小的目标，就是要做一个对社会有用的人，创造一个幸福的人生！”

于铿锵文字中寻求心灵归宿，于风雨挫折中磨炼强韧意志，于慈善关怀中匡助社会发展。王大明是方方正正的中文人，坚毅勇往的创业人，上善致远的慈善人，更是厚德笃行的师大人。

校友简介：王大明，1979级校友。现任香港宝文置业集团、宝文置业（安徽）有限公司董事长，安徽师范大学文学院兼职教授，合肥市慈善协会副会长。在文学院捐资设立“宝文基金”文学院奖助学金、“宝文基金”文学院科研奖。

翻出前人手心，我的底气来自师大

——访1979级校友周啸天

李润琦

“文化大革命”的硝烟还未全数散去，他满腔热血，离家求学；20世纪80年代的文学之路仍步履维艰，他毅然决断，弃理择文；现当代有人危言“诗人已死”，他却道“诗词创作当翻出前人的手心”，将人文关怀和时代精神融入幽凝典雅的意蕴。王蒙评价其《洗脚歌》《将进茶》《邓稼先歌》等诗词“亦属绝唱”。研究生(硕士)三年，受教三师，含英咀华三十七载，如今重返母校，年届古稀的周啸天老师也近乎“随心所欲而不逾矩”，他说，“我的底气来源于母校安徽师范大学。”

2018年5月18日下午四点半，雷暴天气带来的狂风暴雨在空中肆虐，周啸天老师冒着大雨来赴这场特殊的母校之约。两个小时的《诗词鉴赏与写作》，他引经据典，娓娓道来，未显露一丝疲惫之色。这位四川大学文学与新闻学院的教授、著名诗词家带来的不仅仅是学术研究的真知灼见，作为校友代表，温和交谈间无时无刻不传递出一份依恋母校的情怀。

一、初见：校有名师气自殊，赭山日暖孕璠瑜

谈及三十七年前的入学经历，周啸天老师颇为感慨，“1973年高校招生，当时还处于计划经济体制之下，不是由考生选择专业，而是由专业选择考生”。在农村待了几年，他渴望进入大学，学习知识，然而阴差阳错，数学成绩优异的他被推送至理科，“知青上大学好比一步登天，念什么专业就无关紧要了”。本科四年，他虽与文学专业失之交臂，却从未忘记自已热爱诗词的初心。他自学了大学中文系所有专业课程，并广泛涉猎，不经意就背下了两千多首古典诗词。当机会到来的时候，周先生没有放过，顺利考取了安徽师范大学中文系唐宋文学(后称中国古代文学)专业研究生。背着行囊，来到芜湖，周啸天形容母校是“背靠赭山，面向镜湖，风水大好”。

在求学期间，他与同学唯一的休闲娱乐是晚饭后上赭山、绕镜湖散步，三年

里也未曾去过安徽的任何一处景点，就算是暑假也是待在学校学习。“就只是投入”，周啸天老师回忆，“那时候高校刚恢复招生，学校空间很大，图书资料非常充裕，学习条件很好。生活虽然清苦，但感觉非常充实，非常幸福。”

二、求学：当年负笈校为家，两弟三师事太奢

“可以说，师大改变了我的人生，是师大给了我一个平台，找到了学问的归宿。”谈及那一段求学岁月，周啸天老师正色道，“如果没有师大的这几年求学经历，我就不会取得现在的这一点成绩，是师大为我提供了好的资源、好的老师、好的环境。”师从宛敏灏、刘学锴、余恕诚三位先生，成为师大“文革”后的首届唐宋文学研究生，周啸天以诗《赭山三首》感叹：“我何才德蒙教诲。”当时宛敏灏老师已经70多岁，是安徽高校中文学科资历和声望最高的教授，刘学锴、余恕诚老师年富力强，负责具体的研究生指导工作。每每提交读书札记或报告给刘、余老师批阅，“对于每一份报告，他们都做了高屋建瓴、条分缕析、一丝不苟的书面批复。我提交的报告共约二十万字，而刘、余老师的批语亦有约两万字之多。”周啸天老师直言：“非常时期，非常幸运。”

“校有名师气自殊，宛张风范到刘余。”提起恩师，周啸天老师的语速逐渐放缓，语气也带着几分温和亲切，“刘学锴老师有几句话让我特别受益”，他说。刘学锴老师教导他，做学问当关注研究的历史和现状，研究一个问题，要知道古今人都已经说过什么；不鄙薄赏析之道，要扬长补短；不要丢掉自己的优良文风，不邯郸学步、追求所谓论文腔调；理论知识应边学边用，不必等到学好再用。在三年的学术攻读与研究后，周啸天老师的毕业论文《唐绝句史》，在20世纪80年代出版，不断重印。十分幸运的是，他在毕业后就有机会参与《唐诗鉴赏辞典》的撰稿，并成为该书撰稿字数、篇目最多的作者。“因为知好歹”，他说，“后来我写作传统诗词，少走许多弯路。获得鲁迅文学奖是研究古典诗词的一个间接收获。”

三、创作：拈管城之旧锥，作浮世之新绘

“如果诗词写作一味模仿唐诗宋词的味道，写的内容也是古人那一套（如士不遇等），不如不作。直接读唐宋诗词得了。”谈起个人诗词中现当代元素的融入，周啸天老师颇有底气地回答道。他认为诗词创作应当翻出前人的手心，不被前人成型的一套框架和标准束缚，才是当下将诗词融入生活、传播进大众视

野的正确方式。

“读到什么份上，写到什么份上，让每首诗都成为一个美的发现。”周啸天老师如是说。因而他的作品“书写当下、衔接传统、诗风独到”，不仅关注时事变化，如《海啸歌》《八级地震歌》；还体察世态民情，《春运》里描写游子的归家情愫，《短信》来往间建构的现代化交流。他着眼新生事物，如《葡京赌城》《澳门观舞》；评骘人物，《悼哥哥》咏张国荣离世对受众的情感冲击，《成龙歌》言尽人生百态万象；同时谈诗论艺，《李太白颂》《红楼人物题咏十四首》体现着当代意识和时代精神。“形象思维的状态就是浮想联翩，当事物激发个人联想，大量的意象、语汇、通感都会涌上心头，使你很快找到写点。”周啸天老师分享个人心得：“写个人题材，要从自己跳出来；写社会题材，要把自己放进去。”

四、展望：唐风一逝凭追挽，诗学中心傍镜湖

忆起自己眼中的母校，周啸天老师谈道，“中华人民共和国成立以来，前有宛敏灏、张涤华、卫仲璠、祖保泉等大家，为师大文学学科建设打下了坚实根基。20世纪60年代，因刘学锴先生的到来，又为师大植入了北京大学中文系优良的学风。”刘学锴与余恕诚老师在李商隐诗歌研究方面的系列成果，为中国诗学中心和博士授权点的建立，奠定了坚实的基础，进而使中国诗学研究也成为师大文学院学术研究的一个强项。恰逢母校90周年生日，周啸天老师送上自己的真诚祝福：“希望学院以90周年校庆为契机，高瞻远瞩，砥砺奋进，再创辉煌。”

王蒙在公开发表的《读来甚觉畅快》一文中这样赞赏周啸天老师的创作：“拜读之后更觉琳琅满目，活泼，生机，古雅，趣味，耳目一新，叹赞有加，喜传统体例诗词有了新的突破矣。”而面对曾一度掀起风波的网络质疑，周啸天老师笑着回应：“我非常清楚吐槽的人在说些什么，他可能懂一个道理，但我比他多懂一个道理。他懂的是一个小道理，我懂的是大道理。”从容淡定，泰然处之，包容随和的心态是其得以感知生命温度的重要条件。

三十七年间积土成山，积水成渊，师从三师，受教三载，如今立于三尺讲台，周啸天老师说他的底气，寻根溯源，还是来自他的母校——已走过90年风雨历程的安徽师大。

校友简介：周啸天，1979级校友。1977年1月本科毕业于西华师范大

学数学系，1981年12月获安徽师范大学文学硕士学位。现任四川大学文学与新闻学院教授，安徽师范大学中国诗学研究中心兼职研究员，中华诗词学会副会长。2014年8月，周啸天诗词选《将进茶——周啸天诗词选》获第六届鲁迅文学奖。2015年获“诗词中国”杰出贡献奖。

著名作家王蒙曾撰文《读来甚觉畅快——谈周啸天的传统体诗词》称：“第一，他写得古色古香，幽凝典雅；第二，他写得新奇时尚，与时俱进；第三，他写得活泼生动，快乐阳光；第四，他写得与众不同，自立门户；第五，他写得衔接传统，天衣无缝。”并称“读周啸天之诗词，人生快事也”。

吾念师大，岁月流金

——访1980级校友蒋永文

阚薇薇

蒋永文，1984年毕业于安徽师范大学中文系，中共党员，教授，硕士研究生导师，现任云南师范大学党委副书记、校长。33载光阴倏忽而逝，正值安徽师范大学90周年校庆及文学院90周年院庆，蒋永文校长于机缘巧合之下做客安徽师范大学文学院。白云苍狗，回首当年明月；绿水长流，心怀感恩之情。蒋永文校长轻轻拨动尘封33年的往事，面容清亮侃侃而谈，带领我们一起走进那段和青春有关散发着岁月醇香的师大芳华。

感念恩师："他们是学生永远的榜样"

"33年弹指一挥间，我对母校充满了感恩之心，尤其是那些老师，他们爱岗敬业，关怀学生，教会我很多。"谈及与老师们的渊源，在1980年的中文系新生教育大会上，为新生们做报告的祖保泉先生给蒋永文留下了很深的印象，"他告诉我们在大学中要怎样学习，怎样形成自己的知识结构"。在祖老师的谆谆教诲下，蒋永文正式开始了在师大四年的求学生活。

教"古代汉语"的鲍善淳老师认真负责，教材上的引文都可以完整背诵下来；教唐诗赏析的赵其钧老师讲课细致入微，娓娓道来，引人入胜；教"现代汉语"的龚千炎、朱景松老师能把枯燥的语言学知识讲得生动有趣，引领很多同学走上了语言学研究的道路；还有刘学锴、余恕诚先生，几十年如一日地搜集资料，对李商隐的诗歌进行研究，持之以恒的毅力令人钦佩……在叙述中，蒋永文多次提到了祖保泉老先生，当年蒋永文去黄山进行考研复试，祖老师亲切地问他住在哪里、怎么吃饭，鼓励他要好好准备，一位老先生对年轻学生细致周到的关爱像润物无声的春风细雨，滋润着蒋永文的心田，让他记了好多年，每每想起，心中总会有一股暖流涌出。

"教风正，治学严谨，不慕虚名，默默耕耘"，这是蒋永文对师大中文系老师们的印象，也正是在这些老师们的影响下，蒋永文在攻读云南大学中文系硕士研究生学位后选择了留校任教，并积极投身于教学科研工作，笔耕不辍，努力著述，先后参与完成多部优秀教材的编写工作。“学为人师，行为世范”，老师们的言传身教使蒋永文做到了“入门正，立志高”，他将知识与理想的种子根植于心中，迎着风浪砥砺奋进，且看前方山遥水阔，星光斑驳。

二、校园生活：“那是一段很美好的时光”

20世纪80年代初正值改革开放初期，社会上出现的各类新事物、新思想也借着改革的春风传到了大学校园里。彼时的蒋永文十七八岁，青春正年少，对周围的人和事都保持着好奇心，便经常参加学校和班级组织的各种文体活动。游览镜湖公园、跟随文艺委员学习唱歌跳舞、定期举行时事政治讨论会等一系列活动都加深了蒋永文与同学们的沟通交流，让蒋永文体验到校园生活的乐趣。

大四上学期，蒋永文和同学们一起到繁昌县的一所学校实习。反复试讲、教案完善、板书设计、一字一句仔细斟酌，指导老师詹绪左的严格要求让蒋永文掌握了扎实的师范生教学技能，这也为后来蒋永文研究生毕业后留在云南大学任教、多次在青年教师课堂教学比赛中获得重量级奖项奠定了坚实的基础，“正是这种专业技能的培养，为我后来的成长带来了很多机会”。

课余时间，蒋永文最喜欢的还是读书与交流。“那时候大家都很喜欢读书，校图书馆虽然不大，服务态度却很好，中文系也有自己的图书馆，老师会尽力帮我们找需要的书”，良好的读书氛围、丰富的书籍资料以及老师的支持帮助都使蒋永文如鱼得水，充分汲取书籍中的养料，知识储备愈加充足，视野也愈加开阔。书读得多了，自然希望听到和自己不一样的声音，因此蒋永文经常参加由1977、1978级的“老大哥”们自发组织的学术报告会，聆听师兄们对某一问题的意见和看法，像关于古希腊神话、美学精神或者唐代杜荀鹤诗歌等问题的探讨，虽然形式很自由，却让蒋永文获益匪浅。回想那一段“恰同学少年，风华正茂”的岁月，蒋永文笑着感慨道：“那是一段很美好的时光，我庆幸我能在安徽师范大学中文系学习。”

三、丹心寄语:“祝福师大越来越好”

从1980年进入安徽师范大学中文系学习,蒋永文与师大及文学院已有了37年的缘分与牵挂。“文以载道,学以化人”,是文学院严谨踏实的学术精神和厚重绵长的文化底蕴让蒋永文明白了“踏踏实实做学问”“笨功夫有好效果”的道理,并以此为灯塔来照亮自己的人生道路。

当得知文学院有一支赴云南景东爱心支教暑期社会实践团队已经连续五年奔赴哀牢山区开展义务支教活动时,蒋永文表示很欣慰,“学校的这一活动很有意义,青年人就是要深入基层,志在四方,多了解国情,才能增强‘四个自信’,明了中国的发展方向”。这也和蒋永文在云南师范大学2017级新生开学典礼上勉励学生要具备修齐治平、经世致用的家国情怀和全球视野的做法相一致。

九十载风雨兼程,弦歌不辍,师大一路艰辛,一路凯歌,桃李满天下。在安徽师范大学暨文学院90周年校庆、院庆到来之际,蒋永文对母校、母院送出了自己的祝福。他衷心希望师大能越来越好,继续为安徽省基础教育的发展培养更多优秀的人才,开创更加美好的未来。同时,他也寄语师大和文学院学子,鼓励学弟学妹们在学习和生活中既要登高望远又要脚踏实地,从每一件小事做起,努力掌握真本领,励志奋发,与时俱进,成就精彩人生。

“泰山不让土壤,故能成其大;河海不择细流,故能就其深。”作为安徽师范大学的校友,蒋永文一直听从自己内心的声音,爱其所爱,行其所行。他将师大和文学院的深厚底蕴转化为滋养自己不断成长的精神食粮,向着阳光,一步一步走得踏实而又坚定,温暖而又充满力量。

校友简介:蒋永文,1980级校友。教授,硕士研究生导师。1989年7月毕业于云南大学中文系,获文艺学硕士学位,毕业后留校任教。先后担任云南大学中文系副主任、党总支副书记(主持工作),人文学院副院长,艺术学院党委书记兼副院长,职业技术学院院长。2005年4月任保山师范高等专科学校党委副书记、校长。2009年10月任保山学院党委副书记、院长。2013年4月任昆明学院党委副书记、院长。2015年2月起任云南师范大学党委副书记、校长。兼任教育部高等学校中文专业教学指导委员会委员、中国《文心雕龙》学会理事等。

诗意土地的守护人

——访1980级校友吴忌

沈 时 何 涛

暖阳微风，静水清涟，长江北岸的宿松，诗意与“贫穷”并存。吴忌，一位普通的语文教师，躬身于三尺讲台的园丁，就在这苍翠与蔚蓝里，看着满树桃花，转动着笔杆子，守着一代又一代的学生，度过了三十二载春秋。他是1980级校友，现为安徽宿松县第二中学高级教师，安徽省教坛新星，安徽省特级教师。正值第32个教师节到来之际，文学院学子对其进行了专访，聆听这位诗意土地守护人的动人故事。

一、“延迟毕业”的中文人

20世纪80年代的师大，诗歌写作是潮流。在上大学前，吴忌没有离开过家乡，历经三天的跋涉，他才到达学校。入校后，他满怀理想主义，现实也在五彩的云朵之上。回忆起自己的大学，吴忌说自己大学里只有一个故事，那就是——读书。

即使已经毕业32年了，吴忌仍然记得在新生欢迎大会上，中文系方可畏教授的告诫——中文系的学生头发不白，便不可胡乱发言。在浩瀚的“汉语言文学”面前，他将自己视为“延迟毕业”的大学生。因此，对读书、教研、写作，始终心怀敬畏。

二、解读二中的“二”

宿松县第二中学不是宿松县最好的中学，来到这里读书的孩子中考分数一般比一中的孩子低两百分。“自卑”是许多第二中学学生的心病，而吴忌却把第二中学的“二”解读为：一份自知之明，一份坚强自信。

吴忌为学生提供了三门“绝技”：一是“放弃”，放弃志当存高远的虚荣，大度地向一些一流大学挥一挥手；二是“抄袭”，先模仿，再创造，学着“庖丁解牛”，厚积薄发，而后再游刃有余；三是“瞌睡三分钟”，遇到不如意的事用轻松的心态化解。

三、三十二年矢志不渝的坚守

1984年7月，吴忌大学毕业。在改革开放的潮流下，有朋友约吴忌一起下海捞钱，但是吴忌却选择了回到家乡工作。作为家里唯一的孩子，吴忌坦言自己回到家乡执教是以“自私”为念，“外边的世界虽然精彩，但我要返乡照顾爹娘”。他最欣慰的是，父母都是村里他们那一辈最后过世的人。

通过努力，吴忌先后获得“安徽省教坛新星”“特级教师”等荣誉称号，有不少大城市的名校邀请他去执教，但他仍然不为所动。

吴忌已经在教育工作岗位上工作了32年，他始终将自己视为一名普通教师，对生活的理解是——有一份事做，有一碗温软的饭菜，有一屋子学生认可你的滔滔不绝、忠诚于家乡人民的教学事业。

四、追求有意味的语文教学

时至今日，吴忌已经出版了五本散文集。但他说自己并不为文学史写作，只表达自己以及周围的环境与事件。他的语文课堂也不全为高考服务，让学生真正体味“语文”的意味，是他追求的目标。

在执教过程中，吴忌感受到学生们大多为高考应试而学习，课堂上的文本分析似乎丧失了文学的立场。为了让大家重视高中语文教学的文学性，让语文课堂多一些文学的意味，吴忌主动申请了课题“高中语文文学作品教学‘文情耗损与保持’研究”，他一个人采访了二十多位教师、作家，了解他们对于高中语文教学的建议。很多采访内容都整理成了访谈录，多发表在《学语文》杂志上。

在日常45分钟的课堂，他对学生的要求是认真聆听42分钟，剩下的3分钟则可看窗外，望远山，数飞鸟，偶尔累了也可体味朱自清笔下“别有风味的小睡”。在教授《醉花阴》时，他给学生布置的作业是让学生写一篇不给老师或家长看的私密日记，表达自己最真诚的感受。

天气状况对大多数教师的教学并无太大影响，而吴忌则认为在极寒、暴雨等恶劣天气，都会为语文教学提供很好的诗意氛围。在2015年岁末，他策划课题“寒冷的自然与寒冷的诗意”，从常识、常情、常理下的自然，说到人文语文。在普及常识以及提示安全之外，列举关于寒冷的诗文，着力鉴赏，企及学生的人格养成。2016年6月18日，在暴雨来临之前，他挥汗如雨，给学生们讲《炎热的自然与炎热的诗意发现》;6月19日,他蹚水而来,给学生们讲《暴雨洪水的自然与诗意探究》。

在毕业告别演讲时,他对学生说,语文不是结束,而是开始。

宿松,一个集"中国诗歌之乡"与"国家级贫困县"于一体的小城,在这里,年轻的人们来了又走了,然而像吴忌这样走了又来了的人却很少。从孩童到白胡子长者,他始终在这片土地上坚守,以文述德,用学化人,感动着一批又一批的年轻人。

校友简介:吴忌,1980级校友。现为安徽省宿松第二中学高级教师,工会副主席。安徽省教坛新星,安徽省特级教师。安庆市中学语文学科带头人。安徽省作家协会会员,安徽省散文家协会理事,宿松县文联副主席,政协宿松县委常委。

一往而深的宿缘

——访1980级校友施旭升

周　彬

一、一纸定缘深，少年许师大

1980年，改革开放已经有两年时间了，这也是恢复高考的第三年，一切都显得那么生机勃勃。那一年，国家为了提升师范教育“工作母机”的地位，首次特许每省一所师范院校参加全国高考的第一批录取，安徽师范大学办学历史悠久，办学质量在安徽省乃至全国都有很好的口碑，所以安徽师范大学名正言顺地出现在这名单之中。

那一年施教授16岁，虽未及弱冠之礼，却正当在求学之年。施教授也成为那一年安徽师范大学第一批录取的学生，一纸通知书，薄如几毫，却让施教授与师大结下九年因缘。

那一个夏日骄阳似火，比骄阳更烫的是施教授求学的心。风声透过窗纱，少年独坐在窗前望着远方，身虽暂不能至，神思而往之。因为有了这纸通知书，梦想从此咫尺可攀，而非天涯难望。象牙塔内是梦想衍生和成长的殿堂，偶尔也会烟雨朦胧迷失方向，但也教会人如何一蓑披身任平生，知识汲取的过程就是获取正确方向的保证。秋天里的金色想给这样的夏天一首绿色的歌，于是冬天谱了雪的曲，春天填了绿的词，一阵清凉吹回夏夜，吹动此间少年的梦。那夜，是繁星、是萤火虫闪动的光，它们都不会歌唱，但为可以歌唱的你照亮天地，为你徐徐伴舞。每个少年都有一支歌在青春里唱响，有的只有旋律，有的只有歌词，录取通知书到来的这天，关于未来的旋律，梦想的歌词都有了，响亮不失温柔的歌唱是对她们的不辜负。

施教授在回忆自己的本科阶段时总结有六个字，那就是：懵懂而又轻盈！轻盈者，四年时间，飘忽而过；时间是单向流动的，它只是静静地向前流着，时光回流之事人力不能为之。宋代朱熹有一首劝学诗：“少年易老学难成，一寸光阴不可轻。未觉池塘春草梦，阶前梧叶已秋声。”在有限的时间里，我们能做的只有珍惜时间，合理做好对明天的安排，你的未来于你才更为接近；懵懂者，则是越读书越觉得自己浅薄甚至无知。书可以是越读越薄，当你越读越薄时，那么你离越读越厚也就不远了。弱水三千，只取一瓢饮。选多固然好，但是选对则是更好，茫茫书海，适合自己的才是对的。李白写过：相看两不厌，唯有敬亭山。相互了解才算是知己。因为懵懂，所以施教授通过母校系统的专业学习，让他更好地认识了自己，其实人最难的不是认识别人，而是认识自己，知道了自己应该追求什么，你才会拥有一面镜子，这一面镜子对于每个人的未来来说都是至关重要、不可或缺的。当然，除了以上所说的，身为学生还应该切实地培养自己的现代知识视野与"睁眼看世界"的人生态度，如此，你才会有不一样的视界，在看问题时才能在宏观和微观之间自由切换，将二者结合起来。施教授至今还记得入学第一周的"开学典礼"上，时任系副主任的祖保泉先生从文字起源的角度给新生们解读"系"字，用以说明高等教育系统的专业知识学习的重要性。中华文化既源远流长又博大精深，每个汉字的由来皆有缘由。学问为什么是"做"出来的呢？因为做学问并非一朝一夕之事，要能坐得住冷板凳，要能经得起时代的检验和岁月的打磨。在学术研究上，一字一词一句的着墨不仅要经过慎重考究，还要有一定的考据。这样的学术研究才会精细，才有价值。

二、漫漫求学路，此中无捷径

施教授是枞阳人，从枞阳到芜湖全程是170多千米，这段距离乘车所需要耗费的时间大约是3个小时。而施教授从一个懵懂的有志少年到国内著名的学术大师，这段路的距离却不知几何，但是走这段路所耗费的时间是余生所有的时光。仿佛你可以听到施教授在岁月里对学术研究说：余生，还请你多多指教。

施教授是1980年入的学，此后的九年他都在芜湖这座城。那一年的芜湖饭店已经成了现在的奥顿酒店，位置没变，变的是岁月；那一年的中江塔影在夕阳的映射下是油画里的黄昏，景色没变，变的是心境；那一年的镜湖春色绿得让人流连忘返，连空气也让人迷醉，看景的心没变，当年看景的人开始渐渐老去；那些年赭山下的师大校区，一代又一代的莘莘学子从这里进去再出来，进去是为了更好的出来，而出来却很少再能回去。不是回不去这个地方，回不去的是那段岁月。那一年，那些年！

每一个师大人都有一份对师大发自心底的爱，每一个曾经的师大人都深爱着赭山下师大校区里的一草一木，因为这里的一切都能让你感受到生命的律动。灯晕暖照记初见，云重万叠寸心知。最初的相见总带着微光的暖，到最后相离千里，心中也记得当初那些美好的种种，难以忘怀。时间的交错，命运喜欢的玩笑，总在不经意间开着，当初那些不懂老师教诲的同学，在以后的人生经历中终于明白，人生在世有些东西终需要明白才不枉此生，明白得早容易事成，明白得晚有其缘由，不明白的则是人生的缺憾。时光带着什么样的温度，那一场场远去的过往被春水浸泡，却始终未被染色，泛着秋日银杏一般的黄，秋风吹拂，被洗尽的铅华，变得清纯明净。冬雪覆盖下的往事，看着凉，原来底层的温暖不为人知。匆匆人生的聚散，那百般的尘世烟火，师者，须发皆白，生者亦两鬓微霜。承担岁月与无奈的沧桑才发现，那看过的风景如此安然无恙，一切的经历都毫发无伤地演绎着每个人的结局。事业不同于爱情，爱情可以是一辈子也可以是一阵子，而一辈子的事业只能用一辈子去完成。以心烧煮的咖啡，还是当年的味道，只是等候的人或许早已经习惯她煮的茶，最难过的是等待，最美好的是追寻。

从1980年到1989年这九年时间，施教授在安徽师范大学读完了本科和硕士，1985年到1986年期间施教授还在安徽师范大学附属中学担任了中学语文教师。三尺讲台上，他对于教学工作从不敢有丝毫懈怠，都是尽自己最大的努力去完成。从学生到老师身份的转换，对于施教授来说还是有一定的挑战的，但是对于挑战你要么不接受要么不放弃，从来不存在第三种抉择，很明显，施教授选择了挑战，并且很好地完成了角色身份的转换。在施教授的内心深处，他还是有一层学生身份。古人常说达者为师，长者为师，三人行必有我师。学生这个身份无论何时是不能抛弃的，因为学无止境，当人抛弃学生这个身份的时候，他就抛弃了一种对于学习至关重要的态度，那就是谦卑。施教授说他人生成长的最为紧要最为关键的阶段都是与安徽师范大学分不开的。置身于火热的20世纪80年代，那个时候已属改革开放行进中的伟大航程，虽然才短短数年，时间不长，国家的发展有了许多欣喜的变化，但是还毕竟是一个物资匮乏的年代。施教授说，是母校、是师大给了他的精神家园最厚实的土壤和最明亮的底色。在物质得不到满足的年代，寻求精神的慰藉和充实更有助于人灵魂的升华。

作为学生，在漫漫求学路上，需要的是找到一种气息，那突如其来的清香，来自书本，来自学思瞬间的顿悟，灵魂与知识擦肩的瞬间，记忆留存的幽香在梦里变得芬芳浓郁。求学也是一次刻骨铭心的经历,铭心的感情在时光流过的痕迹里,时光掩埋了痕迹,但抹不去那曾经的刻骨。在求学的路上你需要找到一种如果,那是梦幻的开始,彩虹般七彩的未完待续在学术的海洋里等着你,你要寻求那份美好的本质就在那里,她很神秘,所以慢慢掀开她的面纱。学术之中衍生出鹅黄的花蕊,谁也不忍心去踩踏,等它绽放,可能有花无果,但也没有后悔,它有它的价值,好比有些青春也是无果,但是人生不止有青春而已。一篇文章,不在乎它的文辞有多么优美,在乎的是文字间渗透的感情你能懂,更为重要的是你懂的最深刻。有些道理在我们还没有明悟之前就懂得,只等一个经历将它转化为自己人生的烙印。

学海无涯,求学路远,既然无捷径可走,那就一步一个脚印。在这个世间,每个人不可能拥有自己想要的全部,但最为想要的一定要付出应有的努力,亦或许在得不到自己最想要的什么时候,自己需要明白自己最不想要的是什么,那么即便在求学路上走得不远,也不至于误入歧途。

三、学术氛围浓不散,研究相承上下心

施教授在经过了两年的在师大附中的教学工作的锻炼之后,于1986年又考取了师大中文系的硕士研究生,开启了一个更加充实却也步履艰难的学术人生的历程。纵观整个20世纪80年代,安徽师范大学已经形成了浓厚的学术研究的氛围,这样浓厚的学术氛围浸染着每一个师大人。以祖保泉先生为首的安徽师范大学的文艺学专业在1986年获得了硕士学位授予权,这是许多师大人引以为豪的一件事。施教授说那一年文艺学专业破天荒地招收了5名研究生,施教授的同届同学中就有先期留中文系工作的朱良志、陈宪年诸位学兄。现在朱良志教授以及陈宪年教授已经是国内著名的学术大师。陈宪年教授1998年到佛山科学技术学院工作,先后在中文系担任重要职务。至于朱良志教授现为北京大学哲学系教授、北京大学美学与美育研究中心主任、浙江大学兼职教授,他们现今的学术成就可谓硕果累累。施教授说安徽师范大学中文系同时期的优势学科还有中国古代文学、现代汉语及中国现代文学等专业,加之相关的历史、哲学等专业的群雄竞起,一时间,称安徽师范大学是省内文史学习与研究的翘首,肯定是没有问题的。当时考取师大的研究生对于自身来说就是一项艰巨的挑战,因为在师大读研,是真正的"研读",需要秉承"不贪恋写小文章"和"要挖一口井"的"祖训"(祖保泉先生的"训导"),从文艺学、美学的经典原著的阅读到各

种学派和观念的讨论，每个人都自主而积极地投入。施教授说也正是这一阶段的学习，成为他走入学术圈的重要起点。也正是从这里，在这一时期走出来多位后来在相关领域卓有影响的一批著名学者，如胡晓明、朱良志、朱志荣、彭玉平、陶礼天、韩德民等，他们无不成为各自领域的学术大家。

在施教授的记忆里，整个80年代，是一个充满理想、改革潮流激荡涌进的时代。安徽师范大学中文系与时俱进，知识的涵养与思想的砥砺哺育了一代一代的师大学子，形成了一种诚朴厚重的学术传统，这样的学术传统影响着一代又一代的师大人不断前行。那时，宛敏灏、张涤华、祖保泉等鸿儒俱在，刘学锴、余恕诚、严云受、汪裕雄、王明居等中年精英风头正健。在这样的学术环境里谈笑有鸿儒，往来无白丁。与这些鸿儒大家经常交流，知识可以通过年月的积累来弥补，但是学术环境却是在一定时期需要相当的契机才会形成的。80年代以来的中文学子无不受惠于这些严师和鸿儒的学术训练以及思想熏陶；后学者不仅在基本的学术思想和学科方法上尽享取用，而且在为人处世与人格涵养方面深受浸润，这一点对于每一个学生来说可以说是受用终生。施教授说他现在所取得的学术成就也都与此有关，学术研究本身是需要专业知识的不断积累、深入的学术思考、可取的研究方法的正确运用和广阔的学术视野，这四样对于学术研究来说至关重要，可以说是缺一不可。谈到与师大的宿缘，施教授说他的第一篇学术论文就是由《安徽师范大学学报》发表，而且他的第一本学术专著《艺术创造动力论》也就是在硕士学位论文的基础上完成出版的，这些都离不开师大这块沃土的滋养。

有些情缘是命中注定的，金风玉露一相逢，便胜却人间无数。遇见师大，是缘；学在师大，是缘。因为一开始就懂，所以二者之间没有错过。施教授在师大的九年是他青春中的翠绿，人生没有多少个九年去诠释一段缘分的情深。落日楼头，想来施教授也曾在赭山下的师大校区抬眼望着落日，也曾在黄昏的暖晕中思考那一天他学到了什么，老师的那些嘱咐教导清晰地在脑海中回荡，余晖残照之下，师者传经送道。师之幸莫过于有生可传衣钵，生之责当为天地立心，为生民立命，为往圣继绝学。学术之路上会遇到困难，好比四季中也有一季严寒，但终有旭日东升、光暖大地的明天。

施教授说能成为安徽师范大学中文系的一员，是他永远的骄傲。在这里勤读、慎思、明辨，涵养自己的学识与人格，学会温良恭俭让的处世哲学和学术态度是每一个师大中文学子的终身的幸运！施教授愿以此与广大学友共勉。

校友简介：施旭升，1980级校友。文学博士，中国传媒大学艺术研究院教授，博士生导师，艺术学研究所所长，中国传媒大学“双一流”建设A类学科“艺术学理论”学科带头人；入选中国传媒大学“382”人才工程计划及教育部2005年“新世纪优秀人才支持计划”；独立主持和参与多项国家及省部级科研项目。曾赴英国诺丁汉大学、美国西北大学等世界著名高校从事合作研究和访问交流。

迄今已出版著作《艺术之维》(2001)、《艺术创造动力论》(2002)、《中国戏曲审美文化论》(2003)、《中国现代戏剧重大现象研究》(主编、合著，2004)、《戏剧艺术原理》(2006)、《艺术即意象》(2013)、《戏曲文化学》(2015)、《情境与意象》(2017)等多部，发表论(译)文百余篇；曾获南京大学光华奖(1996)、北京广播学院科研二等奖(1999)、中国传媒大学“211工程”优秀成果奖、田汉戏剧奖(2010)等。

代表性的论文有：《论文艺创作的形式动因》(《文艺研究》1994年第2期)、《传媒整合时代艺术何为》(《文艺研究》2016年第2期)、《艺术创造的文化通约》(《文史哲》1996年第3期)等。

重逢江城日，细数年少事

——访1980级校友陶礼天

崔晓涵

1980年初秋，一位不及弱冠之年的青年背起行囊离开安徽天长的乡村，踏上南去芜湖安徽师范大学求学的征途，袋中那一纸薄薄的大学录取通知书，承载着这个青年对未来的满腔热血与憧憬渴望。转眼间，时间已逝去三十多年，当时那位青涩懵懂的青年而今早已过知命之年。数载春秋，文坛留墨；悠悠岁月，潜心耕耘。值此安徽师范大学文学院90周年院庆来临之际，我们有幸采访到曾任首都师范大学文学院副院长、博士生导师、中国《文心雕龙》学会副会长陶礼天教授，在花津河畔听他讲述三十余年前那一代师大人不灭的记忆。

一、初识·赭山脚下二三事

在天长大通中学和平安中学读高中时，“当时的语文老师朱泽民先生是母校中文系毕业的，所以在平时经常会给我们提及师大的种种，提到祖保泉先生，潜移默化间，我对于师大就有了一种向往之情”。提及与师大的这段宿缘，陶老师这样说道：“1977年恢复高考，朱老师就把1977级的语文高考卷，拿给我们做，要求按照高考的时间闭卷完成，我和另一位同学考了60多分，朱老师非常高兴，希望我考大学，上中文系，并且告诉我，安徽的大学中文系，最好的就是师大的。”在当时信息交流不畅的条件下，乡村孩子获取外界知识的途径多是通过课余时间与老师们聊天实现的。对于知识的渴望，对于神秘象牙塔的向往，对于未来的追求……这一切都悄悄地在当时陶老师的心里生了根、发了芽，也坚定了他要走出家乡、去大学深造的决心。“我当时是以全县高考文科第三名的成绩来到师大，那时期学习陈景润，对考大学非常重视，县里广播电台对当年高考文理科前10名的名单播报了很长一段时间。”陶老师回忆起初来芜湖的那段日子，记忆最深的就是开学典礼，一上大学，他们就认识了祖保泉先生，“我还清楚记得当时我们中文系副主任祖先生在开学典礼上鼓励我们说：‘就一个字——干！’”就是这一句振奋人心的话，激励起当时所有学生的昂扬斗志，也因为这一句话，陶老师在入学伊始便决定要继续深造走学术之路的想法。

在20世纪80年代"精英式教育"的社会背景中，大学生是整个社会的稀缺人才。而当时的师大，汇聚了来自安徽省各个地区学习上的佼佼者。陶老师入学那年是高考恢复第三年，改革开放的号角也已经在中华大地上吹响，"大学"便成了那个时代青年们心向往之的神圣殿堂。"我们当时都是怀着'天之骄子、鲤跃龙门'这种自信来读书的，因为那时候考大学实在是太难了"，也正是在这样的背景下，大学录取的学生基础更为扎实，生源质量普遍较高，而且安徽师范大学是按照全国重点大学分数线录取的，录取的学生绝大多数都超过当年重点大学分数线好几十分。"当年师大的学习氛围非常浓，我和大多数同学通常早上五点多就起床到零号楼门前的大足球场上跑步锻炼，然后背着大书包、带着饭缸子、拎着开水瓶，就急奔图书馆或教室抢座位早读，晚上大家看书也一直看到熄灯才会休息。"时过境迁，而今再回首赭山脚下那段青春岁月，陶老师的心里沉淀下的是美好与温暖。除此之外，当时陶老师在夯实英语的基础上，还前瞻性地通过收音机自学了大学本科日语课程，充分利用课余时间努力提升自己。正是在这样浓厚淳朴、积极向上的良好学术氛围的熏陶下，正值"文革"以后重新焕发青春活力的师大，培养出了一大批像陶老师一样优秀的学者。

二、重逢·师大情愫多几许

陶老师说："大学教育与中学教育最大的不同就是中学教育讲求的是知识的传授，而大学教育强调的是知识传授与研究性学习并举。"那时候课程负担不重，一般下午都没有课，上午也不是都有课要上，有大量的自学时间，而且学生们天然地认为，大学主要就是靠自学。师大本科四年的学习中，无数次知识的文化熏陶、思想的激烈碰撞、名师的导航指引，不仅在潜移默化间奠定了陶老师坚实的知识理论基础，更培养了陶老师的"独立之精神、自由之思想"。

1987年，改革开放的成果已经初见成效，在市场经济和金钱利益的刺激下，很多年轻人放弃学业转而下海经商。但就是在这一年，怀着对师大深厚的感情和心中对于知识的不灭渴望，已经在中学担任语文教师工作三年的陶老师毅然选择报考并考取了本校研究生，师从祖保泉先生和梅运生先生，继续自己的漫漫求学生涯。问及他与导师梅运生先生之间的故事，他回忆说，老师基本上是不上课的，开过几次专题课和读书报告会，"梅先生那时候会给我们开书单，我们就照着先生的书单读书，然后在读书的过程中明确自己的研究方向"。读研的三年间，每当在读书时有了新的困惑或新的见解，陶老师就跑去梅先生家里和先生一起探讨。每一次探讨，都是一种知识的收获；每一次探讨，都是一种精神的进步。“如果下午时候去先生家，我们经常一谈就谈到天黑，有时晚饭也就在梅先生家解决了，晚饭后我们继续畅谈，那样的时光可真是不亦乐乎”，时至今日陶老师回忆起来，言语之间依旧难掩兴奋之情。时隔多年，陶老师依然清楚地记得与许多老师谈话时的种种，更谨记着那些年老师们对他的谆谆教导，那些细微点滴，那些青葱岁月，就这样被镌刻在了他的记忆里，成为永不褪色的回忆。

研究生毕业后，凭借着出众的学术实力和优秀的表现，带着恩师们的谆谆教诲，陶老师选择留任于师大文学院古代文学教研室。从学生到教师这一角色的转变，让陶老师认识到自己身上责任的重大。“我当时是负责讲授本科生元明清及近代文学课程，教的第一届学生是1989级本科生，一直到1995年我考到北京大学中文系师从张少康先生继续攻读博士学位为止，前后带过几届学生，当年曾经带过的那一批学生现在有人早已是博士生导师了。”关于那段在师大任教的岁月，陶老师感慨到：教育，就是一个灵魂唤醒另一个灵魂。正是这种“厚德、重教、博学、笃行”的师大精神经久不息的传承，才带领着一代又一代师大人成长发展起来。

三、寄语·言之殷殷蕴深情

大学，是一个人“三观”重塑的关键时期，同时也是未来选择的奠基时期。如何利用好大学时光，成为每一个大学生在入学之初需要思考的问题。对于这个问题，陶老师谈到了他的观点，“我之前上大学又与我同时在校的是所谓‘新三届’，即1977、1978、1979级，他们许多人年龄比较大，阅历丰富，学习非常刻苦努力。据学长们回忆，祖先生曾自谦地用龚自珍‘万人丛中一握手，使我衣袖三年香’这两句诗来勉励他们。我们1980级基本都是应届高中毕业生考来的，老师们对我们就没那么多‘客气’，要求是很严格的。每个人都要有明确的人生定位，只有有了明晰的定位，你才能明白你为什么读书、你怎样读书”。而关于如何治学这个问题，陶老师结合自己多年来的治学经历，道出了他的见解：“一是要有自我管理能力和独立自主的学习能力，这是治学之前提；二是对于研究方向要有明确而具体的定位，这是一个由大到小、由表及里逐渐深入的过程；三是要学会提炼论题，从而发现、分析、解决问题；四是要认真读书，广泛涉猎，先读文献后再思考问题，发议论，从而形成自己的思想。胡适先生所说的‘大胆假设、小心求证’是有前提的，并非没有道理。”正是秉持着这种严谨踏实的治学原则，陶老师在学术之路上走得愈发笃定。

国运兴衰，系于教育；兴皖之要，惟在人才。风雨路上，陶礼天教授以学术研究拓展人生，用师大精神浇铸杏坛，不断书写着属于自己的华美乐章。“希望文学院在教学研究和文化传承方面都可以继承传统，开掘创新，这种优秀传统的传承，不仅是学校自身的传统，还是优秀文化本身的传统，从而期待实现文学院更新、更好的发展”，采访尾声，陶老师在寄语莘莘学子时说道。带着校友们的殷殷嘱托，一代代师大人必将秉烛守望、薪火相传，始终坚持立德树人的初心，用青春装点着属于师大的史诗风华。

校友简介：陶礼天，1980级校友。现为首都师范大学文学院教授、博士生导师，主要社会兼职有中国《文心雕龙》学会副会长等。

永远的学子

——访1981级校友方锡球

徐炜红　刘毅阳

1. 问：请问老师，在安徽师范大学，哪些事情让您觉得记忆深刻的？

答：我作为文学院的学子，已经有32年了，如果要加上读书的4年，那就是36年了。这36年来，我确实从母校，特别是从文学院，我们那时候叫中文系，受益很多，得到的东西很多。我是1985年毕业的，我记得我毕业的时候，租了一辆小三轮车，装着行李和书籍，从赭山校区一号楼出发，到长江码头，小三轮车驶出赭山校区南校门的时候，我回头看了看校门上的"安徽师范大学"六个字，我哭了。但是我没有任何遗憾，因为我带着母校给我的人生信心、英雄情结、理想情怀走向社会。回望校门的那一刹那，我也就感到了国家把天下交给了我们。带着我们20世纪80年代的学子们独特的浪漫感受，那种感觉和你们现在可能不一样了。

毕业这32年来，师大是我魂梦牵萦的地方。我感觉到母校特别是中文系，那时候是国内一流的大学，当然现在也是一流的大学，文学院的学科专业、师资队伍是一流的，培养的人才也是一流的。尽管毕业这么多年，这依然给我留下了很深的印象。母校不在一线城市，却培养了大量一流的人才，这给国内外的大量人士都留下了深刻的印象。我们很多师兄弟、师姐妹在全国各行业都是很著名的人物，这就可见母校的积淀，无论是文化积淀、学术积淀还是道德积淀都是十分丰厚的。给我印象最深刻的，是母校能够融会各种不同的思想，能够吐纳天下志思，给了我们成长的信心。

2. 问：老师您觉得师大有哪些精神最值得师大学子学习和传承？

答：师大是一个有精神的大学，不是每一所大学都有大学精神的。师大有很多故事，中文系的故事尤其多，许多老师都有故事，老师和学生之间也有故事，这些故事就积淀了一种大学精神，这种大学精神就给了我们信心。我经常和我的学术界的朋友们、我的同事们以及地方上的朋友们说，一所好的大学应该有故事。如果没有故事，那么这所大学就是平庸的。师大有很多这样的故事，这些故事积淀的就是大学精神。这些精神，第一个是包容，吐纳天下志思，给了我们成长的环境，给了我们成长的胸怀，也给了我们成长的情怀，所以我们这30多年来一直是在师大精神的哺育下成长发展的。

师大的第二个精神表现在她的爱和担当上，这是一所有爱的大学。老一代的学者可以说在这一方面都不约而同地做出了榜样。比如我的辅导员杨树森老师，1984年底我母亲去世，他一个人带六个班，当时他给了我10块钱，10块钱是他每个月工资的五分之一。余恕诚先生冬天看我穿得单薄，就要送给我棉裤和棉鞋。几年以后我回母校遇见方可畏先生，我的老系主任，他所患肺气肿都已经到要使用氧气袋了。他要请我吃饭，就拎着氧气袋到师大附中附近买鸭板爪，他说这是我们读书时候爱吃的东西。后来我在工作岗位上工作20年以后回母校跟余恕诚先生攻读博士学位，祖保泉先生看到我已经很疲倦的样子，在外面已经很吃苦了，见到我就拥抱了我。

母校就是这样给了我悲天悯人之心，给了我爱的能力，给了我爱的智慧。所以我想师大的学子以后走入社会，肯定会有悲天悯人之心，有爱的能力和爱的智慧，他一定去奉献，去爱这个宇宙，去担当自己的社会责任、担当自己的建设责任、担当自己的家庭责任。

3. 问：请问老师，在您看来对于即将走出校园的毕业生们来说，什么是最重要的呢？

答：对走出校园的师大学子们来说，第一个是努力，努力是最重要的，不努力是不行的。第二个是爱这个社会，爱这个宇宙。不能因为它有问题，每个人都去指责而不是去建构，不去改造，那是不行的。改造社会、建构社会、建设这个国家，这其实就是一种爱，也是一种担当，应该意识到肩上有这个责任。

20世纪80年代我们毕业的时候，我们就感觉一走出校门，国家就把这个天下交给我们了，当时真的是这么想的。师大的精神除了刚才说的两点，还有就是能够给予我们动力和实现自己梦想的力量。我们的母校，由于学校的学术文化积淀，由于老师们勤勤恳恳、敬业奉献，在每个学生身上都复制了杰出的基因，不管学子将来是轰轰烈烈地干大事还是做一个非常平凡的草根人物，身上都有把事情做好的基因，都有追求完美的素质，这是我们师大学生都有的素质。

在师大眼里，在母校眼里，每个学子也都是杰出的，身上都带着杰出的基因，这种基因特征平时看不出来，但是等到十年、二十年、三十年以后回来，每个人身上都带着成就。师大有一点特别好，就是师大不势利，所以我们也自豪，回母校确实也就像回到娘家一样。这种杰出的基因会在我们奔向梦想的路上，教会我们平平淡淡也是一种精彩，超然也是一种精彩，当然，轰轰烈烈更精彩。所以无论将来做什么，有做大栋梁的，也有做小栋梁的，但都是栋梁之材。有的是外在的栋梁，有的是精神的栋梁，都能撑住社会的架构，而且这种社会结构无论是高华壮丽的还是质朴无华的，都能使这种结构经得起风雨。所以这样的母校培养出来的学子，是母校永远的学子。这样的学子在奔向梦想的路上心里有一份精彩。所以不需要别人喝彩，也不怕别人喝倒彩。无论是高居庙堂还是草根平民都会出彩，这就是我们师大的精神之一。

4. 问：多年后再回校园，您觉得母校发生了哪些变化？

答：我们那时候上学是住在操场的东面，有一排楼，我们住的是零号楼，后来叫一号楼，一直正对着芜湖饭店。宿舍在路边上，晚上可以借着路灯看书。那时晚上10点熄灯。有两个地方可以看书，一个靠着围墙借着路灯看，一个是在厕所里看。我们那时候每天晚上都有七八位同学靠着厕所的门，有的就在水房靠着看小说、看《文心雕龙》、看唐诗宋词，看累了大家聊聊天，聊一会再接着往下看。20年以后我回母校读博士的时候变化就很大了。那排楼还在，但是女生宿舍那三栋小楼已经拆了，已经变成了操场东面的那排楼。校园环境也变了，但我们心里始终想着的荷花塘还在，赭山上的塔也还在，文科楼还在，生化楼还在，图书馆还在，绿化变得更好更整齐了。

5. 问：请问老师，当年在师大食堂，您最喜欢的一道菜是什么？

答：说起学校的食堂，我的肚子是在师大食堂吃饱的，我记得1981年9月6日我来报到的那一天，那天晚上我在食堂花了两毛钱就把肚子吃饱了，豆腐烧鱼是一毛钱，白菜炒五花肉片是五分钱，还有五分钱买了一份豆芽，打了四两米饭。在师大食堂我最喜欢吃的一道菜，那时候我们不大吃得起，叫红烧排骨，要三毛钱。我们吃的都是一毛或一毛五的。20年后我再来食堂吃饭，菜品就丰富多了，有二三十道菜。然而可以说大家对师大食堂印象最深的还是红烧排骨。

如今国家已经发展了、已经进步了，所以我们也是希望母校的学弟学妹们有这样的一个好的机会，在这么一所文化积淀、学术积淀、爱的积淀都很丰厚的大学里读书，应该珍惜机会，要让自己将来能够杰出、能够出彩，不辜负母校的培养、母校的哺育之恩。我们感恩母校就是要努力工作，我们感恩母校就是要主动建设社会，我们感恩母校就是要把家庭的生活过好，母校就是希望我们幸福、快乐，母校更希望我们能够扎扎实实地做一份事业。

6. 问：2018 年是安徽师范大学建校 90 周年，您有什么祝福的话想对师大说的吗？

答：适逢母校建立 90 周年，我希望母校传承已积淀的精神，弘扬光大，走得更宽，走得更远。希望母校大力加强师资队伍建设，进一步把学生作为主体，说到底，就是我衷心地希望母校有远方。

校友简介：方锡球，1981 级校友。1985 年毕业于安徽师范大学中文系，获学士学位；2008 年毕业于安徽师范大学文学院，获博士学位。现为安庆师范大学文学院教授，博士生导师。安徽省学术与技术带头人，安徽省高等学校学科拔尖人才，安徽省教学名师，安徽省重点学科文艺学学科带头人。安徽省文学学会副会长，教育部北京师范大学文艺学研究中心兼职研究员，教育部安徽师范大学中国诗学研究中心兼职研究员。

九万里风鹏正举，无处不忆母校情

——访1981级校友鲍鹏山

彭翼然

他是浩渺烟海中的一叶扁舟，在优秀传统文化的海洋里遨游；他是教育园地里的一盏明灯，照亮无数学子前行的道路；他是扎根青海的追梦者，是教育的唤醒者，也是笔耕不辍的学术研究者。他就是上海开放大学教授、中国作家协会会员、多所大学兼职教授、中国孔子基金会学术委员会委员，安徽师范大学1981级校友鲍鹏山教授。在师大就读期间，“文以载道，学以化人”，他身体力行传承师大和文学院精神，做有情怀、有温度、有性情的师大人。

一、难忘恩师，浸润书海潜心学术

“如果没有余恕诚先生的那一场讲座，我可能就不会走上如今的学术道路。”提及自己走上学术研究道路的原因，鲍鹏山深有感触。自小读过的大量图书是鲍鹏山学术研究的基础，而大学期间有幸听到的那场讲座则是他从事学术研究的开端。“余先生的那场讲座叫《战士之歌和军幕文士之歌》，说的是唐诗中边塞诗的两种不同类型。”正是余恕诚先生精彩的讲座和渊博的学识使鲍鹏山对古代文学产生了浓厚的兴趣，并从此开始了自己的学术研究和教学生涯。言及此，鲍鹏山教授向我们特别强调了一位好老师对一个人学习发展的重要性。

“我的学术道路是从师大起步的。师大中文系给了我自由的氛围，优秀的老师对我的学术研究有着不可或缺的影响。我还结识了一群志同道合的同学，我们互相督促，共同进步。”因此，在对如今的学生提出建议时，鲍教授说道，要多结交志同道合、喜爱读书、能够督促自己勤奋学习、不断进取的朋友。

“那时候我有几个真心爱读书的同学，大家经常一起在老校区一栋不熄灯的楼读书到深夜。我们互相给对方加油鼓劲，互相督促，共同进步。我很怀念在母校那段充实、快乐的学习时光。”他抓住一切机会，博览群书，让自己全身心沉浸在书海之中，不曾有过一刻的懈怠和放松。回忆起自己当年的学习经历，鲍老师说，在这种相对自由的学习环境和氛围下，只有严格要求自己，正确管理自己，让自己始终保持高度的学习热情，不虚度光阴，才能在学术方面有所成就。

二、初心不改，赤忱之情追梦未来

1985年，鲍鹏山从师大毕业，选择了前往青海支教。如今，谈起那一段难忘的经历，他笑着说，自己年轻时就是一个“理想主义者”，凭着一腔热血和冲动，想要去更远的地方，见识更大的世界，让自己拥有更加开阔的心胸和眼界。

鲍鹏山说，我们每个人都应该努力做一个“理想主义者”，始终充满激情和活力，对未来有明晰的规划，给自己的人生留下可拓展的空间。“青年人要对自己的未来有想法，走更远的地方。你所到达的世界越大，就会有更加高远的见识和更加阔朗的境界。”理想不是空想，而是对自己的将来有着更为清晰的认知和计划，让自己始终保有积极的态度和温暖的情怀。

在鲍老师的人生中，对传统文化的追寻是重要组成部分。“传统文化教育对每个人都是必需的。教育的本质就是文化。”他认为，传统文化能够培养、提升一个人的认知力、判断力，实现从“自然人”向“文明人”的转变。文化的载体是“书本”，等等；而文化的功能则是以文化人，让很多人读到书，学到传统文化。而大学生作为一个充满朝气的群体，更应该有自觉学习的意识，有意识地让自己去学习，让自己更加有文化、文明化，形成正确的人生观、价值观和世界观，拥有“良知”。鲍鹏山想要告诉当今的大学生，大学里的专业教育和通识教育缺一不可。专业教育让人学习专业知识，而通识教育，即人文教育，可以让人心智成熟。“人文教育会让你知道自己是谁，知道别人是谁，知道自己如何和别人相处，对自己和世界的关系有哲学思考。专业能力的提升很容易，但心智的成熟和良知的铸就却很难，如果没有良知，就无法判断是非善恶。”鲍鹏山始终坚信：大学里重要的不只是专业技能的学习和提升，更是人文情怀的不断培养和心智良知的日臻完善。

三、再遇师大，肺腑之言愿其昭昭

“文以载道，学以化人。安徽师范大学文学院1981级学生，向母校、母院报到！”鲍鹏山在师大90周年校庆这一契机下又一次回到母校、母院。再次回到师大，回到熟悉的“中文系”，他满怀感动。“衷心希望母校可以越来越好，可以拥有更加自由、开放的学术氛围，培养出更多优秀的学生。”

谈及文学院学生在求学期间应该具备的基本技能，鲍鹏山认为最重要的就是逻辑思维。“我们需要在学习的过程中自觉地将知识逻辑化整合，形成一个严密的体系。同样，在生活中也要让自己的思维有逻辑性。”

“现在的很多老师在教书育人的时候，自己都缺乏对这门课程的热情和喜爱，又怎么能教得好学生，让学生发自内心地喜欢这门课呢？比如你教古代文学，给学生讲李白，你要怎么说才能让你的学生有充分、合理的理由喜欢上李白及其诗歌呢？”面对今天激情的缺失，鲍鹏山始终笃信教育的“唤醒”功能。教书不能“以其昏昏使人昭昭”，而应该“以其昭昭使人昭昭”。作为教师，首先自己要“醒着”，才可能“唤醒”学生。

对于那些日后想要走上教师岗位的学生们，鲍老师希望每个人都要发自内心地热爱自己的职业，在备课的时候认真严谨，在上课的时候充满激情，从而让自己的教学充满感染力，让学生不再只是机械地接受知识，而是真心实意地爱上课堂，爱上学习。

“希望每一个青年学生都可以成为一个有温度、有情怀、有理想、充满正能量的人，不虚度光阴，追求自己诗意的生活，因真理得自由。”大学时代中文系德高望重的老师、自由开放的学术氛围让鲍鹏山在今天依然心怀感念，他也由衷希望母校、母院的未来可以更加灿烂辉煌。

校友简介：鲍鹏山，1981级校友。文学博士，学者、作家，上海开放大学教授，多所大学兼职教授，中国孔子基金会学术委员会委员，团中央“青年之声”国学教育联盟副主席，中国作家协会会员等。央视“百家讲坛”主讲嘉宾，主讲《鲍鹏山新说水浒》《孔子是怎样炼成的》，《光明日报》《中国周刊》《儒风大家》《美文》《中学生阅读》等报纸杂志专栏作家。主要从事中国古代文学、古代文化的教学与研究。出版《风流去》《孔子传》《孔子如来》《孔子归来》《中国人的心灵：三千年理智与情感》《先秦诸子八大家》《论语导读》《鲍鹏山新批水浒传》《致命倾诉》等著作十多部。2015、2016连续两年山东曲阜祭孔大典央视直播间解说嘉宾。

2013年，创办浦江学堂。

2014年，创办花时间读书社。

不忘语法初心，牢记做人根本

——访1981级校友陈昌来

周雅玲

一、三句师恩难相忘

恰同学少年，风华正茂。“文革”结束后的1981年，19岁的陈昌来成了安徽师范大学中文系4班的一名学生。那时的许多学生虽然上了高中，可不少人文学素养较差，对中国语言、文学、文化的系统性了解是远远不够的。在师大老师博古通今的阐释下，始知学问的源流、演变、发展、现状及未来。“那时的我们一般不会怀疑教材课本，不会怀疑老师，对老师总是一脸的崇拜。”师大名师云集，陈昌来如数家珍地向我们回忆起授业的恩师。文学课老师如祖保泉、梅运生、余恕诚、王明居、杨芝明、蒋立甫、周承昭、孙文光、李顿，语言课老师印象更深，如发音标准、抑扬顿挫语音感超强的胡治农，说话慢条斯理循循善诱、语法感极强的蒋同林和朱景松，以及龚千炎之汉语语法学史，孟庆惠之方言调查，鲍善淳之古代汉语词汇，张柏青之音韵学，杨昭蔚之文言虚词，等等。除了任课老师以外，前后两任辅导员徐江华、杨树森也让他记忆犹新。

得遇恩师，一生之幸。不得不说一说杨昭蔚老师“文言虚词”课对陈昌来产生的影响。有两点让陈昌来至今不忘。一是杨老师的记忆力极好。上课从未带过讲稿和教案进教室，每堂课带进几只粉笔，讲课内容和例句全凭背诵记忆，如“之、乎、者、也”等字有几种用法，几个义项，一一罗列在黑板上，例句引自《左传》《战国策》《国语》《史记》云云。“我们听课的这些小子老是怀疑杨老师的记忆，课后常拿听课笔记去对照原作，竟无一有误，顿感佩服，用当下的话叫佩服得爆了。一个学期的笔记，就是一本专著。”二是教法得当。杨老师讲语言课的方法，他的教态、语速、条理、思路、导入和分析，对陈昌来后来的教学有着深刻的影响。他谨记着：上课一定要充分备课要有教案，但写好的教案要记忆在心中，要从有教案到手中和眼中无教案，只在心中有教案。教案要在有无之间，上课才能做到游刃有余，挥洒自如，不为教案所困，才会在课堂上出现灵光闪现，才可能更好地进行师生互动。

杨昭蔚老师“文言虚词”课的考试方式也很特别，没有复习提纲(大约记得那时的课程考试都没有复习提纲的)。他常说，要教一，看二，考三，教得精，看得多，考得广，给一篇没有讲过的古代汉语文献，让学生就这篇文献归纳指定部分虚词的用法和意义。陈昌来说他这门课考试得的分数很高，记得应该是95分或98分，于是便去问老师有没有答案。杨昭蔚老师直说没有，之所以给分那么高，是因为从考试试卷可以看出，陈昌来将来适合编一本《古代汉语虚词词典》。这一回答激励了年轻的陈昌来，激动得萌生出将来编写《古代汉语虚词词典》的念头。只是因缘际会，后来研究的是现代汉语，陈昌来不免感慨道愧对老师的期望。而事实上，今时今日的他，在语言学领域的贡献，足以对得起当日老师的教诲。

说起考试，“那时的学生似乎不怕考试，没有现在我的学生一到考试就废寝忘食地复习记忆，似乎现在我的学生一考试就减肥了，茶饭不思，晕晕乎乎。想来为什么呢？大约是那时听课认真(没有手机玩儿)，课后多阅读(没有微信看)，考试了然于心。当然，跟考试和阅卷方式也有关，没有标准答案，考出新意即可得高分，记得有一个学期我所有的课考试都是90分以上，到现在还自鸣得意呢，常跟同学炫耀。”他幽默风趣的谈吐，让听的人跟他一起在快乐的氛围中收获良多。

从他入学至今，一晃就将36年了，当年教过他的老师多已退休。通过采访，他衷心地祝愿：老师们生活幸福，身体康健，家庭美满！学生会常回校拜望的。

二、求学问道忆初心

问及怎么走上语言学道路时，他坦言：“高考的愿望原本不是想上中文系，而是想上历史系或地理系。被录取到中文系，对中文系并不十分了解，心想中文系大约将来都是跟文学有关，刚入学那会儿常常做文学梦，听到高年级有人公开发表诗歌小说散文既激动又羡慕，自己也常半夜里在蚊帐中创作，但投稿屡屡不中。二年级之后，发现文学梦大约不成，读书吧，读什么呢，先是读文学作品和文学研究的著作比较多，背过《诗经》《楚辞》《左传》《论语》等，王力主编的四册《古代汉语》的前两册的文选基本背下来。但后来幼稚地发现文学类书太多，买不起。似乎语言类书比较少，《现代汉语》《古代汉语》《语言学概论》，三本书可打天下。穷孩子嘛，做啥都行，三年级下半年就一心一意读汉语类书，准备考汉语的研究生。”很庆幸，语言学领域就此多了一位好的老师。

当他深入了解语言学时，发现原来师大的语言学名家很多，著名学者、著名语言学家张涤华以及龚千炎、张紫文、陈庆祜、胡治农、谭永祥等都是师大的老师，名家荟萃！师大的现代汉语课、古代汉语课和相关的选修课以及前文提到的各位老师给他的学术之路积累了宝贵的财富。像龚千炎的“汉语语法学史”课，讲得极有现实感、故事感和历史感，龚老师毕业于南京大学，在社科院语言研究所读过书且工作过，南派北派都熟悉，语法学的人物、著作以及其他史实都熟悉或经历过，因而介绍准确，评论到位，讲起来娓娓动听，尤其他对人物关系了解清晰，谁谁有师承，谁谁有过争论，这是他们这些学生最爱听的。陈昌来工作后一直开设“汉语语法学史”和“中国语言学史”课，就是受了龚老师的影响。可惜后来在他本科快毕业时龚老师调至北京了。

1985年本科毕业之后，他又随张涤华诸先生攻读硕士学位。“张涤华先生人称‘涤老’或‘张涤老’，一代名师，学问大家，师大荣耀，先生的为学为人对我后来的为学之路影响至深！”1988年夏天离开师大，因工作四处奔波，虽然如此，他时刻不忘师大对他的培育：“我的学术之根永在师大中文系，跟师大的语言学科的老师、同辈、学弟学妹们经常切磋交流，每逢师大有学术盛会必想法参加，不仅希望学术精进，更希望回到母校看望老师，重走赭山之下和镜湖之滨的小道（其实小道已无），再次品尝芜湖的小吃；更主要的是为了不忘初心，品味学术人生起点的点点滴滴！后来自己招收硕士博士，每有母校的考生必心生期待，尽心考察。这种心情一是母校情结，更主要是师大中文系的学生学术根基扎实，学风人品放心。多年来招收的母校中文系的毕业生，都成长很好。”

三、四载春秋同窗情

回想师大求学之路，生活在师大，免不了发生许多有趣的故事。师大的食堂是一绝，“吃在师大”不是一句假话。陈昌来声情并茂地说：“师大食堂多，窗口多，早中晚品种多，师傅和服务员的服务态度好。20世纪80年代初的大学食堂，那个菜真便宜啊，令现在的孩子难以相信，5分钱的青菜（偶然还会在青菜中发现肥肉片/丁）、1毛5的排骨土豆（尽管排骨以骨为主）、2毛钱的肉圆子（四个呢）。”只是那时学生多比较穷，男生的饭票、菜票都得省着用，饭票完了需要粮票买的，而粮票是有计划供应的。那时吃饭自带饭缸子或饭盆子，上课时带进教室，放在课桌下面。他回忆道："接近饭点时，老师如果拖堂不按时下课，先是一个胆子大的同学用勺子敲饭缸，一下、两下、三下……敲声一片，老师只好笑着无奈地下课。下课后涌到食堂，打好饭菜可以站在食堂吃，也可以到食堂外面的空地吃，那里没有座位。天气好，多数会到食堂附近荷花塘边梧桐树下的石桌石凳上吃饭，边吃饭边闲聊，记得三四年级中在一块儿吃饭闲侃最多的有鲍鹏山、胡传志、朱鸿召、吴兴安等，毕业几十年中我们这几位同学来往也较多，当下也都在各自的工作岗位上有些小成绩，说不定跟当时闲侃有关呢。"

艰难困苦，玉汝于成。那时宿舍住的人比现在多，一个宿舍住10个人，进门左右两排，一排三张上下床，一排两张上下床，门后是洗脸架，可放10个脸盆，脸盆里常放洗漱用品，两排床的中间是三张特制书桌，每张书桌两两对开的四个抽屉，供他们放杂物，书桌上面拉一绳索或铁丝，供挂毛巾用，每间宿舍门上方有一储物空间，供放平常不用之物。"记得同宿舍一舍友把家里带来的炒面放在储物间，每到半夜起来偷偷吃几口，炒面之香，半夜常常被诱惑醒，有人醒了这老兄就停止偷吃。多年后提及此事，这老兄或是否认，或是呵呵，在承认和不承认之间。我自己的宿舍是四班、五班、六班的混合宿舍，混合宿舍的好处是可以知道不同班级的情况。"

四、谆谆教诲启后辈

对学弟学妹，陈昌来难抑心中的激动和期盼："安徽师范大学不是名校，但中文系（文学院）却是不折不扣的名系，那里历史上名家云集，大咖辈出，现如今就我所知，其语言学、古代文学、文艺学、美学等学科依然还是国内一流学科，并为海内外的大学培养出一批又一批高层次人才，国内高校文学院（中文系）中没有安徽师范大学中文系毕业的老师教授，我想一定不是很好的大学吧。师大中文系的老师学风严谨，教态认真，真正的爱生乐教善教；师大中文系的学生不忘初心，学风端正，求学心切，问学不止；师生相得益彰，成就了历史和今天的母校文学院中文系。"

"师大不是名校，但文学院中文系的学子一定不要妄自菲薄，我们中文系的学术文化底蕴是深厚的，我们的老师是一流的，我们的课程是一流的，我们的校友系友是一流的，我们也都会是一流的。祝愿学弟学妹们都成为祖国未来一流的人才！"

正如陈昌来时常告诉学生的，很多事情"快半步总比慢半步要好"。心中要有小目标，眼里要有诗与远方；手上要有书和笔，脚下要走踏实的人生之路。

校友简介：陈昌来，1981级校友。1985年9月于安徽师范大学语言研究所师从张涤华教授攻读硕士研究生。现为上海师范大学对外汉语学院教授，博士生导师，上海市教学名师，上海市语文学会副会长兼秘书长，国家社会科学基金规划评审组专家。历任上海师范大学人文学院中文系副主任，对外汉语学院副院长，校社会科学管理处处长。现任上海师范大学人事处处长。长期从事汉语教学与研究，发表学术论文150余篇，出版专著教材30余部；主持国家社科基金重大项目1项，主持并完成国家社科基金一般项目2项以及上海市哲社项目、上海市教委项目等多项；获得教育部高等学校科学研究（人文社科）优秀成果著作类二等奖（合作）、上海市哲社一等奖（合作）等。

岁月如歌再聚首，最是难忘母校情

——访1981级校友张宝明

黄晓珂

他是致力于学术殿堂、潜心治学的研究者，笔耕不辍做学问；他是躬耕于教育事业、追求真善美的师者，润物无声筑栋梁；“文以载道、学以化人”是他不变的情怀，“厚德、重教、博学、笃行”的师大精神是他不变的气质，他就是“新世纪百千万工程”国家级人选，哲学社会科学领军人才，河南大学教授，安徽师范大学文学院1985届校友张宝明。再回师大，共赏芳华，他倾情诉说那一段母校情怀。

一、忆往昔峥嵘岁月，心系母校念吾师

长江水边，赭山脚下，第一次踏上这片土地，故事在师大开始。谈起初次来母校的印象，张宝明老师说，“我第一次看到大城市，对一切都很好奇。初次来到师大的感觉就是人文气息很浓。”令他印象很深的是来接他的一位老师，还未入校就感到无比温暖。依镜湖傍赭山，比风景更佳的是师大厚重的人文气息和历史传承的文化底蕴，谈起当时在五四堂的求学经历，“那时候虽然生活简陋，但是学习条件很好，感到很幸运，很充实”，张宝明老师回忆道。正是江南好风景，落花时节又逢君，在90周年院庆的契机下再回母校，张老师亦是感慨万千，“现在一有机会回母校就想回赭山校区看一看，母校的一草一木，一砖一瓦都有我的牵挂和感情，这才是家的感觉”。

饮其流者怀其源，学成其时念吾师。说起文学院的老师，张宝明教授更是如数家珍，“当时的中文系聚集了很多名师，宛敏灏、张涤华、刘学锴老师等，老师资历丰富、学养深厚，能够成为师大中文人，真是一件幸事。中文系（文学院）作为安徽师范大学历史最悠久、最资深的院系，传承的印记和人文的元素都能在文学院很好地体现，多年积淀的优良教风和学风也很好地传承下来，这是一种文化的积淀、积累和涵化，90年从未中断的文脉形成了一种成熟的大学心态。”张老师字字铿锵，眉宇之间尽是自豪。

"我们毕业的时候都喜欢用徐志摩的《再别康桥》中的诗句,有一句是'在康桥的柔波里,我甘心做一条水草'。我对母校也是这种感觉,每一个毕业生可能都是这样,我回到母校的怀抱里,我甘心做一条水草,能在母校的呵护和教育下成长,就是母亲的感觉,就像水草一样感到很温馨。"张宝明老师动情地说道。

二、学者本色师者心,传道授业真善美

张教授在1985年获得安徽师范大学文学学士学位后,相继获得河南大学文学硕士学位、南京大学历史学博士学位和武汉大学博士后,现任河南大学教授,笔耕不辍潜心治学,传道授业桃李万千。

不问桃李只润物无声,立德树人育万千栋梁,二十余载传道受业解惑,探寻大学之道的真、善、美。张教授谈道,以科学理性之"真"、人文关怀之"善"、和谐精神之"美"三位一体打造的大学精神是大学发展的理想状态。他认为,知识经济时代的到来,更加凸显科学技术的重要地位,求真的大学精神展现为科学精神的诉求,科技可以最大化增加人类福祉,通过科学精神彰显"善"的理念,求真的过程也是追求自由的过程。求善的大学精神展现为人文精神的诉求,而人文则给予精神的呵护和灵魂的关怀,实现人文精神的重塑;求美的大学精神展现为和谐精神的建构,就是说,要实现科学精神与人文精神的完美契合,大学精神需要人文精神和科学理性互补并进。

张教授想对当代的大学生说,成人比成才更重要。大学是培养人的地方,不论是哪个学科,陶冶精神都是最高的境界,"活到老学到老"固然包括知识,但更注重的是修养和人格的不断学习。成功是无止境的,重结果更要重过程。成人才能走得更远,飞得更高。大学的"真善美"便是成人的过程,学以成人是最好的状态。安徽师范大学的校训"厚德重教,博学笃行"也很好地体现了这一点。很多大学立足点和归属点都是一样,最核心的就是人文精神。张老师始终坚信:不忘初心,方得始终。

文脉相承薪火传,九秩芳华共展望

"安徽师范大学几经风雨而从未中断,一脉相承九十年,拥有悠久的治学历史和成熟的办学心态,文脉相承,薪火相传。"他谈道,师大具有学术贵族血统,这是用金钱买不来的,而是经多年的积淀而形成,是师大独有的。

恰逢安徽师范大学和文学院建立90周年之际,张教授也对母校和母院表

达了真诚祝福。“我相信，与师大一起成长的文学院，在未来的发展中能够成为师大发展的中流砥柱和强有力的支撑，希望文学院厚积而发，爆发出内在的生机，再创佳绩！愿母校早日建成一流的高水平大学，在新时代书写新的辉煌！”

张教授也对文学院的学生在读书方面提出建议。“读经典，精读书，让灵魂走得慢一点。”在现代化的信息阅读时代，新媒介、新平台等“工具”只是手段、方法，不能将碎片化的信息、不成体系的常识当作目的，“学而不思则罔”会失去敏锐的感性和直抵事物本质的能力。要回到经典的原点，停下来静静地聆听经典的声音，用经典的灵魂丈量我们行走的步伐，在经典与阐释的张力中领悟特有的矜持和悠长。只有将精神食粮内化于心、外化于行，如此，读书才不失其明伦、明理、懂礼的价值和意义。”

跨越三十余载的悠悠时光，张教授从未忘记筑梦起航的地方——安徽师范大学中文系。张宝明说，想在母校的柔波里做一条水草，他和所有的师大学子一样，永远渴望母校的怀抱。

校友简介：张宝明，1981级校友。河南大学教授、博士生导师。“新世纪百千万工程”国家级人选，哲学社会科学领军人才，河南大学党委副书记。主要从事20世纪中国文学与思想文化研究、20世纪中国诗学研究，以中国近现代文学与思想史研究见长。在《文学评论》《社会科学研究》《南京大学学报》等杂志发表论文30余篇，被《新华文摘》《中国社会科学文摘》等转载、摘登10多篇。出版学术专著6部。主编教材多部。获省部级项目3项、省社科优秀成果奖二等奖1项、三等奖1项。

2001年获国务院政府特殊津贴。2005年获国家社科基金项目1项。主持完成了国家哲学社会科学基金项目、教育部人文社会科学规划项目、河南省哲学社会科学规划项目等多项课题。

塔松下的师大岁月

——访1982级校友吴根友

黄晓珂　宁文静

一手书卷，两袖清风，三尺讲台，四季耕耘。高大挺拔的身形透着文人墨客的风骨，儒雅的举止彰显着睿智的学者气息。他，是二十年如一日潜心治学的研究者，一丝不苟做学问；他，是躬耕于讲台的无私园丁，培育一代代栋梁；他，是武汉大学教授、博士生导师、哲学学院院长，中国传统文化研究中心兼职研究员，中国哲学史学会常务理事……他的身份很多，但是，褪去这些光环，他还有一个难以忘怀的身份，就是安徽师范大学1982级校友——吴根友。

一、芳华岁月，初识犹如故人归

轰鸣的火车退回家乡，蒲公英的种子从远方飘回，聚成伞的模样，一场时光倒流，岁月的指针停留在三十六年前的赭山脚下，他与师大的故事从这里开始。“我在师大的四年，强健了身体是我极其重要的收获，就像鲁迅先生说的‘野蛮其体魄，文明其精神’，没有一副好身体，学问的道路是走不远的。”谈起对师大的初印象，吴根友最难忘的是男生宿舍前面的大操场，跑步、练单双杠，那里印刻了青春的时光。高大的塔松旁，是读书、诵读的好地方，他去食堂吃饭时，总会在路边橱窗前驻足，欣赏最喜欢的书法作品。绿水青山为邻，盈盈墨香为伍，初遇美景便被其打动，书香幽远的校园环境令他不胜欢喜。

不计辛勤一砚寒，桃熟流丹，种花容易树人难。在教育的路途上，吴教授尽职尽责，用心引导，被学生赞誉为“最亲民的专业课老师”。当回忆起自己在中文系求学的时光，与潘啸龙老师的师生情涌上心头。“潘啸龙老师是我印象最为深刻的老师之一，我多次在周末晚上与两三个同学一道到潘老师家里聊天，收获很多！”吴教授说道，印象最深刻的一次是在自习课上，潘啸龙老师和他开玩笑说：“我的外婆姓吴，五百年前我们可能是一家人。”就是这样朴实的话语，温暖了刚入校的他。课余潘老师会谈及班上一些学习好的同学的个性与特长，以及今后的发展空间，吴教授讲道：“现在回想起来，还基本上都应验了。”

厚谊常存魂梦里，深恩永志我心中，吴教授牢记师恩，也如同当年的老师们一般，践行着师大的优良传统，将教书育人的精神传承下去。不问桃李只润物无声，几经风雨载万千栋梁，这是他和恩师们不言的约定。

二、山高水阔，饮其流者怀其源

相逢只恨太匆匆，校内繁花几度红，大学四年时光匆匆掠去，吴教授于1986年在安徽师范大学获得文学学士学位。毕业后，他又迈上了新的征程，相继又在武汉大学学习，并获得文学硕士、哲学博士学位，后又到美国哈佛大学做访问学者。现担任武汉大学哲学学院教授、博士生导师，发表学术文章160余篇，并出版十余部著作。在纷繁的时代里，他一丝不苟地走在学术探究的道路上，孜孜不倦地培育着一代代英才。

文以载道，史以明智。回顾走来的一路，在中文系的学习为吴教授以后的学术研究打下了坚实的基础。"我认为师大对我最大的影响是重视基本经典作品的教学与研究，为我日后的研究做了很好的基本功训练。"他在大学期间培养了十分有规律、行之有效的长期阅读习惯，背诵了大量古代文学作品，领悟东方哲学思辨著作的慎思明辨；广泛阅读了现代西方的文学经典名著，撷取他们文字中闪烁的哲学光辉。他保持阅读的习惯一直至今，积蕴了深厚的文学功底和博大的人文情怀，融合了文学的理性与哲学的前瞻性，指引他前往哲学之路。悠久的历史，厚重的文化，不倦的教风，朴实的学风，无论是在大学讲台，还是学术殿堂，他都为自己曾是师大学子而骄傲和自豪。

"三十功名尘与土，八千里路云和月。"吴教授暂别学校，离开那方故土，离不开的是那份精神。"厚德、重教、博学、笃行"的师大精神深深镌刻在他的心间，久久不能忘怀。

三、言短意长，师大情谊驻心间

日月光华，历经风雨，安徽师范大学几经波折、几经变革。物换意犹在，不变的是游子对家的依恋，如同吴根友教授对母校的怀念与祝福。2018年是安徽师范大学建校90周年，也是安徽师范大学文学院建院90周年，与时俱进的知识的涵养与思想的激荡哺育了一代一代的师大学子，成就了历史和今天的母校文学院（中文系），形成了一种诚朴厚重的学术传统，影响一代又一代的师大人不断前行。

值此之际，吴教授对母校与母院90岁诞辰致以祝福的同时，也深情寄语莘莘学子，要把文学所具有的理想性特征坚持到底，落实到人生的实际生活中，做一个始终充满理想与想象力而又脚踏实地的人，让人生带有诗意。他希望文学院的学子们学会自觉主动地学习和持之以恒地钻研，提高自我精神境界与思想水平，同时保护好自己理想与想象的翅膀，既脚踏实地，又不被生活的琐碎与平庸所吞噬，并鼓励青年学子勤奋学习，砥砺前行。

永远对文学致以崇高的信仰，在纷繁的世间诗意地栖息是吴根友教授不变的追求。昔日学子已为名师，感染着一代代学子。那塔松下的悠悠诵读，道路橱窗前的驻足，一点一滴，盛载的都是他与师大的故事。文以载道，学以化人，这是师大情怀的延续。

校友简介：吴根友，1982级校友。现为武汉大学哲学学院教授、哲学学院院长。中国传统文化研究中心兼职研究员；国际儒学联合会理事，中国哲学史学会常务理事，中华孔子学会常务理事，湖北省哲学史学会长。出版学术著作12部，发表学术论文160余篇，主编《比较哲学与比较文化论丛》。曾为哈佛大学访问学者，先后出访过德国特立尔大学、慕尼黑大学等。

唯有爱与责任不可辜负

——访1982级校友余伯成

李子兰　何　涛

个子不算太高，鼻上架着一副眼镜，嘴角挂着和善的微笑，这是记者对他的第一印象。端庄厚重、谦卑涵容、事有归着、心存济物，他在岁月里沉淀，用心与真诚创造自己的诗书事业，用爱与责任书写他的人生故事，他就是安徽省优秀文化企业儒林书业集团董事长、安徽大学管理学院硕士生导师、安徽师范大学校董、合肥中华文化促进会副主席、安徽师范大学1982级校友余伯成。

一、创业者：紧跟时代，顺势而为敢担当

书生下海，得见浩大天地。余伯成先生辞去从事八年的教学岗位选择创业，“这是那个年代给予我的更大的社会责任，从读书到教书再到卖书，我与书结下了不解之缘，我想从自己喜爱而熟悉的领域做起，让图书真正‘走出去’，而恰恰是教书的经历让我更了解教育和时代需求，从而萌生了创立图书公司的念头。”当他回顾创立儒林图书有限公司的历程时，内心五味杂成，感慨颇多，他指出创业并没有想象的那么容易，在实践中不断摸爬滚打才实现“3年打基础，6年求发展”的目标。现如今大家所熟知的儒林集团已进入安徽民营文化企业100强，根植安徽，面向全国，荣誉的背后蕴含着的是24年的辛勤耕耘。从教辅材料的出版发行，到为全国的图书馆配套，再到现在的图书馆全流程服务提供商，儒林集团始终秉承着忠心、爱心、责任心，敬业与专业的理念，在创新中顺势而为，启发智慧，紧握时代脉搏，抓住文化教育发展机遇，开创了图书馆社会化的先河，不断调整战略转型升级，培养专业人才，进行校企合作，将文化与科技相融合，实现产品数智一体化，图书馆服务外包，使得图书出版这一传统行业在日新月异的时代仍然具有旺盛的生命力。“从产品到服务，从产业发展到文化传播，这是改革开放后文化大发展大繁荣的必经之路，也是我对于文化教育事业所能尽到的力所能及的责任”，余伯成先生动情地说。

二、爱心者：筑梦助学，倾情公益递温暖

心存济物，方知广袤人生。2004年安徽儒林图书有限责任公司在我校设立儒林助学金，这也是校友第一次在我校设立奖助学金。作为创始人，余伯成先生语重心长地说："资助好学上进的家庭经济困难学生，激励他们勤奋学习，积极进取，立志成才，报效国家是我设立助学金的初衷，虽然资助的钱不多，但也算是我的一片心意，希望受助的学生能够深刻感受到社会责任，将爱心传递下去，积极参加各种社会公益活动，尽自己的所能帮助别人，回馈社会。"他与儒林助学金受助学生开展座谈会，受助者表示，助学金不仅给予了他们物质上的帮助，而且在精神上也给予了他们莫大的鼓舞。据了解，儒林图书集团其后在陕西师范大学、重庆教育学院、安徽大学、湖北大学、黄山学院等多所高校设立了"儒林奖助学金"，计划在全国100所大学建立"儒林奖学金"示范学校，让儒林的爱心种子播撒四方。

余伯成先生在采访中对记者说，设立助学金不仅仅想激励贫困学子，也想起到教育员工、感化子女的作用。他指出，公益事业是其企业发展的组成部分，他想让这份爱得以传承，让更多的人担负社会责任，贡献青春力量。他曾经亲身带着女儿到安徽省贫困县金寨县了解地区现状，激励她忆苦思甜，珍惜当下，心存善念，传播正能量。

三、长厚者：寄语传情，可亲可敬诉衷肠

感恩母校，始识乾坤万景。"我们那时候考上大学是一件很不容易的事情，也是因为考上大学，才能有机会从农村走向城市，我记得大学的第一堂课是文学作品选，老师无需教材娓娓道来，我们当时很震撼。对！唯有震撼才能表达我当时的感受。"余伯成先生说，"现在很多恩师都离世或退休了，但也有更多优秀老师涌现出来。"他回顾自己大学生活时，深情地向我们诉怀安徽师范大学，特别是文学院，历史悠久，底蕴深厚，师资力量雄厚，字里行间无不表达了他对母校、对恩师及同学的思念之情。在母校90周年校庆来临之际，他期望母校能在广大师生共同努力下发展得更好更快，延续优秀传统，开创美好未来。同时，他也殷切希望，同学们能够珍惜大学时光，多锻炼自我，坦坦荡荡做人，踏踏实实做事，时刻不忘学生身份，多读书，读好书，从而开阔眼界，成长成才，实现价值，奉献社会。

“做自己熟悉的事，做自己喜欢的事，做自己力所能及的事。”余伯成先生不止一次提及这句话，这是他一以贯之的出发点，也是对后来者的期盼。因为心中有爱，所以不辜负漫长岁月，因为心中有责任，所以不辜负迢迢人生，他就是余伯成，爱在左，责任在右，在生命道路的两旁，随时撒种，随时开花，花开满了他的世界，也点缀着别人的路途。

校友简介：余伯成，1982级校友。安徽省优秀文化企业儒林书业集团总裁，安徽省儒林图书有限责任公司、安徽儒林图书馆咨询服务有限责任公司董事长。曾在安徽师范大学文学院捐资设立“儒林助学金”。

聪识恰闻，操翰成章

——访1982级校友赵焰

陆 欣 宁文静

他，是当代皖籍作家，用文字书写徽州风韵；他，是高级编辑，在媒体界也能看见他的身影；他，是中国作家协会会员、安徽省作家协会副主席，安徽大学、安徽师范大学兼职教授。他——安徽师范大学1982级学生赵焰，将新闻工作做到最好，也让写作变成另一种实现人生价值的方式。

转眼，毕业那年已在记忆中泛黄，但那份母校情怀却铭刻于心。多年之后，穿越时空的隧道，我们走进那段属于他的青春记忆，体会他的人生感悟。

一、饮其流者怀其源，心系师大念吾师

"安徽师范大学有一点非常好，就是非常的扎实、非常的低调，做学问非常扎实，做人非常低调，兢兢业业，他们总是默默地做了很多事，我觉得这一点对我的影响还是很深。"阔别师大三十一年后，赵焰回忆道。兢兢求学四载，目睹了许多老师做人、做学问的精神，在中文系，有意识地读书、练笔，刻苦学好自己的本领，演练自己的写作功力，师大深厚踏实的文化底蕴深深影响着赵焰，也为后来的写作奠定了基础。

时间会带走斑斑回忆，多年以后，学时的助教却清晰地留在赵焰的脑海里。"学习古代汉语的时候，我们有个助教，个子不高，却非常的敬业和聪明，当时就觉得他人很好，后来这个助教成为当代非常有名的一位研究古典文化的杰出学者——朱良志教授，现在是北京大学教授。"

同学的情谊，至纯至真，似玉壶冰心，似银色月光，让人不时牵挂起熟悉的人物，怀念着既往的记忆。在赵焰芜湖的新书签售会上，安徽师范大学统战部部长王如意、安徽师范大学文学院党委书记余大芹前往助阵，三位同班同学再次相聚。回忆起同学聚会时的情景，有一次在聚会时，同学们问他（赵焰）在这么短的时间内写那么多高质量的书，是怎么做到的？他就说道："我只是用别人打牌、喝酒、干坏事的时间用来写作了。"

这样一段陶冶，这样一种热爱，这样一份坚持，这样一段情谊，在三十余年的写作道路上或多或少成为灯塔的光亮，在他前行的路上洒下点点星光。

二、绿水青山知有君，白云明月偏相识

大学四年的生活总是美好而又短暂的，但在结束的同时总会意味着生生不息的希望，迎接人生的另一段征程。从1986年毕业一直到今天，赵焰在书海寻求精神寄托，用笔触记录思想闪光，已完成二三十本文学创作。谈到如此，他总是笑着说“算是对自己大学四年的一种告慰吧”。

在20世纪80年代，那时工作还是包分配的，赵焰回到了自己生长的县城。虽说在大学时代也偶尔写过一些诗歌，只不过是作为学习之余的练练笔，亦借此表达自己的些许情感罢了，并未有任何关于“诗人”或“作家”的打算。

所以，回想一路的创作经历，赵焰真正开始走上写作之路还是大学毕业之后的事。起初因为工作的关系，赵焰在一些党政机关单位从事文字工作，也在报社写过一些新闻作品，可是写过一段时间之后，他觉得还是文学性质的东西更具有挑战性。于是，一颗爱写作的种子在心里种下，在工作之余，赵焰逐渐把自己的精力和学习的方向放在文学创作。

“没什么惊天动地的，也没有特别出光彩。”谈及处女作，赵焰只是谦逊笑笑。在时光中细数一路经历，哪里是靠一时的发光发彩，不过源于自身的坚持与努力，不过是一个爱好写作乐于创作的人扎扎实实地走好自己的每一步，通过自己的文字传递声音，展现徽州文化，让自己的喜爱变成一件有价值的事。

三、白驹过隙流光逝，如日方升积羽舟

从1928年至2018年，安徽师范大学即将迎来90周年校庆；从1982年1986年，赵焰在这所校园里度过四年的青葱岁月。他们在时光流水中成了彼此的记忆，在岁月更迭中见证了对方的成长，一点一滴都会被人们铭记，都会被记忆镌刻。

“文以载道，学以化人。”安徽师范大学文学院的院训在赵焰身上体现得淋漓尽致，赵焰也以丰富的文化素养、深厚的文学功底成为后学们敬仰和学习的对象。“我觉得不管是现在的青年大学生也好，还是整个社会也好，都需要静下心来读点书。”对于赵焰而言，读书的过程就是一个不断寻找宝物、寻找自己的过程。

人们常说,“书中自有黄金屋。”书会教给人很多东西,它会有很多现实生活报道中不具备的东西,只有书中才藏有宝物,只是需要我们自己用心去发现。谈及“读万卷书,行万里路”这句民间俗语,赵焰表明能兼顾是最好不过的,如果不能兼顾的话,其实书中也有万里路。

时光总是在人们不经意间来去匆匆,也在人们身上逐渐烙下印记。当年青涩的追梦少年如今已成为当代知名作家、学者,已经开创属于自己的精彩人生。回顾大学时光,赵焰总是难忘师生情谊,感怀同学相伴,感恩母校培育。我们期待赵焰作家创作出更多更好的文学佳品,也欢迎安徽师范大学校友赵焰同学常回家看看!

校友简介:赵焰,1982级校友。中国作协会员,安徽省作家协会副主席,安徽大学、安徽师范大学兼职教授。其创作形式多样,出版有长篇小说《异瞳》《无常》,中短篇小说集《与眼镜蛇同行》,历史传记《晚清三部曲》《晚清之后是民国》,文化散文《思想徽州》《行走新安江》《千年徽州梦》《在淮河边上讲中国历史》,电影随笔《巴黎的忧伤》《蝶影抄》,散文《野狐禅》等30多部。以文笔畅达、思想通透见长,作品在全国有较大影响,深受读者喜爱。

我的文学梦

——访1982级校友黄开发

刘建柱

在充满理想主义的20世纪80年代，他青春年少，胸怀激情，憧憬未来。在师大，他有着远大理想，与怀着同样文学梦想的青年一道，始终坚持，点亮青春。他如水如茶，平淡存真，始终随心而动，以个人的努力，实现自己的文学梦。

2018年6月9日，天空下着微雨，在文学院90周年院庆这个特殊的日子里，黄老师再次回到母校，用自己独特的方式庆祝文学院90诞辰。下午二时，我们准时来到采访地点，趁着光线明亮，先拍了照片。初见黄老师，可以细微感觉到他是一个温和的文人，他身上特有的书生意气的文人气质，离不开“文以载道，学以化人”精神的滋养，在交谈两句之后，便印证了这个判断。

一、当时年少文学梦

在皖西读高中的时候，黄开发就对文学产生了浓厚的兴趣。“1980年前后的新时期文学有很多著名的文学作品，在社会上产生了广泛而热烈的反响。读当时流行的刘心武、王蒙的作品，他从中看到与自己所在的农村很不一样的生活，一种有尊严的、令人神往的生活。”当时农村生活很落后，不平等的现象时常发生，他想通过学习文学，从事文学创作，来反映农民生活的疾苦，追求那种更理想的生活。

家庭子女众多，很贫困，父母负担沉重，加上自身的基础知识薄弱，这给求学时期的黄开发带来了很大的压力。重压之下，他仍然坚定地怀抱着文学梦。经历了两次高考失利，在1981年9月，他重回学校插班复习。

1982年，他在学业上取得很大进步，考过了重点分数线。“在填报志愿时，我没有选择家人所希望的与政治、经济相关的专业，在重点和普通两栏十所大学的十个志愿中，我填了九个中文专业，一个文艺编辑专业。”他想成为一个作家，用手中的笔为人们做一点有益的事情。

“当时考上中文系的很多同学和自己情况相同，那时分数要特别高才能上中文系，我们都似乎相信文学可以超越具体的专业领域，广泛地介入社会人生，可以为自己施展才华提供开阔的道路。这是一代文化青年的英雄梦。”黄开发介绍道。

自然，文学对于黄开发来说，也是如此。他坦言，在乡下的时候，自己误把文学作品中书写的理想生活等同于城市生活了。对他来说，文学既是自己走进城市生活的道路，也是人生终极理想之所在。文学像是人生的灯塔，始终在指引着自己人生的方向。多年后，他在一篇题为《文学梦》的散文中说：“我当然已不再做文学梦，我的文学梦究其本质来说是一个乡下少年的英雄梦，但我相信文学是一个于人生切实有益的工作。”

二、走向更广阔的天地

在黄开发看来，安徽师范大学是一个让他走向更远地方的驿站，给了他进一步前行的储备和锤炼。他说：“当时，师大是第一批次录取，安大是第二批次，师大位居全省前列，这里有很多好的老师，有一群热爱文学的同学，出身农村的我们都非常努力。”

在改革开放初期的20世纪80年代，也正好是黄开发的大学时代。谈起大学时光，他颇有感触，“我的大学生活是黯淡的，贫困多病，敏感孤寂。大三那年得了胸膜炎，对我有着极大的影响，但始终没有放弃，相信艰难困苦玉汝于成。当时有人觉得，只要考上大学，就成为让人羡慕的‘国家干部’，可以吃‘商品粮’了，但我还是有个更高远的目标。”

他选择继续去上研究生。“当时的分配情况不是很理想，有指令性计划。我毕业那年，霍邱县有两个毕业回霍邱的指标，如果不读研，就要回到霍邱。而我向往着陌生的远方。”他说。

1986年，师大中文系有26人考研成功，6人去了北京，在当时华东地区中文系中成功考研人数最多。他说，“这是学校历史上的第一次，我们的考研成绩对后期的学弟学妹们也起到了一定的鼓舞作用。”

三、八十年代我们有理想

谈及师大对他的影响，黄开发说，他觉得最大的影响就是为他的文学梦打下了较为坚实的基础，进一步塑形。国家从十年“文革”走出，再到改革开放，巨大的变化给年轻人带来了希望和机会。“我想，一个乡下的孩子，能考上大学，这本身就是一个时代进步的体现。我们从国家的进步中，感受到一种前进的动力，把自己的理想和国家的理想结合起来。理想主义是我们这一代人的精神底色。”

20世纪80年代是一个富有理想主义精神的时代，回忆起那个年代成长起来的师大人，黄开发最大的感触是，他们都带有理想主义的气质。“就我个人来说，虽然驽钝，然而靠着这种理想主义的指引，一步步地前行。”

那个时代的师大，有一群和黄开发同样来自农村，同样怀着文学梦想的年轻人。他们共同地学习与生活，善良朴实，吃苦耐劳，对理想有着渴望与向往。他一边回忆一边说，“我的朋友圈绝大多数也是从农村来的，像现在武汉大学哲学学院的吴根友教授，是我最好的同学，那时候的我们有着很多相同的地方。”

在谈到对师大学子的印象时，他说，“师大的学生多从农村、小城镇过来，能吃苦耐劳，有一种改变自己命运的内驱力。2016年，在国家杰出青年科学基金获得者本科毕业院校的排名中，安徽师范大学和北京师范大学、复旦大学等名牌大学并列第七名。这是很不简单的，我想与师大学生的勤奋刻苦是分不开的。不过也有一些缺点。比如，胸襟不够开阔，我自己就是这么过来的。现在，社会的发展给你们提供了新的机会，但在有些方面也造成了很大的难度，比如说就业。关键是要选择好人生的目标，并锲而不舍地为之奋斗。师大已经为你们提供了一个良好的平台。”

四、我更愿意跟随内心而动

“我把文学研究看作一种生活方式，是言志的，更愿意根据自己内心的要求去努力，而不是去迎合一个外在的功利的目标。我想这也是当初钟情于文学的初衷。”

在谈及自己的性格时，黄开发说，自己的性格偏于内向。成年以后，特别是到了相对包容的北京以后，通常都是在做自己感兴趣的事情，虽然内心深处始终不像别人以为的那样平淡，但肯定不属于躁进的那一类人。

值此文学院90周年诞辰之际，黄老师寄语母校青年学子，写下了一段话：“《庄子·秋水》中云，秋雨时至，百川灌河，河面变宽，两岸之间不辨牛马。此时，河神欣欣然，以为天下之美尽在于己。他兴高采烈地顺流而下，来到海边，看见了浩瀚的大海，于是望洋兴叹，自惭形秽。海神告诉他，比大海更宽阔的还有天，还有地。到海边去！”

校友简介：黄开发，1982级校友。现为北京师范大学文学院教授、博士生导师。主要从事现代汉语之散文、中国现代文学思潮、周作人研究。出版《人在旅途——周作人的思想和文体》《文学之用——从启蒙到革命》《周作人的精神肖像》《周作人研究历史与现状》《周作人研究九十年》《中国现代文学初版本图鉴》等专著多部，另有散文集《边走边看》《走出习惯的空间》《从消逝的村庄走来》等。

片“言”只“语”，以冰心入音韵

——访1982级校友赵日新

李润琦

翻山越岭，一心向学，困苦条件磨砺坚毅品性；弃理从文，勤以补拙，十年一日潜心语言殿堂。去伪存真，他将调研落实，现访绩溪、潼南，所到之地满载而归。成就斐然之时，在《中国语文》《方言》《语言教学与研究》等期刊发表学术论文40余篇，出版专著、合著7部，他直言自己“天分一般”，未有一丝自傲之态；多重身份加持，教授、博士生导师、语言科学院院长、中国语言学会常务理事，他虽担忧但仍直面挑战，“首先要做德才兼备的好人”是他的自我规范。六月里阴雨绵绵不绝，采访分队到达，面容亲切的赵日新老师笑吟吟地打开下榻处的房门，“是我的荣幸”，语气之轻快，未沾染分毫窗外的沉闷。时值安徽师范大学90周年校庆，文学院90周年院庆，他有着满腹的怀恋与祝福准备讲给我们听。

一、立德：求知求学，寻根溯源

“师大的学风很好，这是我一直引以为傲的地方。”谈起在母校学习的时光，赵老师回忆道，“大家学起来都很用功，学习氛围非常好。那时候考研有专用的教室，专门给考研的学生复习用，通宵都不会熄灯。”学习条件尚且完备时，生活上的艰难仅成了探求知识道路上的小插曲。每日下了课，一人一个茶缸，一把勺子，没有自行车便一同步行去食堂，再步行回来。有时候一群人站成一排，津津有味地观看操场上的同学踢球。“真的是一个很有意思的现象”，赵老师笑着说。

不仅同学间关系融洽，恩师的言传身教也给赵老师带去了不小的影响。“教‘语言学概论’的胡治农老师，教‘古代汉语’的鲍善淳老师，教唐宋文学的余恕诚老师、刘学锴老师、梅运生老师……都是非常棒的老师。”赵老师感叹，“朱彤老师讲《红楼梦》，赵庆元老师讲《水浒传》，李顿老师讲戏曲。我的笔记记得很好，都是满满一本，考试之前还会被其他同学借去传看。”最令他印象深刻的是，以前本来对戏曲没有任何了解，但李顿老师授的课让他知道了戏剧是怎么回事。彼时李顿老师专门邀请阿庆嫂的扮演者到芜湖给学生们做现场表演，“教学效果非常好”。赵老师同时谈道，“那时候也有一些讲座，虽然不多，但是档次和质量都很高。”在安徽开方言学会时，朱德熙老师讲过语法，刑福义老师讲过复句。良好的学术氛围和严谨的学习风气培育出脚踏实地、精益求精的求真品质，这种宝贵品质让赵老师的学术之路越走越宽。

二、立功：教学相长，玉壶冰心

“教学和科研一点也不矛盾，是互相促进的关系。”被问到如何处理教学与科研之间的关系时，赵老师毫不犹豫地答道。“我刚毕业到北京语言大学的时候，那时候上的课比较多，上课的过程当中，有时候就会灵光一现。”在跟学生互动的过程中，也会突然触动他的神经，“想到了某个问题、某件事，接着就会沿着这些问题进一步深入思考”。教学之中的妙手偶得，给赵老师的科研带来很大帮助，同时其科研上的成果也被反馈到教学中去。“比如我给本科生上课、给硕士生上课、给博士生上课的方案都是不一样的。给本科生上课可能首先需要把知识体系讲好，给硕士和博士呢，就可能会有一些思考性的东西、研究性的东西。”教学与科研的关系，在赵老师眼中是“互相促进，教学相长”。

大学二年级时听了“语言学概论”的课程，同时又对徽州方言感兴趣的赵老师，那时下定决心走上语言研究的道路。他直言自己“天分很一般”。满腔热血和足履实地调研令他成就了多部作品，收获了多重荣誉。然而面对这些，赵老师以自己两次失败的高考经历为引，直言要“沉得住气”。他回忆，“我按照我自己的节奏，比如说我什么时间要把哪一本书看完，不要着急，到后来成绩慢慢就上去了。”赵老师说，“如果我一个周末没有好好学习，就会产生一种负罪感，一种羞愧感，觉得时间白白地浪费掉了。一直到上研究生的时候，我都有这样的感觉，觉得很对不起自己的父母。”不矜不伐，不骄不躁，著述等身仍未忘反躬自省，是他的一片冰心。

三、立言：著书立说，薪火相传

“现在的学生，不论天分多好，首要是勤奋，其次是积累。”赵老师勉励大家，“就像一条隧道，你在这个过程当中会遇到一个瓶颈阶段。”这个时候没有自己的成就，只能吸收他人所长，“任何一个人做学问可能都会有一段黑暗期，只要闯出去，就会见到另一番天地。”赵老师加重了语气肯定道。“本科阶段跟高中相比，一个很重要的变化就是自学。自己怎样安排自己的学习计划尤其需要重视。”念及求学岁月，他慨叹那时候起点差不多的同班同学，最后离校时，水平可能已有云泥之别。“区别在什么地方？”老师直言，“课下的功夫，才更重要。”

而学习的另一重要素质，赵老师认为是思考。“从本科阶段来说，可能主要还是吸收，但在此基础上应该有自己的想法。”他分享道，“我以前有一个习惯，晚上睡觉之前，躺下后会把一天做了什么事情、老师今天讲了些什么内容，粗略地回忆一下。我觉得这是加深记忆的一个很好的办法。”

谈到现在一些小学生主抓英语但中文滑坡的现象，甚至中文系的有些硕士生、博士生论文还存在语句不通、出现错别字的现象，赵老师提高了音量，“我觉得作为中文系的学生，这个是不应该的。学好中文是做好其他工作的基础。”赵老师说，“夯实基础，练好基本功，就业虽难，工作也不必过分担忧。”他直言，“好好充实自己，非常必要”。

再回母校，赵老师难掩激动，“母校变化很大，建新校区是一个很好的决策。物质基础提升，办学空间扩大，机动灵活性也增强了。”毕业近三十年，他立于一方三尺讲台诲人不倦，也奔走村落古巷之间率先垂范。满腹经纶但未恃才傲物，成就斐然却仍不露圭角，言语间唯有“教学”“科研”。他是为母校献上“越办越好”真诚祝福的学生，也是经常带学生去农村、乡镇实习，每天和学生一起记音调查、待生如友的老师。从学子到学者，十年树木，百年树人。而一个学院、一所学府的学科建设与学风营造，唯在此砥砺奋进的一脉相承当中。

校友简介：赵日新，1982级校友。现为北京语言大学教授，汉语言文字学专业汉语方言学方向博士生导师，北京语言大学语言科学院院长。中国语言学会常务理事，全国汉语方言学会学术委员会委员，2007年入选教育部“新世纪优秀人才支持计划”，2009年入选“新世纪百千万人才工程”国家级人选，2013年享受国务院政府特殊津贴，2017年入选中宣部文化名家暨“四个一批”人才，国家“万人计划”哲学社会科学领军人才。曾任《语言教学与研究》副主编、清华大学教授。

在《中国语文》《方言》《语言教学与研究》等期刊发表学术论文40余篇，已出版专著、合著9部，主持“徽语研究”“安徽方言研究丛书”项目，参与“新编中国语言地图集”“中国方言文化典藏”“语言文化调查”“濒危汉语方言调查”等重大课题，研究成果曾获得国家图书奖荣誉奖、国家辞书奖一等奖、北京市哲学社会科学优秀成果一等奖等殊荣。

求好是无止境的

——访1982级校友邓小军

赵　瑜

他是一名潜心治学的研究者，勤勤恳恳地做着学问；他是一名快乐幸福的教书匠，在三尺讲台默默耕耘；他是一名不忘母校的优秀学子，时常应邀回母校进行讲学。他在研究者与教学者的角色转变中孜孜求索，矢志不渝。

“厚德、重教、博学、笃行”是安徽师范大学学子身上永远不变的气质。跨越三十载的悠悠时光，从求学之路走向科教之路，这一路，他走得坚定而踏实。尽管如今远在他乡教书育人，但那不变的师大气质与文人风骨，依旧在他身上尽显，他是邓小军，一名不忘初心、永葆赤诚的师大人。

一、名师指路，筑梦起航在师大

自古师大出大师，对于师大，邓小军记忆最深刻的地方，就是师大的老师们。对于当年的授课老师，无论是宛敏灏先生、刘学锴先生，还是余恕诚先生，他都如数家珍，记忆犹新。

“我从心底里非常热爱师大”，说起关于师大的往事，邓小军字里行间满是深情。在师大的学习与研究生涯，为他以后的学术发展奠定了坚实的基础。然而当年，他却差点与师大失之交臂。“如果当年没有宛老（宛敏灏先生）、刘老师（刘学锴先生）、余老师（余恕诚先生）的亲切关怀，师大不能破例录取我读研究生，就没有我这35年来的学术生涯。”对于恩师，邓小军打心眼里表示感激与怀念。“1982年，我从西南师范学院中文系毕业，师大破例录取了我这个外语不及格的研究生，1985年真心希望我留校工作，我皆永远感念不忘。”

师大的老师们除了学术上具有极高的造诣，也具备极高的人格感召力。在邓小军眼里，宛老大家风度，慈爱宽容。宛老是词学大家，在日常学习中，每当邓小军作有诗词，便呈宛老审阅，宛老常说：“求好是无止境的。”这句话，邓小军铭记多年，直至今日也常在课堂上讲给自己的学生听。

除了宛敏灏先生，刘先生、余先生两位恩师也深深地留在了邓小军的心中。因为阅读书籍众多，邓小军历次的读书笔记，有几十万字，两位老师每次都写出详细的批阅意见，同时对于学生的优秀论文他们也积极推荐发表，《刘禹锡〈竹枝词〉、〈踏歌词〉研究》便是邓小军发表在期刊上的第一篇论文。在此后的时间里，两位老师曾多次推荐发表他的文章。

两位恩师对学生要求严格，自身治学也刻苦勤奋。"在师大就读期间，我帮刘老师、余老师把他们合著的《李商隐诗歌集解》手稿搬运到学校外面的邮局，寄到北京中华书局。那批手稿体积很大，很沉重，皆工楷书写，一丝不苟。"老师的言传身教让刻苦读书、谨严治学的种子埋在了邓小军的心里。

学从名师，邓小军不仅在学习、视野和方法上深深受益，更受到了人格的浸润。他认为，自己在师大的学习生活，深受老师们的精神影响，直到现在他也一直以这些高尚品格要求自己，作为自己的行为准则。

二、学之缘起，用书香浸润心灵

师傅领进门，修行在个人。在刘学锴和余恕诚两位老师的影响下，邓小军将毕业论文的研究方向选定为唐诗，从此开始了与唐诗研究的不解之缘。

作为中文系学子，多读书是必不可少的。在老师们的影响下，邓小军遨游书海，潜心治学，除了求知若渴的心理，这还得益于师大丰富的图书资源。在这里，他借阅书籍，汲取知识，每三两天，就要到图书馆、中文系资料室去换书借阅。"感谢图书馆、中文系资料室的老师，他（她）们从来没有过不耐烦。" 循名而责实，学向勤中得，这是邓小军作为中文人的真实写照。

在芜湖读研究生期间，他在图书馆抄读了熊十力1944年版的《新唯识论》；逐字通读了《十三经注疏》中的《易》《书》《诗》《礼记》《左传》《论语》《孝经》《尔雅》《孟子》九经注疏，包括经、传、注、疏；同时还通读了《史记》……在师大读《十三经注疏》《史记》这些经典著作，邓小军花费了一年多的光阴，而这也是他提前一年多时间完成毕业论文之后的最重要收获。

"在师大期间，我读书很杂，也很多，往往是出自兴趣。"其中有一本贝弗里奇的《科学研究的艺术》，令他印象深刻，格外喜爱。在邓小军看来，书中所述自然科学发现的经验，和中国文史研究中发现的经验，是相通的。因而在课堂上给学生开的参考书目，他多次推荐这本书，希望学生能够了解科学研究与文史研究的共同点，发掘读书的乐趣，注意发现的萌芽。

对于读书做学问，邓小军认为，中国古代文学专业研究生在现行体制下，只有硕士生阶段，可有一两年非功利的纯粹读书，即真正打基础读书的时间；博士生阶段，以后工作阶段，几乎不可能有这种纯粹读书时间，都是为写论文、为课题而"读书"，并非真正的为求知、求学而读书。"论文、课题，往往不一定是出自读书深造有得，不是出自研究发现的自然的涌现。"

胸怀文墨虚若谷，腹有诗书气自华。邓小军认为，一个人一辈子治学能走多远、多广、多高，取决于早期非功利的、纯粹的、真正打基础的读书，以及由此而来的涵养、学养。不忘初心，坚守信仰，潜心治学，静心思教，这是邓小军的信仰与坚守。

三、风华正茂，难忘的江城记忆

每个人的青春都是一首歌，有的人选择用简单宁静的曲调吟唱温柔时光；有的人却用慷慨激昂的旋律，谱写风华正茂的青葱岁月。

1982年的秋天，邓小军带着对研究生新生活的向往，一个人踏上了从重庆到芜湖的求学之路，"从重庆乘船到芜湖上学，走了近一个星期，天天站在甲板上看长江，一路看到芜湖港。"1983年年初第一个寒假，他从芜湖乘船到万县港，上水船走了十三天。乘船上学，乘船回家。在上学回家的路上，他深情吟诵李白的《上三峡》；他与抗战老兵聊天攀谈，了解三峡与抗日战争的渊源……一路风景一路歌，邓小军在风景中遇见不同的人与事，学习领悟，一路成长，他将青春之歌演奏得更加激昂动人。

"四海之内，皆兄弟也。"邓小军住的寝室，先后同宿舍的是易平、张南。大学的日子里，他们如同兄弟般和谐共处，相互学习。"易平君学先秦文学，和我同宿舍不久，就毕业了。张南君学中国中古史，和我同宿舍时间长。与他们交流切磋，对我都很有益。"谈到宿舍生活时，当时的许多小细节邓小军还记忆犹新。室友张南的导师万绳楠教授，是20世纪40年代后期清华大学陈寅恪先生的研究生，而万绳楠先生所记录整理的《陈寅恪魏晋南北朝史讲演录》，正是邓小军非常喜爱阅读的一本书。

对于江城芜湖与师大的记忆，邓小军记得格外清晰，食堂里皖南风味的菜，芜湖街上的酒酿米粉，江城鱼市的鱼……这都给他留下了深刻的印象。"食堂皖南风味的菜是我最喜欢吃的，夜里芜湖街上卖的酒酿米粉，真香甜。"江城的美食令邓小军流连忘返，和友人们一起常去看电影的时光也让他时常想起。

"那时芜湖有很多家电影院，记得与学古代文论的同学胡晓明君一道去中山路附近的一家电影院，看过西方片《音乐之声》，音响效果特别好，《苔丝》大概也是在那里看的，也到很远的郊区电影院去看过泰国片《翠彩》。”在那个没有手机和网络的年代，稀少的娱乐活动例如上街、到电影院看电影，应该是读书学习之余最轻松快乐的事了。

提起与江城芜湖的情缘，邓小军满心怀念：“每天晚饭后，会到镜湖边散步，绕湖一周。镜湖波光潋滟，堤柳如烟，令人心怡，难以忘怀。赭山，长江，如诗如画，也都去过。”

四、感恩思怀，桃李情深报春晖

作为一名教师，邓小军和蔼谦逊、平易近人；作为一名校友，他心怀师大、饮水思源。他是一个懂得感恩的人。他说，在安徽师范大学学习期间，师大的老师们对他帮助很大，他永远都不会忘记老师们的帮助。对于当年的恩师，邓小军最常提到的词语就是感谢。

1985年从师大毕业，从2001年起，邓小军长期担任安徽师范大学中国诗学研究中心学术委员会委员，多次到芜湖出席学术会议、研究生答辩。2016年他应聘诗学研究中心特聘教授，并以中心特聘教授名义发表数篇论文，同时也在师大讲课多次，敬文讲坛、学海导航、赭麓诗学论坛……这里都留下了邓小军为师大学子讲学的足迹。

宛敏灏、刘学锴、余恕诚三位老师对古诗词的热爱和研究，深深地影响着邓小军的学术研究生涯。因为他扎实的史料功夫和严谨的论述，以及对诗词研究的潜心耕耘，在毕业三十年的时光里，邓小军已出版《唐代文学的文化精神》《诗史释证》《古诗考释》《古宫词一百二十首集唐笺证》等数种著作，发表论文100余篇，其中多篇发表在《光明日报》《文学遗产》《中国文化》等权威期刊上。邓小军学术研究的主要成绩，是对陶渊明、李白、杜甫的研究。

时光荏苒，如今邓小军在首都师范大学任教，作为研究者，他踏踏实实做学问；作为教师，他认认真真教学。“落其实者思其树，饮其流者怀其源。”在日常生活中，邓小军不忘当年恩师的教诲，以勤奋踏实的态度对待自己的教学与研究，而这也是他深受学生们爱戴的原因。“邓老师是我遇到对我影响最大的老师，听他讲课有如坐春风的感觉。他学识渊博而且非常有大儒风范，能遇先生实为人生之幸。”这是学生们听过他的课后对他的评价，而他也多次获得“首都师大中文系最受学生欢迎的十佳教师”“首都师范大学红烛礼赞——教书育人优秀教师”等荣誉称号。

一个人的一生会有很多种可能，但谁都不能全部实现，因而集中一生精力去做自己热爱的事业便是幸福，而教学与做学问正是邓小军热爱的事业，追寻的幸福。

博学而笃行，切问而近思。承载着厚重历史积淀的安徽师范大学，不仅孕育着科学和文明，更洋溢着厚重的人文气息，正如邓小军对师大学子的寄语，“去年我在师大讲学多次，从现场反应和互动来看，我感觉文学院本科同学专业素质很高，很聪明，前途无量。借用宛老的话来说，求好是无止境的，借用钱仲联先生的话来说，无自限也。”

校友简介：邓小军，1982级校友。1982年西南师范大学文学学士，1985年安徽师范大学文学硕士，1990年陕西师范大学文学博士。1990至1997年，为四川师范大学中文系副教授、教授。1997年以来为首都师范大学文学院教授、中国古代文学博士生导师。长期从事魏晋南北朝隋唐五代文学研究与教学。

2001年安徽师范大学中国诗学研究中心学术委员会委员、特聘教授，2003—2004年香港浸会大学访问学者，2012年国家图书馆文津讲坛特聘教授。

细数芳华事，仍念师大情

——访1983级校友彭国忠

徐炜红　刘毅阳

问：您当年是如何来到安徽师范大学学习的？都有哪些老师给您留下了深刻的印象？

答：我是1983年考进安徽师范大学的，在那个年代大家都是看重创作的，那时候的各种文学社、诗社、电影学社等社团特别多，我最早也想走创作这条路，主要写小说和散文。大二时，十分有幸的是余恕诚老师给我们上课，他讲课有一种特别的魅力，并且具有轰动性，不仅是中文系，连外系的学生也会来听余老师的课。刘学锴老师给我们上的则是唐宋文学，他整个上课的内容、方法和思路都完全打动了我们。从他们给我们上课以后，我便放弃了创作这个想法，并且决定考研。于是我用大三下学期后的那个暑假的时间来复习相关的课程，课堂上认真地听课，课后就跟着余老师做广泛的练习。我清晰地记得，第一次接触《全唐诗》就是从余老师这开始的，我通过读书对初唐诗人王绩产生了兴趣。在当时，他的诗歌比较好找，而由于当时五卷本的《王无功诗文集》还没有发现，学术界缺少一个完整的王绩诗文集整理本，我便向余老师求助，余老师从中文系资料室里把线装的《全唐诗》中王绩的部分借出来给我读。作为一个在读的学生，余老师的帮助和关心，给我的心灵触动极大。后来，等到选择毕业论文的论题方向时，就选择了王绩研究。

除了余老师之外，还有一批老师也给了我极大的帮助：像给我们上先秦文学的袁传璋老师，他是专门研究《楚辞》和《史记》的；讲元明清文学的朱彤老师给我们上《红楼梦》，朱老师那真的是一流的学者；朱彤老师的助手赵庆元老师，后来成为文学院院长、图书馆馆长。还有朱良志老师，给我们上文化学的选修课。我非常荣幸、非常幸运地遇到这样一批好老师。

还记得入学第一节课，就是陈文忠老师给我们上的《文学概论》，陈老师课讲得好，板书很漂亮，那时感觉陈老师在讲台上无论是语言还是动作，简直就是美的化身。后来博士毕业几年之后，我和陈老师聊天时还谈到这些事情。在师大的学习生活，回忆起来依旧觉得很美好。

我入学时，好像祖保泉先生担任系主任，都知道他是《文心雕龙》研究专家。记得在新生入学会上，祖先生在台上动员我们要认真读书，深入思考，且不可认为进入大学就不用再苦读了。他说，想要读研究生的同学，更要下功夫读书，不把任何一个汉字的来龙去脉了解清楚，不掌握文字的意义，别想读研。这对我们是很高的要求，为我们树立了一个高标，让你知道人生不同阶段要有不同的追求。

大四上学期，面临着考研的艰巨攻坚战，像现在一样，当时也有考研试卷集之类的书，就是把各校历年考研的试卷，分专业集中在一起，作为考试的参考，但是不多，且属于地下印刷，不容易得到。我从同学那里得知南京师范大学古籍所有这样的书，又得知古籍所的负责人是我们图书馆馆长孙文光老师的同学，而余恕诚老师和孙文光老师是同学关系。我就找到余老师，介绍我认识了孙馆长，又请孙馆长写了一封介绍信，与同宿舍的一位同学一起，到南京师范大学，买回来一百套书，回到学校再卖给考研的同学，从中获得几十元的报酬。这是我人生第一次，也是唯一一次赚钱行为，就发生在师大。老师们的无私帮助，令学生终生难忘。余老师后来成为我的硕士生导师，而我与孙文光老师的友谊，一直到现在不曾中断。

2.问：您与这几位老师之间发生过令您至今记忆犹新的故事吗？

答：有一件印象特别深的事，我大学毕业离开学校的那一天，在老校区的教师办公室门前等余老师，外面正下着大雨。我等一会儿，余老师就来了，他过来不是简单地跟我见个面，而是从资料室和图书馆借了一批书给我读，其中就有《资治通鉴》隋唐部分。所以，本科毕业的那个暑假，就按照余老师的计划读书，就等于说我是提前就进入了研究生的学习生活。所以，以后对于做学问、为人处世，以及后来自己指导学生，很多方面，都是受教于师大的，这些都来自当年老师给我们打下的基础。

我的硕士阶段师有三位恩师带给了我一生的精神财富，他们就是余恕诚老师、刘学锴老师和宛敏灏先生。当年老先生们的培养方式不是每年招几个而是几年才招一个研究生，一届最多两个少则一个，他们这种精英培养模式，才是真正的宁缺毋滥。我读研究生的时候虚龄21岁，而宛先生已经80岁左右了，他看我们就像看小孩子一样。其实我们在各方面都没法和导师相比，但是他们从来没有轻视过我们。我读研期间最大的收获就是按照导师开设的书目，按部就班地阅读，定期交读书笔记，三位老师分别在读书报告上批注，他们的评语我到现在还保留着。他们不会因为最近比较忙就不写，也不会三言两句就结束，都是非常具体地指出哪点写得好，哪点写得不好。现在，我自己带学生都是采用这种方式。老师对我们多年的教诲我们永远都铭记着。师大浓厚的人文氛围和这批老师是分不开的。

还记得我和宛先生初次见面的时候，他就给了我一个锻炼的机会。当时有一家出版社向宛先生约稿，宛先生立即就将这个机会给我了。我写完后，宛老帮助我把文章逐字逐句地修改。后来我研究生毕业后，留在学校图书馆古籍部工作了7年，我的工作就是和线装书打交道。当时宛先生是图书馆的名誉馆长，他经常把我喊到他家去聊天。宛先生去世后，我给他写年谱，其中的题记就提到了这样一件事：我下午刚上班，他就打电话叫我过去，经常一谈就是一下午，一直到下班才让我回去。老先生记忆力和逻辑思维特别强，进去时说的第一句话和离开时说的话是前后照应的，这是我们特别佩服老先生的地方。在谈话中，我特别记得的一件事就是，谈到最近的报纸上有人对我们常见的《水经注》选段有了新的看法，宛老就非常感慨地说："人真的不能不学习，过一段时间不学习，可能就会被淘汰。"记得当年他经常说的一句话就是："江湖走老了，胆儿走小了。"越老读的书越多，越要勤思、严谨，八十多岁的老先生还这样严格要求自己，不断提升自己。

刘学锴老师非常严谨，我交的读书笔记，他看得很仔细，断句标点、误读原文这样的问题，他都会指出来，从来不放过。这对我影响很大，写文章时，一涉及这些问题，总会想到刘老师的严谨，总要小心地处理，认真地对待。

还有叶平衡老师，非常慈祥，不少同学都把她当作妈妈一样看待。她对学生的关心、帮助，也是全方位的。我从本科起就与叶老师有着密切的交往，后来我妻子工作的调动解决，弟妹们的升学，都得到过叶老师的帮助和指点。

3. 问：时光飞逝，转眼间过去了这么多年，关于师大或者与恩师之间有什么遗憾的事情吗？

答：回首起来，我的三位导师中，宛先生最年长，20世纪90年代就去世，我写过宛先生的年谱。余恕诚老师去世，直至今日我都没有写出一个文字缅怀他。我不是不写，不是与余老师没有感情，相反，我跟余老师的感情就像父子一样。读书的时候，余老师经常到我的宿舍看看有什么生活问题，经常打电话让我过去吃饭，真的是对我无微不至，我们之间的师生感情非常深厚。每次想写纪念余老师的文字，提起笔总是控制不住自己的感情，所以我到现在一个字都没写。看起来好像非常无情，好像是忘了过去似的，但其实是不愿触碰这段伤心的回忆。我现在还留着一张火车票，日期是余老师去世一周年的那天的。当天我从外面开会，计划开完会去师大参加余老师的追思会，但我妻子急病住在医院，实在走不开，很遗憾没有参加，但车票我一直留着做纪念，这是我心里埋藏很深的一种伤痛。

4. 问：您记忆里80年代的师大是怎样的呢？

答：我作为一名师大的学生，心中对师大的记忆非常美好。我们80年代的时候，无论是校园的整体规划还是文化氛围，都正是师大最美好的时候，尽管那个时候校园里没有华美的装饰，但是师大在全国范围内名声很好。学校和中文系为我们这些学生所付出的努力很大，这一切都说明是真的为学生考虑。

记得我们本科毕业前夕，相关专业的老师们会到学生中充分了解同学的专业志向、兴趣爱好，多次私下交流，然后给予很多中肯而有效的建议。除此之外，老师还经常到我们学生的宿舍，关心学生的生活、学习等各个方面情况。当时有的同学家境不好，但在老师的帮助下最终都顺利完成了学业。

我记得我上本科的时候，对于古代文学最早的兴趣，是从袁传璋老师的课上培养起来的。那时候他让我们写关于《诗经》篇目的鉴赏文字，我写的一篇，被他课堂上点名表扬了。能够得到老师们的肯定，当时是一件很开心的事情。后来上余恕诚老师的文学史课，写了关于王绩的文章，得到老师的肯定。感谢老师们，因为在当时他们没有泼一盆冷水给我，倘若我被当头泼一盆冷水，兴许就会改变自己的兴趣，从而改变自己的人生。在老师们的肯定下，更激发了我学习古代文学的兴趣。

5. 问：正值师大建校90周年，您有什么话想要对母校说吗？

答：转眼间，师大建校已经90年了，我衷心地祝愿师大的老师和学生能够把老一辈学者们、老一辈的老师们这种学风继承下去、保持下去，将良好的学风继承下去发扬光大，同时也祝师大、师大文学院、文学院学科教育，越办越好、越来越强大。祝老师们身体健康，祝同学们前程远大。

校友简介：彭国忠，1983级校友。现任华东师范大学中文系教授、博士生导师。

回首向来潇洒处

——访1983级校友刘春

汪许中　杨　蕾　杨　硕

自20世纪改革开放初期，知识分子纷纷下海从商，“儒商”一词一时成为热门词汇。对于新时代的“儒商”，著名的新儒学大师杜维明曾这样定义：“他们不仅是个企业家，他还关心政治，参与社会公益事业，在发展企业的同时也关心文明的进步。”

很多年后，当刘春的好友再次“想念刘春”的时候，会有这样一番描述：优秀而谦逊，思维敏捷，辩才无碍，激情燃烧，并富有感染力、亲和力，属于那种能给人留下深刻印象的才俊，与他相处，与他交谈都总是令人愉快的。如今身为凤凰卫视中文台执行台长的他，其事业正在未可限量的发展之中，这位同样毕业于安徽师范大学的1983级中文系校友，早已成为师大新闻系学生心中偶像。

值校庆之际，王大明和刘春两位校友欣然接受母校的邀请，回校参加校庆活动，因而我们采访组也有幸获得一次与二位面对面交流的机会。

4月19日晚上7点多钟我们如约在铁山宾馆松馆大厅见到了王大明老师和刘春老师，短暂的寒暄过后，我们在新闻系袁立庠老师的带领下共同走进了两位老师下榻的房间。

一、拍照：尽显“将帅风流”

刚走进房间，我们还未开始采访，袁老师便兴致勃勃地拿出相机要我们帮他们三位好兄弟拍照。

王大明老师个子最高站在中间，手臂很豪爽地揽住袁老师和刘老师的肩膀，面部表情淡然自若，眼神坚定，不是咄咄逼人却让人能感受到一种力量，显然一员商界将才。刘春老师站在王大明老师的右边，他身体向中间微侧，右手插兜，面露微笑，从他的眼神中读出更多的是自信、谦逊和激情，颇有将帅风度。而我们的袁立庠老师在镜头中定格的则是一种典型的为人师表的谦和与泰然。

拍完照，当我们用“老师”这个字眼称呼他们的时候，刘春老师急忙说：“我是没有资格称为老师的，我的大师兄应该称为老师的。”

二、回首：“我只是比较幸运而已”

刘春老师在谈到成功经历时却谦虚地说：“我只是比较幸运而已。”他告诉我们，当年他因为对生活境遇的不满而立志考研，但在他自己看来，后来的报考学校和录取中却似乎是由很多很巧合的事情促成的，如果说入学的成功含有一些机缘巧合的因素在其中的话，那么在读研期间，刘老师凭借自己深厚的文学功底以及博览群书所获的高深视角在当年的北京广播学院渐渐崭露头角，就是必然的结果了，毕业后，刘老师便直接进入中央电视台工作了。

三、母校：“师大的人文底蕴还是不错的”

刘老师在评价母校时说：“这些年来我感觉师大的人文底蕴还是不错的，师大90年来培养了一大批优秀的人才。”他还着重强调了“王老师的师大情结比我们要重！”

四、寄语：“人生的最大乐趣就是对未来充满了未知”

“当年我还是躺在一间小屋里看书，那个时候哪想过今天能这样啊，昨天我还在香港，后天我要去西藏，人生的最大的乐趣就是对未来充满了未知！”刘春老师在采访最后这样对我们说道。简单的话语中寄托了他们对于师大学子的美好祝福和期望。

校友简介：刘春，1983级校友。中国传媒大学硕士，长江商学院EMBA毕业，并担任中国传媒大学、广西大学等兼职教授。1994年到2000年，供职于中央电视台青少部、新闻评论部，担任大型栏目《新闻调查》的执行制片人，先后创作大型纪实节目几十部，并多次获得各类奖项。2000年至2011年，供职于凤凰卫视，先后担任助理总策划、助理台长、副台长、执行台长，同时，担任凤凰北京节目中心主任，负责凤凰中文台的日常管理与节目创新。2012年5月，加盟搜狐公司，曾任搜狐公司副总裁等。2013年11月，从搜狐离职。2015年2月6日，任中南重工首席文化官。

巍然风采引领后世学子

——访1983级校友何登保

谷雯雯

在学校读了三年书的日子里，听了何校长好多次的演讲报告，器宇轩昂又不失儒雅的大师风度，淡定从容又不失睿智，让人佩服。每次在路上遇到向他鞠躬问好时，他总是微微地躬下身说："你好！"丝毫没有校长的架子，却是所有已毕业或者还未毕业的舒中学子们心中最好的校长。

昨天和何校长联系，本以为在这快到期末的忙碌时间段里他不会答应我们的采访，可是电话那边轻松又欣慰的声音又一次打消了我方才心里的顾虑。"你有时间就来我办公室吧，也要谢谢你帮我回忆青春呢。"

第一次遇见这么重视学生的校长。我在想，这一定又是一次回舒中很难忘的回忆了。每当大学生活迷茫的时候，我总是会不自觉地想起这里的古朴端庄的一切，想起这里曾经陪着我度过三年时光，一起奋斗的同学们，想起这里教会我很多很多知识的熟悉或者不熟悉的老师们。那三年过往，恍如一梦。

就这样，我开始了一次与何登保校长关于"青春回忆与畅想未来"的聊天。这样的氛围是我期待很久的，也只有在这里我才能真正体会这样毫无拘束的氛围。

何登保校长说他很怀恋在师大中文系读书的日子，那里有看起来不大却能让他徜徉一天的图书馆，那里有他非常喜欢也持续关注着的诗社，那里有最美的大学四年。他喜欢在赭山脚下校园内生活的时光，那段时间悠闲而又充实，现在他再也找不到那么多时间去阅读一本"大部头"的书了。他还嘱咐我们一定要珍惜大学四年的时光，好好利用学校的资源。大学和高中不同，我们要把握好自己的时间，培养主动读书、主动学习的意识和习惯。

谈到学校的师范类专业与目前的综合性师大发展的现状，何校长轻轻地问我："以后有做老师的打算吗？"我点着头，虽然只是一句轻轻的问候，但这一次的经历让我更加明确了自己的方向，我由衷希望自己以后也能像那些给予我甘霖的老师们一样，走上三尺讲台，面对着自己的学生，桃李遍天下。原来我有一个大大的梦，希望能生活在霓虹灯闪烁、飞机线划破天际的大都市里，精致的妆容，干练的职业装，我一直向往着，可是那里却没有只属于我的回忆，没有我一直想得到的独有的氛围。上学时，听老师说，车子行驶在来的路上，噪声鸣笛声不觉入耳，可是一进大门，那些聒噪吵闹便少了好多，或许伴着莺啼声早起，伴着蝉鸣声入眠的日子只能安稳地盛放在这一隅吧。

正如何登保校长说的那样，我想成为的语文教师，是有着多重身份的。我可以在工作业余让文字陪伴我走很长很长的路，不会写作，只会按照教案上课的语文教师并不能称为一个成功的语文老师。我向往的是成为一个让写作助推我教学的老师。虽然从小就植根在心中的作家梦不一定能实现，但我想让他一直伴随着我成长，将一个个方正的文字深深地印在脑海里，我感激她与我同行。

何校长和我重复较多的话就是："趁着大学四年这最美的年龄，一定要多读多写，你是注定要和文字打一辈子交道的人，选择了中文系，选择了师范生，就应该将写作和读书放在自己内心最柔软的地方。"

或许我会在这条路上遇到挫折和许多疑惑不解的眼光，但是我会永远记得何校长的这句话："不论你未来有多迷茫，只要自己一直坚持着在做，坚持努力地拼命，就足够让自己心安。不必在乎别人的目光，自己不后悔就很完美。"

自己现在向往着的，坚持着的，不过也是自己想要的，学习中文是自己从小就写在簿子上的梦想，成为师范生是自己第一次在讲台上给同学们讲作业时就期待着的，我很幸运地将二者联合起来成为我在大学里学习的专业。因此我更应该做到何登保校长所说的，将教学和写作联系起来，成为一个有个性的真正卓越的语文教师！

何校长向我解释他心中成功的语文教师的样子时说："语文教师，尤其是在现在的教学改革环境下，应该是一个能把握好课堂、把握好考试、把握好学生心理的集中体现的教师，疏忽了一个环节，就不是一个真正成功的语文教师！"最后何校长说："作为日后的教师，更应该明白'向上，向善'这四个字的真谛，不论你在什么阶段，都应该积极向上，不断充实自己，丰富内心，而向善，则是为人的准则，在社会中，善良始终是处世最好的通行证，作为老师，更应该用品德去感染自己的学生。"

时间走得飞快，我的三年都如风一般褪去了她本来的颜色，在此期间我也收获了别致的感动，是你们一次次地让我坚定了自己的梦，让我知道梦的终点会在哪里。在你们的教诲里,我一遍遍勾勒着自己未来的模样,而你们更让我坚定地往前,走向那个未来的自己。

校友简介:何登保,1983级校友。中学语文正高级教师、安徽省特级教师。现任舒城中学校长,六安市中学高级教师职称评审委员会委员、专家组成员,安徽省教育科研课题鉴定专家组成员,安徽省教育学会语文教学法专业委员会学术委员。

新闻人的中文魂

——访1983级校友申启武

周　彬

如今，申教授虽然有诸多的荣耀光环加身，但是在他看来，如何正确地定位自己才是最重要的。人容易在取得一些成功后迷失自己，在不同的时期需要合理的定位让自己时刻保持清醒。人的初心往往都是晶莹剔透，没有一丝杂质的。在周围环境不断变化的过程中如何不忘初心，保持初心，这可能是每个成功者成功的必备要素。路走远了，你更需要明白当时因为什么而出发。作为老一辈的师大人，申教授无疑继承了优秀的师大精神，在岁月变迁时光流转的变化中始终谨守初心。问题和困难是用来解决的，有时候你面对这些问题和困难的时候，需要做的不是一味的避开，而是需要迎难而上。对于成功这个概念词，每个人有自己不同的理解，但成功不应该是别人眼中的成功，自身心中的满足感和充实感远比成功这个词要好得多。

一、以何求学——以善思、以勤问、以多学

申教授对于他在师大的求学之路感慨颇多，许多曾经的场景都历历在目。他说："陈文忠、余恕诚、孙文光、袁传璋、赵庆元、潘啸龙、汪裕雄等老师都有特别之处。其中，陈文忠、孙文光老师的板书堪称书法，很有美感；袁传璋老师讲授《史记》出口成章、文采飞扬；余恕诚老师授课一板一眼，内容厚实；汪裕雄的《美学》课讲得激情四溢、美不胜收，听来热血沸腾；赵庆元讲授的《三国演义》好像是在说书，妙语连珠，娓娓道来，气场十足。"师大的每位老师都有自己的独到之处，他们总是能够激发你学习的热情，课上你没有时间去神游八方，因为课上老师的一字一词一句都是连贯的，错过了其中一个片段或者小节，你会有一种怅然若失的感觉。教学是一种情境，当你走近情境的时候，你会受到感染；当你走进情境的时候，你学思的灵魂会受到浸染；当你走出情境的时候，你会有一种恍然大悟之感。

潘啸龙老师并不是申教授的任课老师，潘老师是国内楚辞学研究大家，申

教授出于对潘老师本人的敬仰及其学识的崇拜，加上对先秦文学的浓厚兴趣，所以在课外导师叶平衡的引荐之下，他结识了潘老师。之后，他一有相关问题便向潘老师讨教，潘老师总是细致认真地有问必答。在这一求教过程中，申教授受益匪浅。

申教授说他与潘老师交流有一种“听君一席言，胜读十年书”的感觉。其中有一段他记忆深刻，至今难忘。记得一次，他告诉潘老师想写一篇《〈诗经〉中的爱国主义精神试析》的论文，选题缘起是从屈原的爱国主义精神获得的一些灵感，屈原被公认为是爱国主义诗人，说他爱国是因为他的《离骚》《九歌》等诗歌作品中充满着对楚国内忧外患的忧思与哀叹，充满着对楚民族的无限深情，其风格与《诗经·小雅》中的怨刺诗有几分相像。潘老师了解了他的想法后，当即否定了申教授的观点。他说：“《诗经》与《楚辞》的文化背景不同，所处的社会环境也有一定的差别。而且楚人在长期的历史发展过程中形成了独立的民族意识。作为楚国贵族出身，曾任三闾大夫、左徒，兼管内政外交大事的屈原在屡遭排挤和流放的境遇中表现出某种民族忧愤自在情理之中，而《诗经》中的怨刺诗虽表现某种强烈的忧患意识，但并没有鲜明的民族意识，所以用爱国主义对其加以界定有些勉强。”潘老师的观点让他眼前一亮。因为在印象中，《诗经·大雅》中五首民族史诗《生民》《公刘》《绵》《皇矣》《大明》，记述了从周民族的始祖后稷到周王朝的创立者武王灭商这一段筚路蓝缕的历史，其中，周人自强不息的民族精神表现得就相当充分。回到寝室后，他又认真翻阅研读了这五首民族史诗，而此次研读则进一步坚定了他的想法。在潘老师的点拨下，《〈诗经〉中的爱国主义精神试析》一文还是写了出来。后来，该文发表在《徽州师专学报》。文章的观点虽然与潘老师的思路有些不同，但是没有潘老师细心点拨，就没有这篇文章的问世。三十年过去了，申教授对于当时这段依然记忆犹新，仿佛一切都发生在昨天一样。这当然只是其中一个记忆深刻的片段，现在回想起来，这些往事并不如烟，因为深刻，所以不会消散，反而像那冉冉檀香，在记忆深处袅袅而燃，透过时光的沉香依旧在今时散发迷人的味道。

老师和学生的关系，并不仅仅是教与学的关系，这其中包含的情感是让人难以言明的美好。最好的状态应该就是老师肯教，学生肯学，师生互动成为一种学习生活的常态。从申教授与老师的互动中可以看出，求学路之漫漫而无止境，当以善思之、以勤问之，以多学之。求学之道虽广阔而无边疆，但求学之路却有迹可循。汪国真曾经写过一首小诗，里面有两句话寓意深刻：有灯的地方，一定有路。有路的地方,不一定有灯。好的老师一定甘做为学生引路的明灯。师者虽身不常在,但师训长留心间的人,在走无灯之路时,心中自有一盏明灯。夜虽黑冷,心中自燃暖光。现在申教授最想说的是谢谢老师们!是他们的言传身教让他进步,是他们的循循善诱让他成熟,是他们的谆谆教导让他成长。

二、听有见解的课,看适合自己的书

北宋著名诗人、书法家黄庭坚说:“士大夫三日不读书,则义理不交于胸中,对镜觉面目可憎,向人亦言语无味。”这句话的意思很多人都知晓,就是说,作为一个知识分子,三天不读书,礼法道义就不能在心中贯通,对着镜子也会厌恶自己,跟别人说话也觉着自己说话一点意思也没有。上学期间,你会因为喜欢一位老师而喜欢一门课,又会因为喜欢一门课而去喜欢一本书,然而这本你喜欢的书只是一个开始,读完一本自然会有下一本吸引你去看,至于看书的理由,不断地阅读应该就是精神得以存在和升华的源泉吧。

读书期间,申教授对余恕诚老师的《唐代文学》最为喜欢,原因是余老师在授课过程中从不拘泥于课本内容,而更多的时候将自己对于唐代诗人、诗歌的理解传授给同学们,同学们可以思考进而讨论学习。而且余老师能够及时借鉴学术前沿的最新成果,将最新的研究成果巧妙融入授课内容给同学们讲解课程内容。比如刘再复的《性格组合论》在当时比较火,作者对人与文学进行了深入思考与探究,提出并论证了人物性格的二重组合原理,阐述人性是极为丰富的内在世界,性格是极为复杂的心理系统。而余老师在讲解王昌龄的《闺怨》一诗时,就运用人物性格的二重组合原理分析闺中少妇梳妆打扮登楼后,看到陌头的柳色青葱、盎然春意,才意识到自己精神生活的空虚,觉得再打扮也没有意思这样复杂矛盾的心理。令申教授至今印象深刻,一字一句皆难忘。难忘的不仅有授课的内容,还有余老师对于教学态度之认真,对于授课同学之负责。师大老师们总是不遗余力地将自己所学倾囊相授,他们所学是为所教,所教是为学生可以有所成。同时师大老一辈的老师们也让他明白和懂得学以致用的重要性,懂得学习的人拥有打开知识财富大门的钥匙。

师大当年不仅仅局限于校内的雄厚师资,师大中文系还邀请了几位国内著名学术大师赵齐平、蒋孔阳和章培恒等为申教授他们这一届授课,而且每次都是一周时间且全天授课,大师们上的这些课,他们很是受用,连续授课时间之长也是申教授之前不曾经历的。学习具有连贯性,授课时间长有这样的好处,你需要不断地集中精神去听课，稍一分神，想要继续听懂就有些困难了。所以同学们很是全神贯注，慢慢的，申教授他们触摸到了学术的一些边缘，开始感受到了学术殿堂的魅力。这一举措在当时的全国高校并不多见，给了后辈领略大师风采的机会。事实证明，大师的学术水平就是不一般，虽然在授课的方式方法上有些许不同，但是每个人都独具特色，有自己的讲授风格和特长。三位大师的课，施教授更喜欢章培恒大师讲的明代文学，章教授讲课从来不需要什么讲稿，而且每讲到《西游记》中的章节片段总是倒背如流，讲台之下的诸多同学莫不敬仰。他上课给人一种圆融如意的感觉，这是一种境界，平常人难以达到，因为章教授学贯中西，他可以把明代文学的文化语境与文艺复兴时期的文化语境结合起来加以比较，在对比之中让我们有更为清晰的脉络。也是在章大师的课上曾经身为学生的申教授对猪八戒这一独特的人物形象有了一个较为清晰的认识。当时章教授的课给了他很大的启发，这样一种结合对比方式让他在之后的工作和学习中很是受用。

虽然申教授当时看的书以学校发的教材为主，但是师大对于教材方面的甄选还是非常有见地的，所选的教材在当今看来无不是经典。例如朱光潜的《文艺心理学》《谈美书简》、高尔泰的《美是自由的象征》、霍克斯的《结构主义与符号学》、亚里士多德的《诗学》、瓦西列夫的《情爱论》等。从这些教材中，我们可以看出师大对于选取教材具有系统性和层次性的特点。平常许多人总是困惑于要看什么书才是有价值的，经典是适合每个人的读物。因为经典经历了岁月的洗礼和筛选，是文化遗留给予时代和每个人的馈赠。每一本经典适合每个人去翻阅，但需要一个系统性和层次性的过程。在读书的过程中不仅需要量化，而且需要细化。这些申教授研读过的教材中，对申教授影响较大的就是李泽厚的《美的历程》，因为这本书是作为精读文献来研读的，对他后来的理论提升起到不小的作用。

三、回首君故在，忆暖当年情

一首《从前慢》把我们的思绪带回那岁月缓缓而流的从前，当年的情，都是细水长流不尽，忆时喜上心头。这里面不得不提的就是申教授和他当年的老师赵庆元的故事。他们虽然是不同年代的人，又是师生关系，但是友谊与年岁无关，有关的是缘起缘生缘又长。

申教授与赵庆元老师是“忘年交”。与赵老师相识、相知，缘起于课堂，结深于毕业离校之际。由于申教授当年是定向生，毕业当然毫无悬念地被分配到老家五河县。眼睁睁地看着不少同学分配到合肥、蚌埠、芜湖等省内的大城市工作，他的心中萌生起一种莫名的失落。赵老师是宿县人，他是五河人，五河曾归属宿县，后来才划归蚌埠管辖，所以他与赵老师也算得上是老乡中的老乡。中国的四大幸事之一就是他乡遇故知，"老乡"这两个字透露出了无限亲切的情感相托。在申教授的印象中，时任中文系办公室主任的赵老师在他们离校时，为他们开介绍信。看到申教授当时一脸的不快，赵老师心里了解他的心中有落差，这是很正常的。所以赵老师不断地开导他，并说请他吃饭，为他饯行。几天后，在劳动路街边的一个不起眼的酒馆里，他真的与赵老师坐到了一起。那天，到底吃的什么菜，喝的什么酒，他已经没有了记忆，但是能够回味到的是那天的菜是香的，酒是醇的，话是甜的。赵老师的一席话平复了他心中的不悦，让他重新燃起了对未来的希望。那一天是他在芜湖四年里最幸福的一天。赵老师的坦诚、朴实、爽朗、幽默、仗义都给他留下深刻的印象，他觉得赵老师不仅课讲得好，而且人非常好。申教授也不知道有什么样的形容词用到赵老师身上最为贴切，但这样亦师亦友的赵老师此生只一无二。在毕业后，申教授的工作多有变动，但无论是在五河、合肥还是广州，他一直与赵老师保持联系，只要一有机会，他都会到芜湖看望赵老师。遗憾的是，这么好的一个老师，却英年早逝。噩耗传来，他专门从广州到了芜湖，看赵老师最后一眼并参与了赵老师的告别仪式。至于当时怀着怎么样的心情去芜湖，却是没有任何悲伤的言语可以表达，心中的一极仿佛崩塌了一般。赵老师留给他的记忆都是具有正能量的，不断激励着他前进。如今，"我与赵老师的两个儿子赵震、赵栋都是非常好的朋友"，在他看来，这是他与赵老师情感的另外一种延续方式。

除了师生情，在求学时还有一种感情叫做同窗情。这是在固定地点特定的时间才会产生的特殊感情，同窗情可以解释为友谊，但是友谊这两个字不足以解释这三个字所包含的情感。这里申教授说了这样一个感人肺腑的例子。在他临毕业前，由于家境贫困，妹妹生病，回家路费都成了问题，这让他有种热锅上的蚂蚁之感。临近毕业，大家的手头都不怎么宽裕，需要用到钱的地方很多。现在在湖北电力公司新闻中心担任主任的张建中同学得知他的困难，没有任何犹豫借给他20元钱，在20世纪80年代，20元钱对于一个学生来说可谓是一笔"巨款"，当年去骨的牛肉每斤才2.2元。有的家庭在当时只有逢年过节才吃得上肉，这20元钱相当于一个家庭半年的肉食来源。金钱衡量不好情的分量，但是一个人把情看得比钱重，说明这段感情值得一生典藏。张建中解了申教授的燃眉之急。谈到这里，申教授不禁感慨：欠同窗张建中的这20元“巨款”他至今没有偿还，钱易清还情难还。借的那20元钱借的是情分，情分是还不尽的。有一句无声的谢谢在岁月中始终留存，无声胜有声。至今他与他的“债主”张建中同学来往密切，交往频繁。

除了收获以上至真至纯的情之外，申教授在学校还是一个乐于助人的好人。用他的话来说就是：“帮助他人，快乐自己。”当年，高善鸿与苏平的恋爱，申教授没少当“灯泡”，在其中起到一些撮合的作用。为此，苏平投桃报李，常常将剩下的饭票接济他一些。当年的恋爱是爱情，说一辈子就是一辈子，真的是少一秒，少一分钟，少一个时辰，少一天都不算是一辈子。老一辈人东西换了总是修，而如今年轻一辈东西坏了却总是换。对待感情的态度决定了这段感情的长远。失去了才懂得珍贵的人，往往很难拥有珍贵的事物。花开应相惜，她落莫相忘。来年春风起，又是百花开。

在校园里仿佛一切皆是情，当年考上师范院校的大多都是普通家庭，虽然学校有补贴，但是只够饱腹之用。在申教授的印象中，最为深刻的是学校食堂的米粉肉，既便宜又好吃，他说这对于农村出来的他来说是一件非常有口福的事。这么多年来师大的食堂还是一如既往的便宜，而且菜色变得越来越丰富。前两年，有一位毕业前一年的同学说要把两个食堂的菜每样都吃一遍，到毕业那天也没完成心愿。听说他后来留在芜湖工作，便经常蹭学弟们的饭卡去食堂完成未了的心愿。申教授的记忆中还有一件事记忆深刻，那就是他在校团委的支持下，他与政教系1984级蔡广提同学一起在三食堂经营了一学期的小商店，既方便了同学的校园生活，也解决了一些小小的经济问题。这完全就是在组织的带领下进行大学生创业呀，如果他们可以经营至今，相信已经发家致富了。

当年情深缘深，相识了便是一辈子。从相遇到相识只需要几句话，从相识到相知只需要几杯酒。那一段时光在记忆里越是沉淀，越是色彩斑斓。只是回忆里的几个人，几件事，却可以让人笑一辈子。这样的情像是过了两遍沸水的香茗，一点苦涩尽去，只留甘甜静品。

四、言不尽母校好，始终心上牵

在中文系1983级200多位同学中，申教授可能是与师大联系最多的学生之一。上面说了，因为与赵庆元老师的个人关系原因，赵老师在世时，他经常回师大看望他，当然有时也会看望陈文忠老师、刘学锴老师和潘啸龙老师等。目前，他在暨南大学新闻与传播学院从事教学科研工作，师大新闻系已从文学院分出，独立成院，所以他与师大的联系更多是与新闻与传播学院。前年，他应新闻与传播学院之邀，为该院的硕士研究生主持了一天的论文答辩，并为部分师生做了一场讲座。2018年11月，暨南大学新闻与传播学院与安徽师范大学新闻与传播学院共同承办中国高校影视学会广播专业委员会第一届理事会第二次会议暨第二届中国广播创新发展高端论坛。相信在他们的共同努力下，会议一定会很成功。

申教授一直谨记“厚德、重教、博学、笃行”的师大校训，正如师大网站简介中所说的，经过一代代师大人潜心耕耘、励志践行、培育后学、薪火相继、言传身教，砥砺出“厚重朴实、至善致远、追求卓越、自强不息”的精神，积淀出“严谨治学、敬业奉献、教书育人、为人师表”的教风，培育出“勤学慎思、质朴谦逊、知行合一、求实求新”的学风。这是师大精神，也是文学院的精神。当年，师大中文系大师云集、名家荟萃，在全国高校中是不多见的。宛敏灏、张涤华、祖保泉属于国内一流学者，刘学锴、余恕诚、潘啸龙、汪裕雄也在学界具有很大的影响力。从他们身上，他看到了师大人的严谨治学、敬业奉献；从他们身上，他看到师大人的追求卓越、自强不息。师大以及中文系所拥有的治学精神和学术底蕴一直激励他勇敢地面对一切艰难困苦。30年来，无论是在中学讲台，还是新闻一线，抑或现在大学的学术殿堂，他都以曾经的师大学子身份而感到骄傲和自豪，也深信“功夫不负有心人”这一简单质朴的道理。

对于学校、学院和后生学子的寄语，申教授也说了很多，他说道：学校、学院的学科建设离不开优秀人才，人才队伍建设一要靠引进，二要靠内部挖潜。引进人才可以壮大优秀人才队伍，内部挖潜能够调动现有人才的积极性。从某种意义上说，内部挖潜比人才引进更重要，因为它是留住人才的有效途径。可见他对母校发展之关心。对于师大的后生学者，他将他平时给自己的研究生常说的一句话留给师大中文系的学子们，那就是“做人比做事重要，成家比立业重要”。当然，这是辩证的关系，希望同学们理解其中的真实含义。师大毕业生的工作岗位可能很艰苦。有一句话值得谨记：艰难困苦，玉汝于成。艰难困苦对于一个人的成长来说往往是一种资源。人生的路很长，当你若干年后回想自己走过的许多艰难困苦之路，你会有一种幸福感和成就感。因此，丢掉一切包袱，勇敢地往前走，你一定会走向成功。

人生做的有些事虽然是徒劳的，例如曾经学习的数学方程式、化学公式、物理定理等在你以后的生活中可能并没有什么用处，但是在当时学习的时候是有用处的，而且用处不小。相信你做的每件事都有它的价值所在，有的是当时有价值，有的是之后才体现价值。存在即是合理，在遇到困难和问题时不要妄自菲薄，别轻易放弃，坚信自己的价值。泥泞过后必有康庄大道，风雨之后自会有彩虹点缀天空的晴朗，人生是一步一步走出来的。

申教授分享的这么多，让我们感受到了浓浓的师大情。师大能够九十年屹立于中国大学之林，培养一批又一批优秀的人才为社会各界所用，就是因为有这些勤勤恳恳又优秀的师大教师，就是因为有这些兢兢业业又优秀的师大精神的传承者。相信师大一定会在全体师生的努力下，再创辉煌，继续书写华丽的篇章。

校友简介：申启武，1983级校友。暨南大学新闻与传播学院广播电视系主任、教授、博士生导师。1987年师大本科毕业后回家乡五河县从事教育工作。硕士毕业后曾在安徽人民广播电台工作十余年。2003年正式进入暨南大学新闻与传播学院工作，主要从事广播理论、实务的教学与研究。主持国务院侨办人文社科一般项目、广东省社科基金一般项目、广东省高校人文社科重点研究基地重大项目等；发表论文80多篇，出版《广播生态与节目创新研究》《从“珠江模式”到跨越式发展》《中国广播研究90年》《广播新闻学》等著作。获第十一届全国广播电视学术论文评选一等奖，第六届全国广播电视学术著作评选二等奖，广东省广播影视奖社科论文类一等奖，并有作品获2000、2001、2002年度“中国广播文艺奖”一等奖，一件作品获“中国广电学会广播文艺专家奖”一等奖。

兼任中国广播电影电视社会组织联合会特邀理事、中国高校影视学会理事、中国高校影视学会广播专业委员会副会长兼秘书长、《中国广播电视学刊》编委，连续多年担任广东省广播影视奖评委以及第20、23、25届中国新闻奖评委。

承师大精神，育江淮英才

——访1983级校友吴怀东

王文柯

“一条大河波浪宽，风吹稻花香两岸。”江淮汤汤，见证岁月的流逝；潜岳苍苍，承载历史的辉煌；学子代代，弘扬师者的风范。十年、二十年、三十年，任韶光流转，我们再回到那个意气风发的年代。又是一载春秋，又是一年花开，又是一场相逢……六月，恰是江南的雨季来临，仿佛希望旧友驻足停留。在这个季节，我们专访了1983级校友吴怀东，吴教授用亲切的话语向我们讲述了他的求学经历、青春成长、工作感悟，并将最温情的祝福送给师大、送给文学院建立90周年庆典。

一、青春，是最美的回忆

人这一辈子，最美的青春，留在校园。而在人一辈子的学习中，对自己影响最深的就是自己的大学本科阶段。

此夜曲中闻折柳，何人不起故园情。回顾在师大求学的日子，吴教授说：“师大的生活应该是三十几年前的事情了，我是1983年开始在这儿念书，1987年毕业。当时十八九岁到二十岁出头，一辈子的价值观念，思维方式，个人的兴趣爱好、个性特点，用我们今天的话说叫‘三观’形成的时期，所以，本科阶段对一个人一辈子的影响是很深的。对我和师大的关系来说，我不仅本科阶段是在师大念书的，我求学的最后一个阶段——博士后，也是在这儿完成的。当年读本科的时候中国文学史（唐宋部分）课程是余恕诚老师讲授的，受余老师关怀，博士后也是在师大完成的，2005年进站学习，2007年出站。所以2017年是博士后出站十周年，本科毕业三十周年。从我个人来说，从本科到硕士到博士到博士后，这四个阶段的学习，本科起点在这，博士后学习在这，所以我和师大的关系还是很密切的。从某种意义上来说，我的学习阶段如果脱离了师大的培养，就不能完成，所以，师大对我的职业生涯、对我一生的影响应该说是很深的。”

曲径通幽，书声琅琅，当年的青涩模样依稀仍在眼前。尽管现已在主持安徽大学文学院的行政工作，同时身兼数职，吴教授还是谦虚地说他本科阶段只有学习的记忆没有其他的经历，回忆起来还是单薄了点。“我在念书的时候，参加的活动很少，按部就班地上课、学习。课余的时间，到图书馆去的特别多。20世纪80年代初，沐浴着改革开放的春风，校园文化也是比较活跃的，当时流行跳舞。我们班有个同学她考来之前就是蚌埠歌舞团的，对舞蹈很熟悉，那时候班级男女搭配分组学习，我和她是一个班一个组，她专门跑到我们宿舍来给我们宿舍同学普及跳舞，但是普及两次后发现大家都不跳舞，就不玩了。我印象最深的就是小组同学对这个文艺活动的兴趣并不是很热烈，唯独读书的风气很浓，所以当年考研究生，本宿舍十个人里面有五个人考上的，应该算是很难得的。至于我的大学生活还是很平淡的。”四载的江城生活，吴教授徜徉于书海之中，收获最珍贵的知识财富。

此次应邀作为2017届先唐文学与古典文献学硕士研究生毕业论文答辩主席回到师大校园、回到文学院，在采访过程中，吴教授讲起本科、硕士、博士、博士后每一阶段所取得的成长，字里行间都洋溢着对师大无限的眷恋之情。人生总在不断的追求中完善自我，在青春那段最好的年华与师大相遇，存留住最美、最真的情怀。

二、奋斗，是最靓的风景

一代有一代之文学，作为中文人，一届有一届之奋斗。学习、工作两者相辅相成、相得益彰，其间都汇聚着奋斗的汗水，凝结成人生最靓的风景。

国家百废待兴的时代，教育也是如此，经历十年“文革”，原本初见成效的新中国教育事业，又遇坎坷。高考制度恢复，中国的高等教育事业浴火重生。吴教授当时读的是广德县最后一届两年制高中，高考录取率很低，他对自己的分数都感到很意外，所以当填报志愿时，果断地选择了师大文学院。因为结缘于师大，人生的奋斗从踏进中文系的那一刻开始起航。接过你的行囊，我们便是一家人。刚入学的大学生，都有一段迷茫、懵懂期。“我的年龄比较小，而我们班的同学年纪都比我大一些，我在学校里干什么呢？就看书、学习。我觉得师大的学风特别好，我们那时候念书时是一批老教师，像刘学锴老师、余恕诚老师，蒋立甫老师，他们都是名师，也都在教学的第一线。我们那时候年轻，在名师的熏陶之下，在名师的教育之下，培育形成了优良的学风，所以本科四年，打下了很扎实的专业基础。毕业之后，因为我们县是贫困县，当时家里的条件又不是太好，自己体质不好，所以我还是想工作一下。那时分配，一毕业，我就回到了广德。在广德中学当了三年的中学老师，然后考上北京大学硕士研究生。在北京大学中文系读硕士，当然也是受了余恕诚老师的影响。当时选择的专业，就是中古文学魏晋南北朝隋唐五代这个方向，研究生毕业以后找了一份新华通讯社的工作，工作了半年，发现跑来跑去的工作不适合我，继续回到三尺讲台。后来到安徽大学新闻建设室工作，因为他们看我有新闻工作的这个经历。1995年秋天的时候还是冬天的时候再次回到师大看望余老师，余老师说：'你学这么长时间，积累都是在古代文学这块，要下决心考博士。'而后，博士是在山东大学读的，换了个地方，但专业不变，博士毕业以后，一直不忘初心，潜心于高等教育和学术研究。所以师大对我的一生来说，奠定了我个人的学术兴趣。后来一直走在这条路上，就是因为这个兴趣，而这个兴趣是因为老师的引导。是师大塑造了我，如果没有师大的教育，没有像余老师这批老师的引导，我今天可能就不会做古代文学研究。"

合抱之木，生于毫末；九层之台，起于垒土；千里之行，始于足下。吴教授一气呵成的话语，深情细述了人生每一个坚实的学习、工作奋斗历程。在吴教授看来，师大的校园、师大的老师、师大的学风是其学业、事业的源泉，奠定了幼雏成长的基石，受益终身。

三、榜样，是最佳的示范

苏联著名作家、无产阶级文学的主要倡导者和理论家法捷耶夫曾说过："青年的思想愈被范例的力量所巩固，它就燃烧得愈旺盛。"小班管理，大班教学，是文学院传承已久的管理和教学模式。在宿舍、在班级、在院系，学子们都能找到学习的榜样，同辈之间的较量、朋辈之间的影响，激起了文学研读的涟漪。

"那时候我们整个班上的学风都不错，我们中文系有四个班，上课分两个大班，一二小班在一起上课、三四小班在一起上课。我是一班一组，我们组十个人，我们那个组是学霸组。当时生活条件很差，十个人住在一号楼的一个寝室，但当年就有五位同学考上了研究生，而且跨专业考。一个考中央党校，现在中央组织部工作；还有的考中国社会科学院，做新闻，现在是中国环境报社的社长；还有人学的是法律，考的是西南政法大学，现在宿州工作；还有一个考中山大学，现在是东南大学文学院的副院长；还有一个同学学的是现代汉语，考的是浙江大学，当时的杭州大学，他读的是现代汉语研究生，留在杭州大学工作，后来杭州大学变浙江大学。应该说，我们班上的，我们这个小组的学风特别好，所以，我想在这样的集体里，还是比较上进的，所以在一个好的集体里面，自然而然会受到集体里好的风气影响。当然最重要的影响不是同学之间，而是老师。我们班上的和小组的风气也是得益于学校和院系的老师的引导。特别是老师以身示范，居高为师、身正为范嘛！老师的引导非常重要。老师的学术水平很好。我记得师大学习传统是非常重视教学。大学老师重视科研，但是除了重视科研外还非常重视教学，而且安排最好的老师给本科生教学，我觉得这个非常重要。学术的魅力，就要呈现给同学们。让同学们读书，读书是有乐趣的，求知是有乐趣的，学习中国文学、中国语言是很有趣的事情。就在这样的氛围里面，大家自然而然就都比较上进了。我印象比较深的，给我们上课的比较年长的老师，你们都不知道了，朱景松先生，你们没听说过的，教“现代汉语”的，毕业于北京大学，我之所以后来要考北京大学与他有关系，当时他是我们的导师，后来调到苏州大学去了。一年级时教我们“现代汉语”，特别好，比较上进。但是印象最深的还是我们古代文学的老师们。余老师1985年下半年开始给我们上唐代文学，第二年春天上宋代文学，余老师讲课讲得非常精彩。我记得十年前，余老师过七十岁生日的时候，我们准备给他出一个集子，当时写了篇文章回忆当时的情况。余老师不是那种激情外露的人，你们没见过他吧？他是很内敛的人。但是他把唐诗的精神讲得很透，他呈现的不仅是知识的魅力，更是唐代人生活的魅力、文化的魅力，所以特别吸引人，特别感染人。所以能走到今天，还是与老师的示范、老师的引导、老师的影响相关联。”

“今天我所做的事情不光是母校安师大影响的，包括后来在北京大学求学，还包括后来读博士，这些老师综合的影响。当然就本科阶段影响更直接一些，像余老师对学生的关心，现在在我的身上体现得很明显。我对学生还是很重视的。包括昨天我们本科论文答辩，我这么忙，仍亲自指导本科论文，我和本科生都说得很清楚，跟我做论文是很辛苦的，但是做论文是有收获的。我给你们做论文不仅仅是完成一个学校规定的教学任务，要把论文写作当成你真正从事的学术活动来对待。所以他跟我做的论文质量都很高，他读研究生后发表的第一篇文章就是这篇论文。如经常跟我做论文的一个同学，他下学期到复旦大学读古代文学的研究生，他的这篇文章写得非常精彩，可以拿出去发表，完全达到了发表的水平。所以我今天对待学生，对待教学工作的一个态度就是我们的老师当年对我们的态度，给我们的示范影响是直接关联的。所以我想这个成长经历对以后的工作肯定会有影响，包括我们个人在研究方向、兴趣选择上肯定会和老师的影响相关。”

榜样的引领，是学子迷茫时的航标，是学子前进时的激励，是学子成功时的回望。吴教授回忆起求学时老师们在学术上的影响和同学们在学风上的营造，当年的点滴历历在目。

四、传统，是最好的资源

关于缘分，吴教授沟通了安徽省内两所有历史渊源的高校。在即将迈入百年高校之际，吴教授希望将传统延续、传承。

“因为我求学于师大，工作在安大。所以我是师大文学院和安徽大学文学院之间的一座桥梁。师大文学院有很好的基础，安徽大学也努力上进，我想有我这样的人脉，两个学院齐头并进，大家共同努力。目前的背景不一样，现在国家强调文化软实力，强调文化强国建设，特别是2018年的中央、国务院办公厅出台的关于加强文化的传承创新发展的问题的文件与国务院出台的十三五文化发展纲要非常强调传统文化传承的问题。我们两个院系作为中国语言文学研究的机构、人才培养的平台，我们义不容辞地要在人才培养、文化传承、研究推广这一块发挥更大的作用。在安徽省范围内，对于中国语言文学的研究与传承，师大文学院和安徽大学文学院应该当仁不让承担更多的历史担当和责任。所以在这样的背景之下，我们应该一起携起手来把这个事业做大做强。安徽大学和师大都是同根同源，追究校史的话，都是1928年在安庆建校，是省立安徽大学。在这样的背景之下，更好地合作，齐头并进。我想我的母系——师大文学院定有更好的发展空间。目前师大文学院从师资队伍来说，已经实现了新老交替、推陈出新，我们当年读书阶段的老师多已经不在教学前线了，但是新的一批学者已经成长起来，做得也都很出色，而且规模还可以，在国内有一定的影响力。我想我的母系在当前的背景之下，在向百年迈进的时候，一定会有它的风采，一定会发展得很好。”

90后基本都已踏入大学校园，00后也将为大学注入新鲜的血液。作为高校的管理者和教育者，吴教授相信年轻的力量，同时也寄语在师大求学的青年学子：“传统是最好的资源！传统是最好的精神鼓励！我想今天在师大读书的孩子们，应该有一种历史的担当感，应该了解自己学院的历史，了解自己所在学院的辉煌，这就是我们求学阶段应该掌握的精神资源。我们应该把我们的辉煌续写下去，如果说没有这样一种历史感，没有历史担当感，那么你肯定是学得不好的。在师大，我们文学院是很辉煌的，是不是？在这个学院求学，只要你努力，一定会学得很好！”

校友简介：吴怀东，1983级校友。北京大学硕士，山东大学博士。2005年9月至2007年6月在安徽师范大学中国诗学研究中心跟随余恕诚教授从事博士后研究。从1993年7月开始在安徽大学中文系工作，其间于2001年9月至2003年5月应邀到韩国国立丽水大学讲学并担任中国学系客座教授，现为安徽大学文学院教授、博士生导师，安徽大学文学院院长，学术兼职有安徽大学学报（社会科学版）主编，中国杜甫研究会副会长、中国古代散文学会常务理事、中国唐代文学学会理事，全国高校文科学报研究会常务理事、安徽省高校学报研究会理事长等。

文江学海觅新知，立身正名师大人

——访1983级校友马茂军

钱帆帆

6月9日，此次应邀前来安徽师范大学，算是马茂军毕业后第三次正式回访。身着蓝白条纹T恤、面露和蔼的他感慨母校及芜湖的变化之大。风过江城，那是最美江南小城。毕业于1987年的马茂军教授，在进校时就埋下了一颗种子，三十五载风雨滋润，如今也已长成了满结桃李的大树。他是一位笔耕不辍的执着学者，将传统国学与时代精神贯通于古籍整理之中，亦是一名教书育人的传道师者，一名情结母校的优秀学子。半世东奔西忙，路遥山高水长。这一路，他不断吸纳文人的底蕴，秉持母校的大师风范，于文江学海中巧觅新知，于教书育人中文以载道。

一、拾忆：大师在前为楷模，吾念此常有余力

"文革"的"破旧立新"已过，改革开放的春风骀荡，那个年代对于上大学的要求还称不上高，"有书读就很好了"。回想旧时，马茂军眉眼弯弯，笑着说道："读书是人最快乐的一件事情，能够有一张宁静的书桌，能够坐下来，吃大鱼大肉哪有读书那么快乐。"他庆幸自己遇到的老师，像余恕诚、刘学锴、宛敏灏、祖保泉等大家，榜样在前，他觉得就应该做像他们一样的人，"这个信念一直支持着我往下走。每当懈怠的时候，我们会想，余老师他们这么大年纪还那么努力，我们为什么去懈怠呢？我们这么年轻，为什么不像他们一样勤奋呢？所以师大的这些大师的精神在支撑着我，不管在哪里，他们对我们都是一种精神的支撑"。

"余恕诚是一位极好的老师"，谈到恩师余恕诚老师，马茂军的怀念之情便涌上心头。"余老师常会看望我们，我在西安读书的时候，在广州工作的时候，前一次他还陪我们去九华山。"他记起一件事，当年同窗好友得了胃病，问余老师借五块钱，"你想工资六十块钱，五块钱相当于十二分之一，现在就相当于借两三千块钱。余老师说'过一段时间我就有稿费了，现在先借给你救急'。"余恕诚

是极爱护学生的，马茂军觉得他看学生的眼神就像父亲那般，有着一辈子都忘不掉的慈祥。师恩似海深，谆谆如父语，殷殷似友亲。这样微笑着的余老造就了今日温润的马茂军，如玉如暖阳。

二、问学：集众家不言之语，独辟蹊径新与旧

马茂军拥有一间真正的“书房”，共四处地方——家里，自己的办公室，乡下的房子，还有爱人的办公室。“一直很喜欢读书，读研究生的时候还是很穷的，六十块钱，我们可能要拿到四十块钱去买书，后来工作了，有工资了，就越买越多。”每次搬家，书都是负担，负担重了，便成了习惯，便有了诗意。现在特别留恋书房，于是成了“宅男”。

马茂军家中的书类别丰富，是开阔视野的“利器”，学术研究者总不能少了书籍的阅读，而挖掘别人未曾发现的东西正是马茂军一直的读书追求。有意识地去读一些和别人不一样的书、别人读得比较少的书、一手文献（线装书），以新材料带来新观点，做出一些创新的成果。“过去是在图书馆，看借书卡，别人没有借过的书就是新材料，是大家不太关注的东西。好比高速公路上车很多，你走那种需要爬山、没有路的地方，去的人就少了，也能发现新的景观。”荒野之境，才是一种学术和人生的新境界。

从他主持《百家讲坛》的大宋名相赵普说起，马茂军认为，赵普用儒家文教的思想去治理天下，结束了五代十国军阀混战。中国传统文化孕育出大宋这样高度发达的文明，这点对于中文人、对国学都有启发，不仅是要借鉴西方的，也要学习国学的东西。“从国学里也可以创新出来，赵普不就是从国学当中创新出来，‘半部论语治天下’吗？”不管是对于唐宋散文还是诗歌的研究，马茂军都独辟蹊径，给传统文化注入时代感，切入点新颖，将国学作为底蕴，融入看山看水的诗意，学贯中西，具有现代性学者之风貌。具体落实到古代文学的理论重建，有的时候不能做蹈空之言，马茂军所做的学问，按他的话说，实际上就是在古人的文献材料上，找出一些被今人所忽视、被遮蔽的固有理论，将它挖掘出来，这也是不同于众家的新视角、新理论，这些理论在建构的时候，借助西学的逻辑方法，尽量做到中西贯通。

三、期许：修旧踏实促绵延，灵动于江淮中部

谈及创作《宋代散文史论》，马茂军说这是他博士后的一个成果，要怀着不

同于前辈的雄心，“师大出来的人，我们该怎么做，我们怎么立足？”博士毕业十年后，他自问，也做出了答案：重新建立一套自己的方法，组成如永嘉派、江西文派、四川文派、岭南文派，散文、散语、义味说、唐宋文之争、新样古文、北宋典型等新的话语体系，尝试着去创新，从故纸堆里寻出个条理脉络。“有的时候不一定成功，但不成功不要紧，我们一直在努力。师大人要一直这样，现在该你们去努力了。”马茂军很期待母校文学院的学生能成长成什么模样。

企者不立，跨者不行。立于中部地区的安徽，有着一贯的踏实作风，不弛于空想，不骛于虚声，结合长江流域河海文明比较先进的风尚，文献学与文艺学相互联结，恰好组成了灵动与坚韧的安徽师大。“我觉得我们师大能够走出这么多学者，得益于芜湖这一风水宝地的地域特点，长江的灵动和华中大地的踏实风气，应该是我们师大人成功的一个关键。”马茂军祝愿安徽师范大学文学院能重铸辉煌，也寄语学生：“师大的学生在外面的口碑是非常好的，这是你们的自信，也希望你们保护这样一种光荣传统，走向人生的成功。”千万里踝躞，以此为归，青山长河，世代绵延。

大学毕业后在家乡乌衣中学当了两年老师，深觉学术不精不深，缘感一本《唐诗鉴赏大辞典》，马茂军西行西安陕西师范大学，问学霍松林先生，再次踏入学生行列，自此从事文学研究三十余年。如今忙于三尺讲台，辟新径、理旧知、教真理，马茂军立志做一名立身正名的师大人。

校友简介：马茂军，1983级校友。1995年博士毕业于陕西师范大学。2004年进入中国社会科学院文学所博士后流动站，同年被评为华南师范大学教授。现任华南师范大学文学院二级教授、博士生导师，中国古代散文学会副会长、中国周必大研究会副会长、国家社科基金重大项目《历代古文选本整理及研究》首席专家。出版专著有《宋代散文史论》《宋代文章学》《唐宋散文研究》《中国古代散文思想史》《北宋儒学与文学》《宋代文人心态史》《唐宋八大家散文》《中国古代散文概念发生研究》等，2016年在央视《百家讲坛》节目中主讲《大宋名相赵普》。

人生很多种可能，但要不忘初心

——访1984级校友韩可胜

徐炜红

不忘初心，一蓑烟雨任平生，安徽师范大学中文系1984级校友韩可胜先生便是这样一位永远乐观向上的人，生活在纷繁的尘世里，骨子里却蕴含着行走于天地间的自由灵魂。对于韩可胜而言，人生有很多种可能，无论下定决心做什么事，只有始终坚持当初的信念，才会不辜负自己一如既往的努力。

一、本科求学：谆谆教诲，师恩难忘

1984年9月，韩可胜背上行囊，带着家人殷切的希望和亲友的祝福，来到了安徽师范大学中文系，四年的本科生活充满了欢乐和艰辛。“当年的社会风气比较纯粹，师大的老师学术和教学实力都很强，所以同学们都很踏实地在上课看书，学习热情特别高。”

回忆起本科的宝贵时光，韩可胜说让人印象深刻的课就是刘学锴先生的唐宋文学课，刘老师的学术造诣很高，声音富有磁性，能够传达出诗词的神韵，他朗诵“自在飞花轻似梦，无边丝雨细如愁。宝帘闲挂小银钩”的场景至今宛在眼前。除此之外，祖保泉先生的《文心雕龙》课也让他记忆犹新，“当时我们就和小学生一样，一个个地排队到祖先生跟前背诵《文心雕龙》，都认为不上祖先生的课，白来师大。所以，大家心甘情愿被虐。”在考试是唯一标准的当时，大家都铆足了劲儿，韩可胜也不例外，“除了体育总是出丑之外，我的文化课成绩确实不错，最开心的考试就是考逻辑学，我做出了附加题，意外考了100分”。

然而，说到对自己人生影响最大的老师，韩可胜感慨颇多，“虽然他现在已经故去，但是如果没有他的辅导，没有他当时推荐我去华东师范大学读研，改变了我的人生轨迹，我也不会有今天的一切。他就是汪裕雄老师。”汪老师是韩可胜美学课程的老师，也是他毕业论文的指导老师。汪老师晚年，韩可胜来芜湖看他，他兴奋之余，拿出尘封多年的二胡拉了起来。又一次，汪老师已经是癌症晚期，但指点X光片上大大小小的癌细胞黑点，就像指点音符一样，给韩可胜留下了深刻的印象。韩可胜至今还保留着汪老师自己第一次上美学课时的备课笔记，那是恢复美学课以后，汪老师用活页纸来写、自己用线装订的，严谨工整，钢笔书法赏心悦目，“部分高校‘文革’之后率先恢复美学课，汪老师是第一批老师，大概是在20世纪70年代末期，这是中国美学教育史的宝贵财富。我应该找出来，捐给师大中文系”。

在学习之余，韩可胜平时最大的娱乐就是看电影，“最高的纪录就是一天之内看了7场”。除此之外，他还经常去镜湖散步，买点傻子瓜子当零食……“当年的同学情也十分纯粹，有一次大家寒假回来约着去汀棠公园划船，快到湖心小岛的时候，一个同学踩着船帮往岛上跳，结果踩翻了小船，大家掉到水里，虽然很狼狈，也很冷，但是大家也不觉得丢人，坐着公交车就回了学校。现在想想，那一段快乐的时光再也回不去了。”

二、勇于尝试：人生没有定数

研究生毕业后，由于学术成绩突出，韩可胜留在华东师范大学教书，看似很稳定，也很有面子，但是他却没有止步于此。三年后，韩可胜辞去了教师一职，选择去了浦东，从企业单位，到事业单位，再到机关工作，机关里面又历经了计划、规划、建设、开发区、宣传部等多个部门和多个岗位。“一切都是从零开始，从基础做起，各种岗位我都有尝试，我也明白了人生没有定数这个道理。”

在20世纪90年代中后期，韩可胜就开始涉足房地产行业，结果“乘着房地产发展的大势，一不小心，成了专家”。在多个国家级的房地产行业报刊上开设专栏。紧接着，在21世纪初，韩可胜又把目光投到网络世界，通过自己亲身参与，扎实调研，认真钻研，取得了系列成就，现在是新浪政务新媒体学院的特聘教授、世界互联网大会嘉宾和正式代表、红色大“V”、人民网十大博主、腾讯大申客座主编，在复旦大学、上海市委党校等主讲“舆情研判和应对”“如何当好新闻发言人”。此外，他还与多位党和国家领导人专题座谈汇报网络意识形态和网络管理工作。在机关工作的韩可胜可谓是一步也没有耽误。“无论是在房地产行业，还是尝试网络，或者在官场奋斗，都不是我个人怎么样了不起，是时代，特别是浦东开发成就了我。”

“形势比人强，要顺应大势。”对于人生的多次尝试，韩可胜同时表示，个人也要积极调整自己，做到“做一行，爱一行”。他说：“有人说中文系是万金油，这恰恰表明了中文系的普适性，中文系赋予我的不仅仅是学识，还是一种综合能力，比如各行业都需要的表达能力，还有一种态度，让我能树立信念，朝着目标坚定地走下去。”

对于现在文学院学子的学习和发展，韩可胜也有很多话想对后辈们说，现在的安徽师范大学对于“师范”十分重视，中文系更是走在前端，所以大家一定要提升为人师表的水平，但要减少好为人师的姿态，高标准要求自己。人生没有定数，大家还要勇于尝试，这样人生才会丰满起来！

三、学习传统：给生活增一份智慧

2013年的12月底，韩可胜创办“宝宝念诗”，一个“以当代情怀，看古代诗词”的公众微信号。他每天定时在公众号上推送十分清新的原创文章，短时间内大受好评，粉丝直线上涨，如今“宝宝念诗”已经变成了一个颇具规模的文化阵地，许多志同道合的人都加入进来，里面有文化人、媒体人，还有企业家和金融界人士，共同致力于让读诗词成为孩子生活日常习惯这个目标。

这一切都要源于韩可胜多年来始终坚持带女儿读诗词，现在女儿已经在外求学了，他也在闲暇之时整理出了自己以前教女儿读的700多首诗词，并编写赏析文章，在公众号上推送，供广大的家长朋友们参考，让他们更好地教育自己的孩子。向传统致敬，这是韩可胜一贯的态度，因此，现在的他辞去了上海市浦东新区宣传部副部长、文广局副局长以及新闻办、外宣办的职务，创办了上海市改革开放以来批准的第一家书院——上海江东书院。

书院聘请了北京大学教授、美学与美育研究中心主任、我院知名校友朱良志先生为院长，将以国学为核心，在文化策划、教育培训、文化空间打造等方面全面展开，“书院不是一个培养书呆子的地方。毕竟孩子的一生只有一次，不能将他们当成教育的试验品，他们未来也要找工作，要面对柴米油盐的生活。书院只是为了让他们在生活中增长一份智慧，更好地走好人生的每一步。”

韩可胜表示，接下来自己的人生规划之一就是坚持做好书院，抱着“路远途艰，行者必至”的态度，多方学习与考察，让越来越多的中国人从中获益。

校友简介：韩可胜，1984级校友。曾担任华东师范大学教授、上海市浦东新区区委宣传部副部长、浦东新区文广局副局长。2015年，韩可胜辞去职务转而从商，创办中国十大国学公众号“宝宝念诗”，并于2017年创立改革开放以来上海正式批准的第一家书院——上海江东书院。

诗书忆年华，薪火承师道

——访1984级校友洪治纲

任曼玉　肖　蓓

力学笃行，他在青葱岁月孜孜不倦地寻找真相；书生意气，他在寒窗时光读诗作文；为人师，薪火传承是他始终不忘的信念。砥砺磨刻求其道，研精覃思勤育人。他就是著名评论家、杭州师范大学人文学院院长、中国小说学会副会长，师大1984级校友洪治纲。

一、勤研习：力学笃行，孜孜不倦求真理

“如果不在师大中文系读书，我说不定就不会走上文学这条路了。在师大我被老师们领进了专业之门，知道文学应该如何读、如何研究，原先只是凭借兴趣，但是后来我开始真正用专业的眼光看待文学。”在不断学习之中，洪治纲逐渐养成了用专业眼光欣赏文学作品的习惯，同时更加刻苦地钻研专业知识，成功地考取了研究生，继续在文学之路上探索。

亭亭赭山，盈盈镜湖。师大的校园里，与洪治纲志同道合的同学们为了自己的理想坚持学习到深夜。那时的生活条件算不上舒适，开水只有用开水票才能打到，而且有一定的数量限制。芜湖这个小小滨江之城的冬天异常寒冷，但洪治纲和他的同学们始终保持着高涨的学习热情，坚持如一。

彼时的教育资源稀缺，但学习的氛围却是浓厚的。虽然现在的学生可以看到自己想看的任何书，却渐渐失去了读书的热情。在洪治纲看来，中文系的学生还是要“好好读书，把基本功打扎实”。这是洪治纲曾经作为一名学生体会出来的道理，也是他现在作为一名教师对莘莘学子的殷切期盼。

二、好读书：书生意气，挥斥方遒展风姿

洪治纲求学时的学风是开放交融的，新启蒙主义思潮和西方的大量文学理论的引进，使他和同学们始终沐浴在新知识的洗礼下。思想的交流与碰撞迸发出的火花，也使大家始终保持着“乐此不疲”的学习状态。在这种氛围的影响

下，学校中出现了许多狂热的校园诗人。他们热爱写诗、热爱文学，洪治纲也曾是其中的一员。这段狂热写诗的经历至今仍对他有巨大的影响，文章中逻辑关系的表述是否清晰，文字表达是否足够准确，成为他在日后的写作和阅读中近乎本能的关注目标。

不仅对写诗有巨大的兴趣，在校期间，洪治纲还曾经是《师大青年》杂志的主编。那时的《师大青年》杂志封面，皆由著名书法家曹宝麟老师亲自书写。因为经费有限，每一期杂志往往只能印刷五百本左右。虽然杂志需要用五毛钱的饭菜票来购买，但因为刊物质量较高，杂志往往在两个钟头内即被销售一空。

在热衷写作的同时，洪治纲和他的同学们也对阅读抱有巨大兴趣。"老师只要在课堂上提起哪位作家又出了一本新书，那可就是了不得的事情。"学生们排着队去借这本书看。因为教育资源的缺少，甚至有同学带着一个"小刀片"去看杂志，看到写得鞭辟入里、精妙绝伦的内容就"刷"的划下来，往往看得晚的同学就会发现杂志里有缺页少页的现象。

三、为人师：栉风沐雨，薪火相传承师道

春生夏长，秋收冬藏。洪治纲大学毕业已是整整三十周年，他至今还记得余恕诚老师对唐诗深入浅出的讲解，以及潘啸龙、祖保泉老师对同学们的严格要求。"在一次期末考试中，潘老师的那门课几乎有一半的同学没有过关，我也只是考了六十多分，但是他讲的《楚辞》我现在都没有忘记。"祖保泉老师曾让学生们一个个到自己的家中背诵《文心雕龙》，那些看起来篇幅不长的章节，背诵起来难度却非常大，有时背了半个月可能还会有一两句被遗忘。这些经历都给洪治纲留下了深深的烙印，也对他产生了巨大的影响。即使是在攻读硕士和博士期间，他也始终用这些老师的标准严格要求自己。

从刘学锴、杨芝明、力冈，到朱良志、吴尚华、凤群，老师们的教学方法不仅对洪治纲的学习、研究生涯产生了重要影响，也在他的治学领域树立了各种标杆。"我的教学方法就是在他们的教学方法上不断改进。"然而无论如何变化，洪治纲始终认为教学过程中最应该传递给学生的有两点内容：灵活的思维方式和扎实的基础知识。"师傅教人就是看门道，不能看热闹。基础知识毫不含糊的就是一个字'背'。这个'笨'功夫是一定要下的，下功夫和学思维是当代大学生在校园内最重要的事情。"

今年是洪治纲毕业三十周年，时光匆匆，人生本没有多少个三十年。恰值

母校和母院的90华诞，洪治纲带着满满祝福和殷殷期盼再回师大。“一个大学从不因为它的一些特殊头衔就格外好，在我心中天下最好的学校始终是自己的母校。”洪治纲认为文学作为基础类学科，突飞猛进自然是不可能的，但一定要保留良好的传统，缓慢、稳步地前进，每年都有自己新的进步和发展。回首往昔，每一份记忆都弥足珍贵；回顾来路，每一步都留下坚实的脚印。携着对母校、母院的深情，洪治纲会将这份师道精神不断地延续下去。

校友简介：洪治纲，1984级校友。著名评论家，曾任暨南大学中文系教授、博士生导师，现任杭州师范大学人文学院院长、中国小说学会副会长、中国作家协会文学评论委员会委员、中国当代文学研究会常务理事等职。曾入选教育部“新世纪优秀人才支持计划”。曾在《中国社会科学》《文学评论》《文艺研究》《当代作家评论》《南方文坛》等刊物发表论文及评论300余万字，多篇论文被《新华文摘》和《中国社会科学文摘》转摘。出版有《守望先锋》《余华评传》《无边的迁徙》《中国六十年代出生作家群研究》等个人专著十余部，以及《国学大师经典文存》《最新争议小说选》《年度中国短篇小说选》等个人编著三十余部。曾获第四届“鲁迅文学奖”、首届“当代中国文学评论家奖”等。

承恩师教诲，行学者担当

——访1985级校友沈文凡

李润琦

跨千里，品唐宋，从三师。他从三尺讲台走向诗词文章，凡心所向，素履可往；敏而好古，潜心学术，秉持自信，毕业三十年，他不忘师恩，玉壶冰心涵纳文人担当。通音韵、讲排律、谈创作接受史，也做汉语言文学赞歌。面对韦应物诗"我有一壶酒"的网络仿写热潮，他感叹："韦诗高雅闲澹，国人这么感兴趣，甚安慰！"打开行李箱，他分享了自己多年沉潜学海所得：《唐代韵文研究》《唐诗接受史论稿》《杜甫韵文韩国汉诗接受文献缉考》献礼母院90周年华诞。这位吉林大学的文学院教授、博士生导师，著名学者沈文凡老师在一个半小时的面对面访谈结束后，微微欠身，说"深感荣幸"。六月梅雨季节，他迅速地整理衣领，微笑着与学生记者合影，言语间道不尽对母院的无限怀恋。

一、求学生涯：艰难困苦，玉汝于成

"'哐啷'一声，楼上天花板就掉下来了，漏了好大一个窟窿。"沈文凡老师描述着当年的住宿生活，语气轻松幽默。"那个时候学习条件比较艰苦，又特别热、特别吵，晚上睡不好觉。我住在老宿舍，有一天正在睡梦中，天花板突然塌了，楼上的东西全都掉了下来。"沈文凡老师回忆，之后语言所的硕士生陈昌来老师将研究室借给了他，告诉他"你可以来我这儿写论文"。两人约定彼此都不说话，各自面对一面墙，互不干扰，从早晨八点半左右一直学习到深夜。沈文凡老师说："这个场景我感触特别深。"

论文初稿撰写时，沈老师直言自己的紧张："那时候没有电脑，都是靠手写，打字也需要跑到专门的印刷厂去。我的论文大概写了六七万字虽然说是全校第二个交稿的，但看到别的同学基本上都是一两万字，担心因为论文太厚而被调换到最后，就专门跟印刷厂的老奶奶说：'您千万要按顺序来呀！'"条件虽然艰苦，仍他仍遵从导师建议反复修正，寒假来临也不回家，力求完善。

二、铭记恩师:桃李不言,下自成蹊

“从做学生来讲,要认认真真体悟老师。”念及自己的恩师,沈文凡老师向后轻轻靠在沙发上。求学期间他师从著名词学家宛敏灏先生、著名唐诗学家刘学锴先生、余恕诚先生,是这三位导师五届八名学生中第三届唐宋文学研究生之一。“老师总是鼓励我们多写札记和读书心得,从每位诗人的第一篇作品读起,渐次展开。”沈文凡老师觉得,最令人不可思议的是三位老师会传看他们的文章。“一般先给余恕诚老师,再给刘学锴老师,最后交给宛敏灏先生。一篇作业可以得到三个国内一流大家的指导,我觉得这太奢侈了。”

在沈老师看来,每位导师都有自己独特的关心学生的方式。“刘老师和余老师每一篇札记都会写评语,每篇大概在一页到一页半,三四百字左右,条分缕析,字字珠玑。宛老虽然年事比较高,又患有白内障,但是他在教育我们上花的时间一点也不少。”沈文凡老师回忆,宛敏灏先生常邀请学生到他的家里,抵掌而谈,聊聊文学掌故、学术思想,也会分享自己与夏承焘先生、唐圭璋先生那一代文人学士的交往。“他愿意说,而且说个不停。不管你是上午几点去的,只要不到中午吃饭时间,他就会一直讲。”刘学锴先生在论文写作过程中给予了他极大的帮助:思路不清晰时,提供卡片分类的学习方法,大大增加了效率;选题存疑时,第一时间表示可行性和赞赏;初稿里堆砌材料,不会融会贯通,刘学锴先生评语“刻意求深,刻意求新”,“这个评语看起来是好的,实际上是批评”。沈老师暗下决心,经过一个寒假的潜精研思,他再次将论文提交,没想到收获了另外一个惊喜。“有一天我和同学刘俊峰一起到食堂打饭,遇见余老师过来,他主动上前跟刘俊峰握手,笑容可掬。”沈老师边说边站起来描述当时的情景,“我心里非常奇怪,因为余老师平时虽然比较谦和,但还没那么放得开”。直到当天下午拿回了论文初稿他才恍然大悟:评语一半表扬一半批评。“那就相当好了!”沈老师提高了音调模仿着同学刘俊峰的反应。回想着当时的情景,沈文凡老师说,“这是多么真性情的一个人啊,他觉得这个学生做得好,就能这么高兴,然后还愿意把这种快乐传递到别的同学身上。”

“这三个人都是大教育家,是全国公认的学术界知名人物,是越品越有滋味的大家、学者。”沈文凡老师感叹:“他们以行为示范做表率,教导我们求学问道切忌浮躁和功利。”刘、余二位先生常故意趁着快下班的时候再取报纸,以尽量减少闲聊的时间。“他们做的事情都是和专业研究教学直接相关的,只要是稍微有点距离的，哪怕待遇很好，利益很多，他们也不会去关注。这一点对我们这些同学影响非常大。”沈老师直言。

三、学术研究：聚沙成塔，集腋成裘

“作为一个学者和文人，你对国家的贡献，其实就在于此。”谈到自己将学术研究扩展到韩国、日本甚至越南去的初衷，沈文凡老师正色道：“这其实是在弘扬我们的中华文化，弘扬中国文化自信。”他拉过一旁还未打开的箱子，拿出自己所著的《杜甫韵文韩国汉诗接受文献缉考》，谈起自己近年的研究：“杜甫‘大庇’思想对东亚建筑民俗文化的巨大影响。”沈老师分享个人心得：“中国文化的影响其实非常大。杜甫这一句‘大庇天下寒士俱欢颜’，就影响到整个韩国建筑文化风气。这便不仅是有内涵，还很有意思，说明韩国学者认同杜甫的思想。咱们中华文化怎么往外传？这就是最好的传播方式。”现在有的同学会有困惑：学文学有什么用？学古代文学有什么用？沈文凡老师坦言，“是为了不让自己国家的优秀文化泯灭”。

而当说到自己是如何一点点查阅资料、跑遍图书馆时，老师显得有些不好意思：“去韩国担任客座教授的时候，花高价买了十七大册《韩国诗话丛编》，结果超重了40千克。”同时搜集2000多篇上梁文、图片和视频，反复进行斟酌对比。沈文凡老师说：“向外拓展的前提一定是将最初的基础知识打牢。有深厚积淀，才有资本跳出前人的手心有所超越。”沈老师向青年学子分享治学经验：做学问首先要打牢文化基础，做好知识储备；其次可以在学习名家优长的同时开辟新思想、新领域，或者在原有基础上精益求精；最后，要学会在思想文化荟萃的当下术业专攻，切忌浮躁和过分功利。

四、寄语未来：拳拳盛意，感莫可言

“与中国文化自信一样，我们也应该拥有学校自信。”谈及正值90华诞的母校和母院，沈文凡老师笑着说道：“中文系，也就是汉语言文学这个专业，安徽师范大学一直走在全国的前列。综合实力水平同老一代学者自身和历代师大人优良的学术传承、辉煌的学术成就、优质的教学风范是分不开的。”沈文凡老师寄语：“望身为师者，在继承传统优势的基础上，进一步开拓创新，同时多向兄弟院校、兄弟专业学习，多做学术交流；望身为生者，以学为主，了解历史、尊重历史、珍惜历史，秉持并传承前辈学者的优良学风。”

“我从安徽师范大学毕业整整30年了，如在昨日。”从三师，历三载，三十年后，“两弟三师事太奢”的诗句犹在耳畔。不忘恩师教诲，不逐名利功勋，他说传承的重要性，也谈超越的决心。治学严谨，科研成果丰厚的他是余恕诚先生心中拥有“闳深丰厚的学力、踏实严谨的治学态度和执着专注的治学精神”的优秀弟子，是学生们眼中“无论参加答辩还是合影留念永远身着正装”的良师益友。一代代莘莘学子薪火相传，砥砺奋进，大学之大，非大楼之大，乃大师之大。

校友简介：沈文凡，1985级校友。吉林大学文学院教授、博士生导师、中文系主任，中国古代文学学科学术带头人。1983年7月毕业于东北师范大学中文系，获文学学士学位；1985年9月于安徽师范大学师从著名学者词学家宛敏灏先生、唐诗专家刘学锴先生、余恕诚先生，主攻唐宋文学专业，1988年7月获文学硕士学位，同年到吉林大学执教至今。2000年于陕西师范大学师从著名学者、中国古代文学研究专家霍松林先生，主攻唐宋文学专业，2005年6月获文学博士学位。2006年进入福建师范大学中国语言文学博士后流动站（出站），合作导师为著名学者、中国古代文学研究专家陈庆元先生。

任中国唐代文学学会理事、中国古代文学理论学会理事、中国杜甫学会理事、中国孟浩然学会副会长等。兼任教育部省属高校人文社会科学重点研究基地、安徽师范大学“中国诗学研究中心专职研究员”，光明文学遗产研究院“专家委员会委员”，北京语言大学“中国文化对外翻译与传播研究中心专家委员会委员”等。

研究方向为“唐宋文学”“东亚古典汉诗”“中国韵文接受史”等。

在平凡的岗位中闪光

——访1986级校友汪伟

崔文瑞

一、师范情怀，倾心教育

汪老师从小就想当一名光荣的人民教师。1986年参加工作后，她非常珍惜这份职业，经常利用业余时间进行教育科研研究。她不安现状，想要进一步提升自己，以便更好地进行研究，因此她通过自学考试进入了安徽师范大学文学院。在求学过程中，汪老师刻苦努力，掌握了许多文学知识，对以后的教育科研帮助很大。在工作中，她勤勤恳恳，任劳任怨，爱岗敬业，乐于奉献，以严谨认真的工作态度，一丝不苟的工作作风，把一片真情全部奉献给她所钟爱的教育事业。她坚信用爱心、耐心、恒心、细心教育学生，就一定能赢得学生的尊重、家长的信任。工作近三十年，她兢兢业业地做好本职工作，在平凡的岗位中闪闪发光。

二、潜心教研，用心工作

汪老师在课堂上创新教学，在课下和孩子们打成一片，不仅仅关注学生的学习，还走进学生的内心，是许多孩子心中的好老师。近年来，汪老师潜心教研，她撰写的二十多篇论文在省级以上CN刊物上公开发表，编写的新课标苏教版《暑假生活》《寒假生活》《基础训练》由安徽少年儿童出版社出版发行，撰写的三十多篇论文和案例分获国家、省市级一、二等奖，主持的2项省级和2项市级课题均已成功结题，取得了一定的教研成果。汪老师多次担任安徽省和滁州市的优质课、教科研论文及案例、市骨干教师评选的评委，多次承担省、市级观摩示范教学任务。她还关注青年教师的专业成长，在省、市、区级17次开展学术专题讲座或公开示范课教学，所辅导的教师和学生有30多人次在各级各类比赛中获奖，其中，国家级一、二等奖2人次，省级一、二等奖13人次。她在工作中成绩斐然，先后荣获安徽省“教坛新星”、安徽省首届“江淮好学科名师”、滁州市首届“学科带头人”、滁州市首届“名教师”、滁州市“师德先进工作者”、滁州市“优秀班主任”、滁州市教育系统“优秀共产党员”、全国课改“先进个人”等光荣称号。

三、不忘初心，心系师大

汪老师毕业至今已有近三十年了，可是她依旧对培育过她的母校念念不忘。2003年，她又重回母校，参加了为期一个多月的安徽省骨干教师培训。在培训的这段时间里，她再一次感受到了母校的亲切与温暖，再回赭山，再住宿舍，再吃食堂，令汪老师想起了她之前的求学生活，成了汪老师的又一段美好回忆。

恰逢安徽师范大学及文学院90周年校庆、院庆到来之际，汪老师对其十分关注，也对母校的采访工作十分配合。她热心地询问母校现在的情况，也根据多年她工作的经验对师范专业学生日后的就业提了一些建议。“学校的师资力量雄厚，硬件设施齐全先进，是安徽省一所重点高校，生源好，就业前景很好，希望母校越办越好，培育出更多优秀的大学生，也希望师大学子们可以练好内功，毕业后能够成为优秀的人民教师，为教育事业做出贡献。”汪老师不仅为当今的教育事业做出了贡献，还关注未来的教育事业发展，她一心投入教育事业，让自己的青春在三尺讲台上发光。

在漫漫的岁月长廊里，汪伟老师坚守自己平凡的岗位，心甘如饴、尽心尽力地做一名辛勤的园丁，怀揣着一颗炽热的心，在教育这片沃土上培育着嫩苗，播撒着希望。

校友简介：汪伟，1986级校友。安徽省特级教师，正高级教师，2011年任滁州第三小学副校长，“滁州市汪伟小学数学名师工作室”主持人，安徽省小学数学专业委员会常务理事、教科研专业委员会委员，安徽省教育信息研究课题专家组成员。

忆师大点滴

——访1986级校友刘生良

朱晓倩

一、求学故事

1. 您在求学过程中,有哪些特别的老师、同学,还记得哪些令您印象深刻的故事?

答:老师的一些故事,见我写的《最难忘我的导师们》,此不赘言。

我是1986年9月至1989年7月在母校安徽师范大学中文系读研究生的。那一届全校只有41位研究生,其中1人还是武汉大学暂时在此借读的(上两届更少,好像合起来约30人)。中文系共有9位研究生,其中文艺学5人;中国古代文学专业4人,全都是先秦两汉文学方向,我是其中之一(上两届5人,唐宋文学2人,现代文学3人)。

我印象最深最难忘的当然是同专业的其他3位同学:金荣权,谢大贵,汪祚民。他们3个都是应届生,我比他大七八岁,从陕西师范大学本科毕业后在商洛师专工作了近5年才考来,1977年年底考上大学前还在我老家陕西省洛南县的西关中学当了近2年民办教师,他们都称我“大刘”,至今也这么叫。我们4人同专业同方向,而且同寝室,3年中朝夕相处,情同手足,其间的故事,三天三夜都说不完。这里只能简略说点。

小金从河南信阳师院考来,刻苦用功,是个“拼命三郎”;思维敏捷,做事速度快,效率高,动作麻利;又是个急性子。他走路总是大步流星,吃饭也快,一件衣服洗一两分钟就搞定了,考试也是最先交卷。我们偶尔打扑克,多是他洗牌。有一次去医院看外系一位同学,陪护的同学给每人发一根香蕉,从小金发起,五六个人刚发完,大家才开始剥,回头一看,小金手里什么也没有,以为是忘了给他,他却说已经吃完了——原来是他动作极快,“噌”的一撕,没抓好,掉在地上脏了,趁没人注意,顺手捡起扔到门外垃圾筐又回来坐下了。这简直就像《世说新语》里的王蓝田。不记得几号楼墙角摆了个简易售货亭,有一次在拐角处他拐得太猛,"咚"的一下碰在了檐角的机制瓦上,鬓角碰了个口子。学习上,他每周做计划,计划一周内(当时是6天工作制,而且我们周日也多半用于学习)完成的事,差不多四五天就完成了,所以总是走在时间的前头。他时间抓得紧,又游刃有余,能腾出一定时间借一些专业外围的书刊来看,3年中看的书比我们都多,还坚持记日记。我们寝室每人1天轮流打开水,如果哪个同学忘了没及时打,或者回来迟怕赶不上去打,多是他代劳,寝室的活也是他干得多。两次外出访学都和我一路,行李他背得重,买票等事都是他做,对我照顾甚多。他的毕业论文《宋玉辞赋研究》,论析精到,颇有新意,而且差不多提前1年就基本做完了。小金现为信阳师院教授,社科处处长,中国屈原学会常务理事、宋玉分会副会长。

小谢是广州人,从华南师范大学考来,年龄最小,很聪明,也有点俏皮捣蛋。常用粤语读书,还教了我们两句粤语。来时带了一张席子,冬天很冷也睡在席子上。第二学期带了个电饭煲,一插就跳闸,一顿饭没做熟,就让后勤收走了,他却为此大笑,说等毕业给他,他也没再要。做事看起来不快,效率却高。写的论文观点新特,如《〈离骚〉为屈原绝笔》一文,研二时就在《江汉论坛》这样的刊物上发表了。毕业论文《〈战国策〉性质、思想和策士形象新论》,见解新颖独特,又颇切实际,如认为《战国策》的轴心意识是崇尚智能和反传统思想,非常中肯,发前人所未发。其主要部分后来也都在核心期刊上发表。毕业后到广州市总工会工作,入了党,当过宣教部长、党组成员,现升任副主席。激情、活力不减,但更成熟老练。

小汪是从本校考上的,人很老实,学习踏实,非常刻苦用功,但和我一样做事慢,总是走在时间的后头,往后面拖延,甚至比我还慢。考试交卷也是最后交。他起早贪黑,晚上12点以前很少睡过,在生化楼长明灯教室自习到很晚,经常是我们都睡着了他才回来,进门后摸黑看不见,不是碰了椅子就是撞了脸盆,把我们惊醒。早上起来觉得不好意思,给我们憨厚地笑笑。我们周末有时出去到学校周边游玩,他几乎都没去,总是说"去过啦"或"以后有机会"。他在寝室看书间隙常喊"痛苦啊痛苦啊",我们也喊,但都乐此不疲。他的毕业论文《张衡诗文研究》,写得很不错,就是做得慢。他做事慢,主要是心细性子坦,跟小金相反,小金急,他不急,说一急更慢,就那样一步一步慢慢来;再就是不自信,爱犹豫,也有点不得法。但毕业后长进非常快非常大,论文写得非常细,有深度,有新意。他也越来越自信,越来越得法,文章写得越来越好,速度也大大提高。后来在陕西师范大学师从霍松林先生读博，博士论文《〈诗经〉文学阐释史》非常出色，受到霍先生和评委们的高度评赞，出版后获安徽省优秀成果一等奖。而这都与他读研下的苦功有关，当时确实把功夫下到了，功夫不负苦心人。他一直在安庆师院学报编辑部工作，后任学报主编，编辑部主任，近年还兼任该校文学院教授、硕士生导师、学科带头人。

我们同届研究生中，像汪祚民、施旭升、柳云骐、周锡庚、刘建臻、王保顶、陈涛等不少人后来考取了外校的博士，并成为博导。古代史的王世华、裘士京，文艺学的朱良志，美术学的李锦胜等后来分别担任过母校及相关学院的领导。

2. 您现在想对这些老师说些什么？

答：我想说：你们是世上最好的老师，能成为你们的学生，我不惟三生有幸，真是八辈子修的福！每每回想起你们，都令我感动万分，不由得热泪潸潸。我从小学到大学遇到了一系列好老师，对我不同阶段的人生成长都起到了非常重要的作用，后来在陕西师范大学读博更遇上霍松林先生这样的大师，学业和德行有了进一步的提升，但相对而言，在安徽师范大学读研期间遇到你们这些好老师，对我一生道德修养和学业成长所起的作用和产生的影响，无疑是至关重要的。你们在我求学过程及其以后不辞劳苦、呕心沥血地传道授业，把我领上学术研究的大道，奠定了我一生事业和发展的学术基础，其品德、精神和事迹更时时感染着我，激励着我，对我的影响是终身的。就连读博本身，也是因为你们给我打下了坚实雄厚的基础。我一直在有意无意地模仿和追踪你们，其一招一式甚至文字之间无不有着明显的也永远磨不掉抹不去改不了的师大印记。在做人方面，也同样如此。我一直铭记着你们的恩德和教诲，传承着你们的精神品格和学业学风，始终以你们为榜样来治学施教、处世为人。回陕工作以来我所取得的成绩和进步，与师大老师们的培养和影响有极为密切的关系。我永远是你们的学生，永远崇敬和感念你们！敬爱的卫老和张老师等不幸谢世，但永远活在我的心中！衷心祝愿敬爱的蒋老师、袁老师、潘老师及其他老师和领导幸福安康，福寿无疆！

3. 您对当年的校园生活有什么记忆犹新的事？（食堂的菜、宿舍生活、同窗友情、芜湖游玩等）

答：当时物流没后来发达，芜湖乃鱼米之乡，母校师大食堂的饭菜比北方院校品种花样多，质量和口味也好。我从陕西来，开始一段时间对这里的饮食习惯还很不适应，但后来完全适应了，觉得非常好——虽然伙食还应不断改进。

比如最简单的，那时早餐我们常吃糍糕、麻球和大米稀饭，毕业后还老是怀念，总觉得后来在别的地方偶尔才能吃到的糍糕、麻球还都没有师大的好吃。

我们开始住在7号楼1层，条件较差，主要是潮湿，楼上经常往外泼水，窗外气味不好，还限电。后来调整到4号楼3层和教工住一块儿，一切都好多了。但无论是7号楼还是4号楼，我们的宿舍生活都紧张快乐，同学关系好，其乐融融。在宿舍我们时间主要用于学习，休息时间也聊天吹牛，讲各自的故事。打水、扫地等轮流值班，井然有序，都很自觉，又互相帮助。相处友好，亲如兄弟，即使偶尔有点小矛盾、小过节、不愉快，到毕业时都已经成了值得怀念的生活花絮。到4号楼后，不再限电，尽管不允许，到研三时我们还偶尔在周末用小电热锅煲些豆腐汤，蒸些蛋糕，主要还是从食堂打些饭菜，聚一次餐。有时也请对面寝室和低年级个别同学相聚。洗菜做汤主要是小金，有时是小谢，我主要去食堂打饭菜，小汪洗碗，互相帮助。买菜轮流，常从围墙西南角那里翻过去，墙外就是菜市场，或者把钱装在袋子里用绳子从围墙上吊下去，让卖菜的给搞点青菜、小葱和豆腐、鸡蛋。我们毕业后一直怀念4号楼319宿舍的生活，去年给蒋老师贺寿，我还抽空去319门外看了看，拍了照。

读研期间，我们利用部分周末和节假日，先后游览了校园附近的赭山公园、神山公园、芜湖市区、芜湖码头、长江边、青弋江边，以及芜湖周边的二坝、裕溪口、东西梁山（天门山）、弋矶山公园、大青山李白墓、九华山和黄山。校园附近的景点都是来回步行，就是从二坝到裕溪口，除轮渡外，往返也全都步行。再远一点的要乘车乘船。九华山是第四学期即1988年五一节去的，黄山是最后一学期即1989年6月初去的。这些地方风景非常美，令人赏心悦目、心旷神怡，陶冶了我们的情怀，使我们对江城芜湖和江南山水之美有了亲身体验，激发了我们对母校和祖国的深切热爱之情，也激发了我们学习研究祖国优秀传统文化以及奋发学习报效祖国的热情和干劲。这些游历都令人难忘。

读研期间还有两次难忘的访学经历：第一次是1988年6月先北上去北京查资料接着南下到湖南汨罗参加屈原学术研讨会。北上途中曾顺便访曲阜、登泰山；因在北图所查资料可以复印，节省了时间，得以在北京参观故宫，瞻仰毛主席遗容，游览长城和天坛。南下途中顺便考察了洛阳龙门石窟、襄樊古隆中、武汉黄鹤楼及武汉大学校园。汨罗会议期间还组织观看了岳阳洞庭南湖端午龙舟赛，参观了岳阳楼和汨罗江边的屈子祠，而最重要的是得以拜识楚辞及先秦文学界汤炳正、魏际昌、姜书阁、马积高、褚斌杰、郭维森等前辈和赵逵夫、朱碧莲、汤漳平、徐志啸、毛庆、殷光熹、蒋南华、赵沛霖等众多师长,并结识了周建忠、罗漫等一批青年学友,收获甚丰。第二次是1989年4月毕业论文基本完成后为进一步充实完善去南京、上海、杭州查资料和访学。同样因为所查资料可以复印,节省了时间,得以参观南京中山陵、上海外滩、中共一大会址,拜谒上海鲁迅故居和虹口公园鲁迅墓,游览杭州西湖;途中还在苏州、无锡短暂停留,参观了寒山寺和部分苏州园林以及太湖等风景名胜;而更得意的,是到南京大学拜访了著名的程千帆先生。这两次"学术壮游"至今记忆犹新,难以忘怀。在经费较困难的情况下,学校能保证研究生的游学访学经费,我们内心是很感激的。

附带说明:在1986年母校的开学典礼上,我曾作为研究生代表发言。随后我被推举为校研究生会副主席、主席和中文系研究生分会主席、党支部委员,在校系领导和研究生科的指导下开展了一些有益的活动,如与校领导的恳谈会,每年年终的师生座谈联欢会等,还组织过多次舞会,我不会跳舞,每次都是主动承担守门、协调等任务。我还主持过研究生会换届选举、首届研究生科研成果评奖等工作。1988年适逢母校60华诞大庆,我们有幸参加,所发的校徽、纪念章等纪念品,我一直保存着。特别是当年的庆祝大会,在运动场举行,我们的卫老和宛敏灏老先生等元老教授受邀坐在大会主席台首排中央,台下各系师生按划定区域就座,老师在前学生在后,很能体现尊师重教的特点,令人一直难忘。我后来在陕西师范大学也参加过几次校庆大会,台上全是领导和杰出校友,台下主要是学生和其他校友,老师如游兵散勇,随便站在后边或场外听听,台上台下都没有老师的位置,我觉得都没有师大做得好。

二、学习

4. 您最喜欢哪门课,喜欢看哪些书?

答:作为研究生,当然是喜欢专业课,卫老讲的文字学、音韵学、训诂学、校勘学、版本学、目录学等专业基础课,蒋老师讲的《诗经》研究、《左传》研究,潘老师讲的《楚辞》研究,袁老师讲的《史记》研究等专业课,我都非常喜欢。外语课、政治理论课等虽然不是多么喜欢,但必须通过,也不能缺课,只是在课后除完成作业外没多下功夫。臧宏老师讲的佛教理论课,以前没听过,还较感兴趣。臧老师因板书时手指不慎被黑板划伤,鲜血直流,仍坚持上完课的情景,至今记忆犹新。

我们的研究方向是先秦两汉文学,最喜欢看的书当然是诸如《诗经》《楚辞》

《左传》《国语》《战国策》《史记》《孟子》《庄子》这些经典文献及相关研究著作。这些典籍多是中国文化元典，又是先秦文学经典，意义非同一般。我的毕业论文是研究《庄子》文学，所以后期对《庄子》及历代重要的研究著作特感兴趣。此外，围绕专业学习这一中心，我们对古今中外的文艺学、美学著作尤其是当代西方文学美学理论也较感兴趣而有所涉猎。如我的《〈离骚〉的悲剧精神》一文，就是在潘老师的启导下，在资料室偶然发现一本期刊（《当代外国文学》1983年第2期），参考其中《当代欧美悲剧理论述评》的观点来研究《离骚》而写成的。

5.您对当年的作业和考试还有什么样的印象？

答：作业情况参见《最难忘我的导师们》中的相关叙述，不赘。

考试方面，日语考试是闭卷加翻译一篇文章，得分记得是90多分，应该说进步很大。政治理论课考核是平时成绩加一篇课程论文，成绩记得也是90多分，也算很不错。专业课考核多是课程论文，详见《最难忘我的导师们》；但《诗经》《楚辞》研究课作业之外还有笔试（开卷），蒋老师出题监考，要求两小时内完成，金荣权约提前10分钟交卷，谢东贵按时交卷，我大约拖了5—10分钟才交卷，汪祚民大约拖了半小时左右才交卷。结果我的成绩最高，记得在90分左右，下来依次是小金、小谢、小汪，记得都在75分以上。印象最深的就是考题难度大（如：与风诗相比，雅诗的特点何在？请具体说明；简论《离骚》与《九章》之异同），而蒋老师批阅试卷要求又很严。

在此附带说明：我们的研究生招生考试就很难。我在1984、1985两年参加过陕西师范大学和武汉大学的研究生招生考试，都因外语成绩太低没有考上，但专业课都在90分左右。相比之下，安徽师范大学的考题大题小题都有，覆盖面大，知识点多且较偏，考得非常扎实细致，而且很有难度，比陕西师范大学、武汉大学都难得多，好些题按参考教材根本复习不到。陕西师范大学、武汉大学都是出几个大题，一般都能复习到，而且我教过几遍，感觉不是很难；不过武汉大学另有个文学综合考试科目，题目非常琐细，覆盖面很广。由此也能看出母校严谨、扎实的学风。

最难忘的还有我们的毕业论文答辩。答辩时间记得是1989年6月中旬，地点是中文系研究生教室，答辩主席是安徽省著名古代文学专家吴孟复先生，委员有中文系副主任杨昭蔚老师和蒋立甫、袁传璋、张先觉3位导师，秘书是谢昭新老师。我们4个人，共答辩了两个半天（中间还因故暂停半天），进行得非常认真细致（学位申请表中有较详细的答辩记录）。记得各位老师给我提出了3

个问题，其中有：文中提到王国维认为《庄子》具有“诗歌的原质”，请说明什么是“诗歌的原质”，内涵何在？文中认为《庄子》是“小说创作之祖”而不是“小说之祖”，请说明二者有何差异？我对这些问题的回答，答辩委员非常满意。其他3位同学的回答也很好，小金说话急，语速快，有激情，引起答辩委员和在场师生开心大笑；小谢不紧不慢，要言不烦，吴主席建议他要对《战国策》新思想做出更合情合理的分析评价；小汪比较紧张，下意识地不停挠胳膊，但回答也较好。我们论文的外审专家分别是吴孟复先生和安徽大学的朱一清先生，浙江师范大学的陈兰村先生，吴先生4份论文都要评审，朱先生、陈先生各评审2份；吴先生、朱先生评审的论文是我送到合肥两位老师家里的，也借机拜见了两位老师，陈先生评审的论文是我们邮寄给他的。按照导师组的安排，我的论文由吴先生和陈先生评审，两位先生对拙文都给予充分肯定和高度评价，其评语我一直保存着。吴先生年事已高，对我们4人论文的评审意见，是他打好草稿，答辩时带来，由杨昭蔚老师代为誊抄的。我们的论文答辩都全票通过，皆大欢喜。

三、对学校、学院和后生学子的寄语

6. 您希望学校和学院以后可以在哪些方面做出什么措施？

答：我希望学校和学院继续保持和发扬以往的优良教风学风，继续抓好本科生研究生培养工作，提高培养质量，着力推进中国语言文学一流学科建设，使母校母院的学科建设迈上新台阶，更上一层楼。母校的本科教学向来抓得很好，质量很高，在全国享有盛誉，记得我们考去的那一年，中文系考研率在30%以上，有些小系更为突出，甚至达三分之二以上，有的几乎全考上研究生，这在全国影响很大。我去年有幸评审过母校文学院的本科培养方案，写过评审意见，总体觉得做得相当好，值得我们学习。希望母院在抓好本科教学及实践等常规工作的同时，可考虑试行或推行本科生导师制，指导学生多读书，多写作，注重创新实践；可利用课堂教学和专题报告等形式，向学生介绍最新研究成果或信息，也应注重学习和研究方法的传授，授人以渔，使学生学会学习，终身受益。对研究生更应如此，还可考虑实行导师负责制和导师组负责制相结合的培养方式，强化基础，鼓励创新，进一步提高硕士博士研究生的培养质量。加强教师队伍建设，对人才培养方面成绩突出的老师，要多给予表扬和奖励。衷心祝愿母校母院事业更发达，成就更辉煌，前景更美好！（还请您和同学们代我撰写更合适的寄语）

7.您对现在的学生有什么寄语?

答:我希望在校的同学们珍惜母校母院的光辉历史和优良学风,珍惜自己美好的大学时光和青春年华,刻苦学习,发奋努力,以优异的成绩圆满完成学业,成为国家的建设人才,实现自己的人生理想,为母校争光。我一贯坚信:功夫不负有心人,功到自然成!(还请您和同学们代我撰写更合适的寄语)

8.您对今年毕业的师大学子有什么希望?

答:即将毕业的本科同学和研究生同学,你们经过多年的刻苦努力,已经顺利地完成了学业,即将告别母校,奔赴天南海北,开始新的人生征程。作为30年前的校友和学兄,我真诚地祝愿同学们的明天更美好,更精彩!祝愿同学们一帆风顺,万事如意!希望同学们借母校师大六月风,鸢飞戾天,鱼跃于渊,鹏翔无疆,鹏程万里!

我还想送同学们两句话:在上的不一定都高,在下的不一定都低。只要你没有辜负生活,生活也不会辜负你!(还请您和同学们代我撰写更合适的寄语)

四、学术之路

9.师大和文学院的学术精神和底蕴对您有什么影响?

答:简单地讲,虽然我在本科也做过一点学术训练,写过几篇小文,毕业后还发表了1篇,工作期间也在杭州大学参加过短期培训,但从真正意义上讲,我的学术基础主要是在师大全面打下的,我的学术精神是在师大得以充分培育的,我的学术研究是从师大真正起步的。这对我一生的治学治教都有着极大的影响,对我的影响是终生的。详见我写的《最难忘我的导师们》相关内容,不赘。

10.毕业之后有没有同师大和文学院之间有什么学术往来?

答:毕业后和母校导师之间还有一定的学术往来。一是潘老师邀我参编母校严云受教授主编的《中华艺术文化词典》,潘啸龙教授主编的《楚辞著作提要》和校友周啸天主编的《史记全本鉴赏辞典》3部大书,继续为我改稿指导。二是在中国屈原学会、中国诗经学会和陕西省司马迁研究会定期举办的学术研讨会上,我和潘老师、蒋老师、袁老师多次相聚,继续聆听他的高见和教诲,得到他的帮助和扶携。三是我曾于2007年和2014年分别邀请蒋老师、潘老师前来主持我所带研究生的毕业论文(2014年有博士论文)答辩,评审学生论文并现场指导,潘老师还分别给研究生、本科生作了两场报告。四是我经常向学生介绍母校导师们的学术研究成果,将其传遍大西北;早期还为蒋老师复印过陕西师范大学馆藏的部分古籍文献，在当时发行渠道不畅的情况下，还向陕师大图书馆和中文系资料室为潘老师推荐推销过少量论著。五是潘老师曾为我的拙著《鹏翔无疆——〈庄子〉文学研究》撰写了高水平的书评，我申报副教授、教授时，潘老师都为我写过评审和推荐材料。余见我写的《最难忘我的导师们》相关内容，不赘。

校友简介：刘生良，1986级校友。主攻先秦两汉文学，1989年7月毕业，获硕士学位；同时分配到陕西师范大学任教至今。现为陕西师范大学文学院教授、博士生导师。

做有温度的学者与学术

——访1987级校友彭玉平

庄晓莹

他是三十年如一日潜心词学研究的学者，在厚重学理中积淀智慧；他是躬身于三尺讲台的园丁，在教书育人里收获幸福；他是彭玉平，安徽师范大学1987级文艺学硕士、复旦大学文学博士，现为中山大学中文系二级教授，中国古代文学专业博士生导师，以文学批评、中国词学史研究蜚声学界。

一、学之缘起，钻研路上一往而深

“一个人的创作与学问研究往往和他生活中遇到的人和事有着密切的关联，这也就是我一直强调的‘学缘’二字的重要性所在。”由中华书局出版的90余万字书稿《王国维词学与学缘研究》是彭玉平教授的著作之一，入选了“国家哲学社会科学成果文库”。他在对其词学进行全面创新性研究的同时，还独辟蹊径，将目光放在对王国维的学缘研究上，探析王国维在不同时期所经历的人、事对他创作的影响，这一研究在学界取得很大反响，被誉为有着重要的范式意义。而谈及“学缘”，彭教授表示他的词学研究则缘于安徽师大。

祖保泉、梅运生两位老先生是彭玉平教授在师大求学时的导师，彭教授此次芜湖之行是为了参加梅先生的告别会。谈到两位老师的相继离去，彭教授十分伤感。“恩师已去，再回到此地，真是感慨颇多！”触景生情，他回忆起在师大学习的时光，“是两位先生让我真正走上了词学研究的道路。”彭教授出生在江苏溧阳，自古就是温润的诗词之乡，因为环境的影响，他自小就对诗词十分感兴趣，而在师大的三年学习时光让他决心从事诗词研究。祖保泉、梅运生两位先生在诗词方面均有很高的造诣，他们对古诗词的热爱和研究引导着他一步一步深入诗词的殿堂。在毕业后的二十余年时光中，他潜心诗词研究，有《王国维词学与学缘研究》、《人间词话疏证》、《中国词学史》（上、下）、《唐宋词举要》、《诗文评的体性》等近十种著作，发表的论文足有150余篇，其中近20篇发表在《中国社会科学》《文学遗产》《文学评论》《文艺研究》四种权威期刊上。怀着对词学的痴迷，以严谨的学术态度和孜孜不倦的钻研精神，他在诗词的字里行间里开拓着人生的深度。

二、桃李芳华，杏坛之上耕耘幸福

"我不是一名'研究员'，我是一名'教授'。"著作等身的彭教授表示教师这个角色相比学术科研来说更加重要，"我从帮助学生成长成才的过程中获得实实在在的幸福"。他表示教学是他快乐来源的很大一部分。

彭教授现于中山大学任教，常设"中国古代文学史""中国文学批评史""词学研究"等必修课和选修课。对待教学，他认真严谨，课前仔细温习、完善讲稿，细致到每一个字的读音都会进行确认。他说："一个字的读音看似事小，但读错的字越少越好，毕竟自己是老师啊。"课堂上，他不拘泥于课本，讲授内容深入浅出，往往能激发学生学习的热情和兴趣；从不点名的他每一堂课却座无虚席，彭教授的用心也使他的课程在中山大学全校2700门课程的评教中得分第一。除课堂教学外，他还悉心指导学生进行学术研究，每天下午他都会在办公室和学生交流，引导学生多读书，教给他们读书和做学问的方法。他说："学生能有进步，我也觉得很有成就感。"他从2003年开始指导博士生，至今已指导了30多位博士生，为了让学生更好地掌握论文写作的基本方法，他还利用闲暇时间将自己的研究体会专门写成一部《倦月楼论话》，以尽量从观念和方式等多方面引导、促进学生的学术成长。彭教授的治学态度、教学方法及成果获得师生的广泛好评，他于2004年入选教育部首届新世纪优秀人才，2006年被列为广东省省级学科带头人，2011年获全国宝钢教育优秀教师奖。这样一位追求"把课上好"、以学生成长为幸福的人民教师，在教书育人的三尺讲台上彰显着人生的热度。

三、学理与温情，诗词人生中抒写情怀

"理性的学术是冷的，但做学问却应该冷中带热，努力在学理与温情中找到平衡点。"无论是做学问还是教书，彭玉平教授都带着内心的温情去进行相关的探索。

为了更好地了解王国维，与这位学者进行精神对话，彭教授曾一一踏访了王国维的海宁故居、任教的清华大学、自杀的颐和园昆明湖。他在故居中感受王国维的成长环境，在清华大学体会王国维的教学生涯。他从昆明湖边的鱼藻

轩里看过去，鱼流如织，水光潋滟，身边的游客来来往往。可能没有人会心心念念几十年前曾有一位大师从这里结束他的生命，但彭教授在岸边一坐就是一个下午。“我并不能从这些地方获得新的学术发现，但是我在那里安静地思考和感受，我觉得在那个时刻、那样一种情境中，我仿佛与王国维很近很近，几乎能听到他的脉息，那是一种培育感情和感性认识的方式。”他的学术研究没有停留在冷冰冰的文献书籍中，也没有禁锢在书斋里，他收获的是不只是学问的积累更是情感的满足。彭教授在著有不少高头讲章的同时，还写过一部学术随笔《岸边读书记》，以文言文写成，一共写了50篇，记录了他日常读书的感悟；文章兼具学术性与趣味性，贴近生活，地气充盈，吸引了大批读者的关注。彭教授认为，学术就在我们身边，将文学的温度与研究的理性结合可以加深认识，形成独特的见解。他将学术拉到身边，让其与性情结合，在清晰的学理中输入血性和情怀，传递着一名中文人的人生温度。

彭玉平教授是安徽师范大学中文系的杰出校友，从博学精深的学术研究到果实累累的教学事业，学理与温情在他的身上交融成精彩而曼妙的人生篇章。

校友简介：彭玉平，1987级校友。中山大学中文系二级教授，中国古代文学专业博士生导师，以文学批评、中国词学史研究蜚声学界。

学非探其花，要自拔其根

——访1988级校友肖奚强

朱柳仿　刘毅阳

一、从工厂到大学：实践出真知

20世纪70年代初恢复高考后，整个国家积极向上，年轻人都在努力学习。这样的风气一直延续到了现在。80年代后期，在工厂工作了十年的肖奚强老师一直对学术有着浓厚的兴趣。在完成厂里的生产任务以后，肖奚强老师大部分空余时间都在学习文化知识，通过考试，他成了安徽师范大学的一名硕士研究生。那个时候的学习模式与现在不同，文学院每年招的研究生有名额限制，三年一招，全校一届只有30多人，所以各个专业的同学之间都非常熟悉。对于肖奚强老师来说，安徽师范大学最令他难忘的，就是学校的学习氛围。肖奚强所在的专业有三位导师，而学生也只有4人，几乎是一对一的教育，老师们对学生也极为负责，正是在这样的环境下形成的浓厚的学习氛围，对肖奚强的研究生生涯产生了很大影响。

肖奚强当时的研究生归属语言研究所，与中文系联合培养，导师也分属两个单位。那个时候刚进校时不分导师，而在三位导师中，给肖奚强印象最深的是陈庆祜先生。陈庆祜老师是肖奚强老师的毕业论文指导老师，是当时的语言研究所副所长、留学生部主任，为人谦和，平日里直接管理学生的学习以及生活琐事。1988年，刚从工厂走出来的肖奚强老师操着一口地道的南京话进入了安徽师范大学，“我刚进师大的时候不会说普通话，方音特别重，陈庆祜先生说我们将来是要做大学老师的，你得学说普通话”。就这样，肖奚强老师开始学说普通话，努力做到字正腔圆。直到如今，肖奚强也认为，如果没有陈庆祜先生对学说普通话的指导和要求，也许他就不会进入高校当教师。在采访过程中，肖奚强也提到了张涤华老先生。张老先生是当时学科点的负责人，也是中文系最为知名的教授，学术非常深厚。肖奚强入学时，张涤华老先生已经退休，但平日也乐意接受学生的叩问。“张涤华先生非常亲切、谦和，每次到家里他都特别热情。”在提到老先生时，肖奚强老师满是敬佩的神色。

“师大培养了我对学术的执着。”在谈到师大对自己的影响时，肖奚强这样回答。对于他来说，自己有现在的成就，师大的培养占了很大一部分。“我的性格比较急躁，而我的几个老师都是谦谦君子，所以我一直在向他们学习。”在肖奚强的印象中，师大是一个充满活力、充满学术氛围的地方，这样的学习环境加上老师认真负责的态度，使得师大对学生的性格培养和人格塑造产生了非常大的影响。肖奚强对于学术的追求也正是在这样的环境下培养出来的。“刚进入学校时，我没有想到自己会成为一位真正的学者”，但老师们的严格要求和谆谆教诲让肖奚强老师更加喜欢上了被书本和知识充满的生活。除了吃饭睡觉，其余的时间都用在了学习上面。“是师大培养了我热爱学术、专心学术的个人品德。”在他不负所望进入南京师范大学成为一位大学老师之后，除了必要的工作，肖奚强仍然保持着每天看书学习的习惯，不断地提升自己，渐渐地从一名讲师升到了博士生导师，并成为南京师范大学国际文化教育学院的副院长，汉语国际教育研究所所长，现如今在全国的对外汉语学界和业界都有着很大的影响力。虽是如此，在生活中，肖奚强老师仍为人谦虚、随和，与学生之间关系很好，“我的学生经常说我的桌子乱糟糟的，时间都花在了学术上，也没有时间好好收拾一下”。

二、生活是什么：学习即生活

生活到底是什么？对于肖奚强教授来说，学习几乎充斥着生活的全部。在20世纪80年代后期的大环境下，每一位学子都对学术充满了追求，肖奚强老师也不例外。“我们都在努力学习，与时间赛跑。”肖奚强老师到师大读书之前，没有读过大学，作为知识青年被下放农村十年，后又在工厂工作了十年，在学术方面相比其他同学而言要落后一些。后来考上了师大研究生，对自己来说是一个很好的机会，“我想把欠缺的知识补回来。”每一刻都不放松，每天看书的时间一定在十小时以上。除了必要的生活所需，不论是在图书馆、研究室还是宿舍，他所有的时间都用在了学习上面。有时候在学习之余，肖奚强老师也会去镜湖边散步。有人说镜湖一边一个湖，中间是一座桥，就像是人的眼镜一样，所以名为“镜湖”。肖奚强老师认为这么理解太过肤浅。在他看来，“水平如镜”“水静如镜”才是人们赋予镜湖的最美好的意境。与老师、同门漫步在镜湖边，虽说闲聊，但聊得最多的还是学术。那个时候手机、电脑一类的通信工具还很少见，同学们在宿舍里也是专心学习，没有谁会去把时间浪费在学习以外的事情上面。“我们在宿舍的时候也没有人会去聊天、喝酒或者打扑克，都在看书，累了就在桌子上趴一会，那个时候校园的整个氛围都是看书学习。”

“我们前后届的同学中现在在全国知名高校中成为知名专家的也很多，不仅仅是因为我们生长在那个年代，最大的原因还是那个时候所有同学都是在非常努力地学习，严格对待自己。”在工作和学习上，肖奚强对自己非常严格，并不会因为自己已成为知名专家教授而放松对自己的要求，这是从师大毕业后一直保持下来的习惯。能有现在的成果，与这一点是密不可分的。“作为教育工作者，严以律己，宽以待人不容易，因为严以律己的人往往都是严以律人，一般对自己严格的人、对别人、对学生要求也高。”作为教授，肖奚强要求学生像自己当年在师大一样，每天的看书学习时间不得少于十小时。“师傅领进门，修行在个人。”他认为，现在的学习模式不同于以往，一个导师要同时指导十多个甚至更多的学生，这就需要学生自己能够更加努力。“每天二十四小时，八小时用来睡觉，三小时用来吃饭和午休，每天看书十小时，还有三小时的时间可以去做自己的事情，或者用来放松，这样绝对不算多。”肖奚强一直要求他的学生一定要好好读书，在学习的这条道路上，不能怕吃苦，他也是这样严格要求自己的。有人认为肖奚强每天看书很累，很苦，但他不以为苦，认为这是很平常的生活状态，“这完全是安徽师范大学对我的培养”。

三、把吃苦当成修炼，把枯燥当成习惯

其实在刚毕业之后，肖奚强老师一开始并没有像导师说的那样做大学老师，而是找到了一份出版社的编辑工作。在向他的导师陈庆祜先生汇报时，陈先生语重心长地说：“奚强啊，你不要辜负老师和学校对你三年的培养，你应该去高校做一名老师。”肖奚强按照陈庆祜老师的指点，来到南京师范大学做起了一名教师。

工作后，肖奚强老师也一直保持着每天读书学习的习惯，每天过着家、学校两点一线的生活。有人说，肖老师不懂生活；也曾有人问过他：“每天只是看书学习，这样的生活不会感到无聊吗?”肖奚强老师这样回答：“每个人对生活的理解都有所不同，我对生活的理解就是学习、工作。只要有兴趣，做什么事情都不会感到无聊。在这个过程中我乐此不疲。”每个人的生活方式不同，有人选择吃喝玩乐，认为这才是活得有滋有味；也有人把学习看作生活的全部，学习可以让

人生变得越来越充实。回忆起母校，肖奚强说，安徽师范大学的历史底蕴是非常深厚的，师大文学院的文学、语言学都相当好。他提到了现任文学院院长储泰松教授。储泰松教授研究的是语言学，而在全国的高校中，研究语言学的学者能当上院长的少之又少，在肖奚强看来，这足以证明师大文学院对学术的重视程度。老师们都是谦谦君子，他们用自己的学识给学生们树立了榜样。"榜样的力量是无穷的。"在师大学习的三年里，肖奚强不仅看到了同学们的努力，也看到了已经成为教授，在专业领域内取得了巨大成就的导师们的努力，这无疑为肖奚强树立了榜样。肖奚强认为，是安徽师范大学的老师让他爱上了学术，并将学术融入了后来的人生。"进入安徽师范大学以后，我就喜欢上了语言学，并且乐此不疲，这对我一生来说都是享用不尽的精神财富。"

虽然在课程和学习上对学生要求非常严格，但肖奚强平日里是一位很随和的老师。在和同学们一起做研究时，常常和同学们一起用餐。采访过程中闲聊时，肖奚强老师提到了师大的饭菜。那个时候师大还没有现在的新校区，由于之前并没有读过大学，刚进入师大的肖奚强老师觉得食堂的饭菜很好吃，但其他从大学里直接考上来的同学说："肖兄，这里的饭菜，三天以后你就发现不能再吃了，因为大学里的饭菜吃来吃去就是这几样。"虽听同学这么说，但肖奚强仍然觉得食堂的饭菜其实还不错。除了食堂，他也会去荷花池旁边的美食一条街，里面大部分都是芜湖本地的小吃。有时晚上看书到了十点多，肖奚强老师就会去这里加餐。最让他记忆犹新的是芜湖炒面皮，这是一种将面擀平切成菱形小片的食物。多年以后，肖奚强将这个回忆带到了自己家中，做给妻子和孩子吃，他们也非常喜欢。肖老师很随和地跟我们说："我觉得你们真应该去尝尝炒面皮，很好吃，北方的煎饼包油条和其他地方的美食传到了各地，我觉得芜湖的炒面皮也应该在全国推广。"

四、忆往昔峥嵘岁月稠

肖老师说，回首过往，已经过去了近三十个年头，三十年前在师大学习的历程却历历在目。一代代师大人薪火相传，传承着"厚德重教，博学笃行"的师大精神。在如今的教育体制改革的背景下，师大人应该更加努力刻苦学习，敢于创新，迎难而上，为社会和学界做出更大贡献。最后，肖奚强老师祝愿母校和母院能够越办越好，更上层楼，培养出更多的优秀的学术科研和教学人才，也祝愿师弟师妹们在学校里能更加努力学习，得到更好培养，更上一层楼。

校友简介：肖奚强，1988级校友。文学博士，全国对外汉语教学优秀教师。现为南京师范大学汉语国际教育研究所所长、教授、博士生导师，北京语言大学对外汉语研究中心兼职研究员，上海师范大学对外汉语学院、扬州大学文学院兼职教授，福建师范大学客座教授，南京工业大学校聘教授。已出版专著5部、语言教材7套，在《中国语文》等国内外学术刊物上发表学术论文70多篇，主持国家社科基金项目3项、省部级科研项目7项。曾在韩国淑明女子大学、韩国外国语大学任教。并曾受国务院侨办、国家汉办派遣，赴德国、西班牙、新加坡、菲律宾、越南等国培训大中小学汉语师资。

卷卷往昔师大时，忆此仍牵故人肠

——访1990级校友钱建状

谷　澍　柏跃桦

他是知识海洋里的一叶扁舟，徜徉其中感受文学的浩渺；他是教学路上的一盏明灯，指引无数学子继往开来，不忘初心；他是致力学术的中年学者，以笔耕不辍的姿态探索新的学术篇章。从1994年到2018年，属于他的学术之路从未停歇，20年的学术生涯，皆自1990年踏入安徽师范大学的那一刻开始。他就是文学院1994届校友钱建状教授，现为厦门大学古代文学教授，博士生导师，先后主持过省部、国家级基金项目多项，出版专著7部，在《文学遗产》《北京大学学报》等重要刊物上发表论文六十余篇。现兼任宋代文学学会、中国词学研究会理事。回想起在师大的求学之路，钱建状教授一边煮上一壶开水，一边拉开椅子让记者坐下，亲切地说道："你们是小记者，也是我的学妹，你们可以直接开始了。"就这样，在一片水汽氤氲中，钱教授走上了回忆之旅。

一、恩师授渔初心不变

"刚入学的时候感觉学校环境很好，不只是校园环境还有很多名师。"谈及自己初遇师大时的情景，钱建状依旧历历在目。"当时有教唐宋文学的余恕诚老师，教楚辞的潘啸龙老师，还有古代文论、语言学方向等各个方面的名师。"在师大的各位名师的教学和良好的学习环境熏陶下，钱建状和同学们度过了充实愉悦的四年校园时光。

回忆本科四年的岁月，钱建状坦言，自己受余恕诚先生影响最大。据钱建状回忆，在治学方面，余恕诚先生是一位特别严谨的人，这样的特质不仅仅表现在写文章、做学问方面，他在课堂上留给学生们最深的印象也是一丝不苟的。"余恕诚先生的每堂课的讲义都像是一篇学术论文。"钱建状感慨。

"余老师在国内名气很大，其影响力也特别大！"在众多人心中，余恕诚先生是莘莘学子的榜样，他的著作《唐诗风貌》一经出版，在国内外获得一致好评。钱建状说："余老师对学术有敬意，非长期准备不可，非经久沉淀积累不可。"这样一份治学态度，也对当时尚在本科阶段学习的钱建状产生了不可磨灭的影响。

正因为本科四年的接触，钱建状在考研时准备跟着余先生继续学习，奈何当时一百多人竞争一个名额，还出于一些别的原因，所以没能如愿，这也成为钱建状一大遗憾。本科在接受余先生的辅导时，在学习过程中强调对文学文本的经典解读的经历，培养了钱建状的艺术鉴赏能力。“这真的让我受益匪浅，为日后的学术研究打下了坚实的基础。”钱教授感慨道。

有关余恕诚老师的回忆总是让钱建状面露微笑，“余老师组织了好几场我们学生之间的唐诗讨论课，他从来不点名，我们也从来不逃课。”记者在钱建状的讲述中，仿佛也看到一幅幅“谈笑有鸿儒”的美好画面。

二、旧人旧事旧念契阔

当记者问道钱建状在求学期间是否遇到什么困难，得到的只是一抹微笑。“没有什么困难，那是我人生中最美好的时光。”弹指一挥间的大学四年，却是钱建状记忆里明媚的岁月。“如果非要我说什么困难，我只能说当时大家都在求学，大部分的家境都很普通，都不富裕。生活虽然过得节俭，但是很快乐。”钱建状提到在课程安排方面，因为当时还没有双学位等要求，课表内基本都是专业课，相较于当下的学生是比较轻松的。而且学校提供给学生的待遇也一直很好，生活方面虽比不上现在便捷舒适，但也绝对称得上无虞。

钱建状还特别提到了与潘啸龙老师的小故事，“我们同学最喜欢去两个老师家里，一位是余恕诚老师，我们一起讨论唐诗。一个是潘啸龙老师，我们去说诗，顺便可以蹭蹭潘老师的好烟。”说起当年在老师家的趣事，钱建状不自觉露出笑意。在吃穿用度都限制的学生时代，这种“蹭烟行为”是师生之间的默契和宽容，也成为终其一生都难以忘怀的回忆。

除了和老师的故事，最不可磨灭的还有集体生活的记忆。“同学聚会非常多，有很多同学自发组织的娱乐活动，有舞会还有话剧。演员导演编剧等等都是学生自己参加，基本是全员投身其中，自编自导自写自演。”当时这样的文艺活动在全校都引起了轰动，也让钱建状印象深刻。“这样的活动也就是学生时代才有机会体验，真的一辈子难忘啊。”钱教授还特别提到，因为大家各有特长，在很多次的集体文娱活动中，彼此都能撞出思想的火花，可谓双赢，得到很多启发。“借着母院生日，当年很多同学选择留下，也有人走向远方，但这两天我们也能一起聚聚了。"谈及至此，钱建状颇有感慨地说道。

三、寄语声声情暖少年

在学术道路上，钱建状有自己的心得。"我做学问大概有两个特点，一个是很关注第一手原始资料的考订，这是浙江大学教给我的；还有一个是注重在大的文化背景下揭示文学发生、发展的规律，这是师大教给我的。"作为浙江大学的一员，浙大对于文献的严谨考究态度影响着钱建状的学术研究。同时，作为本科的师大带给他"注重在大的文化背景下揭示文学发生、发展的规律"的这一学术研究角度也使他受用终生。

当年钱建状在师大的老校区求学，赭山旁镜湖边留下了一代人的芳华，如今再来到新校区，钱建状表示空间大了很多，周遭环境更好了，学校的规划也很合理。"我曾经来这里参加过硕士生答辩，今天再看看啊，花花草草又茂盛很多了。"去年今日，岁岁年年人不同，但不变的依旧是那份志存高远的师大学子情。

这次特意回到母校参加母院的院庆，在回答记者提出的给学弟学妹们一些寄语的问题时，钱教授不假思索地说："以师大为荣，无论你走到哪里。"

面对学弟学妹们，钱教授更用心地谈道："这是一个名师辈出、人才荟萃的地方，来师大是不会错的。"以母校为荣的情怀始终不曾变更。昔日学子们以母校为荣，当莘莘学子走向更广阔的人生天地，在学术领域有了自己独特的见地和影响时，那母校也会以曾经的学子为荣。

在采访的最后，钱建状表达了对学院学校的期望与寄语，就是"希望学校学院进一步扩大师资力量，让整个师资队伍增强"。留住人才、重视人才是大势所趋，钱建状相信师大能把握主旋律，同时也希望学校能加强与国际的接轨，将师大的影响力进一步扩大。"比如余老师在台湾的影响力就很大。就像国家政策的'走出去'，我相信母校会越办越好的！"

校友简介：钱建状，1990级校友。现为厦门大学古代文学教授，博士生导师。1971年10月生。1997年考取湖北大学硕士研究生，2003年博士毕业于浙江大学中文系，先后师从余恕诚、刘尊明、王兆鹏、吴熊和、刘海峰等先生，获学士、硕士、博士学位。2003年任教于厦门大学中文系，2007年晋升副教授，2013年晋升教授。2014年，评为中国古代文学博士生导师，招生方向为唐宋文学。

先后主持过中国博士后基金项目、福建省、教育部、国家社科基金项目，出版专著多部、合著若干部，发表论文六十余篇。论文、著作曾获厦门市、福建省哲学社会科学优秀成果三等奖、一等奖等。出版过《南宋初期的文化重组与文学新变》《宋代文学的历史文化考察》《宋史文苑传笺证》等。曾赴美国哈佛大学等地访学、交流。近年来，主要研究领域为词学、宋诗研究、科举与宋代文学、宋人日常生活与文学等。现为宋代文学学会理事、中国词学研究会理事，李清照研究学会理事。福建省高校新世纪优秀人才、厦门大学南强青年拔尖人才。

采其实者思其树，饮其流者怀其源

——访1990级校友王灿龙

朱晓倩

曾记否，在这里，我们成为师大人，准备起航；在这里，我们指点江山，放飞梦想；在这里，我们练就本领，学会飞翔；在这里，我们握手道别，奔向四方；在这里，我们也曾发誓，总有一天，我们会“衣锦还乡”。

“采其实者思其树，饮其流者怀其源”，1993年毕业于安徽师范大学语言研究所现代汉语专业的王灿龙教授就是这样一位不忘初心、始终眷念母校的人。今天我们将随着王教授的思绪，回到二十多年前的那个校园、那段时光，领略那段属于他的青春风景。

一、访谈录摘要

记者：王老师，您好！据我们了解，您不是安徽师范大学毕业的本科生，而是从师大语言研究所毕业的硕士生。不管是本科生还是硕士生，不管是在师大生活了四年还是三年，我们相信您都会对母校有非常深厚的感情。您能简单地谈一谈您那时的感受吗？

王灿龙：我1990年9月考入安徽师范大学语言研究所攻读现代汉语专业的硕士学位，1993年7月毕业，在师大差不多生活了3年。3年的时光不算长，但我却在这不长的时间里收获了很多很多。我是初中毕业直接考的中等师范学校，之前没有上过大学，因此，来到师大，对师大的一切都感觉新鲜，印象深刻的事情不少。

记者：这样说来，师大可以算是您平生上的第一所大学了。这应该也是您人生的一个重要转折点。您对师大的感情一定格外真挚，当年给您留下深刻印象的人或事一定很多，如果让您只说一位当年的人或一件当年的事，您会选择什么样的人或事呢？

王灿龙：我们入学的时候，张涤华先生还健在。大概是在我们安顿下来之后不久的一天，陈庆祜老师领着我们现代汉语专业的三个新生去拜望涤老（“涤老”是当时大家对张涤华先生的尊称）。之前通过陈老师的介绍，我知道涤老是国内德高望重的著名语言学家，在多个领域造诣深厚，大有建树。一想到要见这样的大家，我既兴奋又紧张，担心自己被某个问题给问住了。

进入涤老家坐下，陈老师先将我们三个学生的情况给涤老做了一个简单介绍。陈老师说完，涤老就接过话题，开始聊了起来。他当时虽已80多岁，但思维很敏捷，思路很清晰，记忆力也非常好。让人感到格外亲切的是，涤老“因材施谈”。听说我是贵池人，他就从贵池境内的昭明太子钓鱼台谈起。他告诉我们说，贵池曾是昭明太子的封邑，境内多处留有与昭明太子有关的遗迹，唐代还建有昭明太子庙，等等。然后又从昭明太子说到《昭明文选》，不过，他并不问我是否读过这个集子。这使我一下子放松了，不再感到拘束和紧张。涤老对其他两位同学的家乡情况也非常了解，或谈其历史，或谈其现状。每个人他都要照顾到，不让我们感到“被冷落”“被忽视”。且不说涤老知识多么渊博，单就他这种聊天艺术就足够我们学一辈子。

整个谈话过程中，涤老没有对我们的研究生课程学习提什么要求，但是我们却从他的“不言之教”中感悟到了许多东西。回来的路上，我一直在想，陈老师安排我们拜见涤老，并不是要给我们一个见见“名人”的机会，而是别有深意。

记者：“桃李不言，下自成蹊。”张涤华先生的存在本身就是对后生极大的激励。陈庆祜先生也可谓是用心良苦，对学生的这种关爱之情令人钦佩。既然说到了老师这个话题，那除了张涤华先生，还有哪些老师让您印象深刻？您现在想对这些老师们说些什么？

王灿龙：我们入学的时候，现代汉语专业的硕士点有三位导师，分别是语言研究所的张紫文先生、陈庆祜先生和中文系的胡治农先生。这三位先生组成一个导师组，共同指导学生。平时并不明确哪个学生归哪位导师指导，只是在最后一学年写毕业论文的时候，才有一个明确的分工：一位导师指导一名学生。

这三位导师对我们的学习和生活都倾注了极大的心血，既教我们读书、做研究，也教我们为人处世。今天我们不论身处哪里，从事何种工作，所取得的任何一点成绩都应该归功于导师们的教导和帮助。现在我想借此机会，再次对三位导师表达我最崇高的敬意和衷心的谢意！也借此机会，对母校的其他老师和工作人员道一声：谢谢你们！

记者：“饮其流者怀其源，学其成者念吾师。”这句话在王教授您的身上得到了切实的体现，相信您的学生对您也怀有这种崇高的感激之情！学生时代对每个人来说都是极其宝贵的，王教授能否跟我们谈谈平时最喜欢哪门课？喜欢看哪些书？

王灿龙：说实话，我考研究生的想法比较简单，就是想圆一个大学梦，体验一下大学生活。当然，也有功利目的，就是想改变一下工作环境和境遇。因为我之前上的是中师，青春都贡献给家乡的基础教育事业了。每年看着自己教的学生一个个都远走高飞到大学深造，在替他们高兴之余，难免不为自己抱憾。

我虽然考上了研究生，但一开始对研究工作并无多少认识，也不知道自己将来是否会从事语言研究，对未来也没有做什么“宏伟规划”，只是按部就班地学。很难说我最喜欢哪门课、最不喜欢哪门课。我的性格里理性的成分多，感性的东西少。即使有最喜欢的课，也不会狂热，爱得死去活来；对于不喜欢的课，也不会敷衍其事，唯恐避之不及。

说起看书，我自认为是花了一些时间的。当时师大语言研究所有自己独立的小图书馆，导师允许我们进书库自己找书。每次我进入书库，如入宝山。此宝山非那个民间故事里的宝山，我无论怎么流连，贪婪，也不用担心抽身不及会有性命之虞。三年里，我基本上翻遍了这座小图书馆里有关语法学方面的书籍，尽管多数是“不求甚解”。我当时看书，偏重现代汉语语法，但是其他如词汇、古代汉语等方面的著作也有所涉猎。看专业文献之外，我也看一些“闲书”，比如文学方面的，历史方面的，人物传记方面的，等等。当然，说是看“闲书”，其实脑子里并不闲着。

记者：王老师果然是博闻强识，值得我们学习。最后，请王老师为师大在读学生说几句寄语，以激励后学吧！

王灿龙：要说“寄语”，那可不敢当。说一句共勉的话吧。咱们的母校安徽师范大学是一所历史悠久的学校，校风优良，声名远播。从这里走出去的毕业生在全国各地和各条战线上有良好的口碑，他们为师大赢得了很好的声誉。现在距离我当年在师大读书的时候快30年了。近30年来，师大无论是教学和研究的硬件设施还是人才培养的软环境，都有极大的改善。今天的师大学子们赶上了一个非常好的时代。我相信，大家一定不会辜负这个时代，不会辜负咱们敬爱的安徽师范大学老师们的殷切期望。

作为师大人，今天，你们因前辈而骄傲和自豪！明天，后来者也一定会因你们而骄傲和自豪！

同学们，努力吧！

二、记者手记

时光荏苒，一晃近三十年。昔日满头青丝的学子如今已两鬓染霜，但岁月无法改变的是深藏于王灿龙教授内心深处的对母校的拳拳之情。对于任何一个曾经就读于师大的人来说，不管是十年之后、二十年之后，还是三十年之后，乃至更漫长的岁月之后，母校都永远是最令人魂牵梦萦的地方！

“厚德、重教、博学、笃行”作为师大的校训，既是师大对在这里工作的教职工和在这里学习的学生的殷切期望，也是师大人和师大校友的人生信条。当年王灿龙先生的老师们身体力行地诠释这八个字，熏陶和影响了一批又一批的学生。二十多年来，王灿龙先生也一直在用自己的行动践行着这八字精神，这使我们看到，哪里有师大人，哪里就有师大精神！

“师者，所以传道受业解惑也”，教师不仅要执着于教学之道，还要敲开学生的心灵之窗，走进他们的心灵，用自身的人格魅力影响他们，引导他们朝着正确的方向发展，正如当年行“不言之教”的张涤华先生，又如当年对学生“倾注了极大心血”的张紫文、陈庆祜、胡治农等先生，也恰如今天的王灿龙先生。二十多年前，王灿龙先生从张涤华先生的“不言之教”中感悟了许多。今天，我们也从王灿龙先生的“不言之教”中获益匪浅。这是王灿龙先生与其老师们之间的传承，也是一代一代师大人之间的传承。

镜湖水粼粼，赭山柳依依。我们期待在镜湖之畔、赭山之巅与各位校友相会！

校友简介：王灿龙，1990级校友。1981年7月中等师范学校毕业。1993年7月安徽师范大学语言研究所硕士研究生毕业，获文学硕士学位。1999年7月中国社会科学院研究生院博士研究生毕业，获文学博士学位。现为中国社会科学院语言研究所研究员，句法语义研究室主任，中国社会科学院登峰战略计划重点学科“句法语义学”学科带头人，中国社会科学院创新工程项目首席研究员，中国社会科学院研究生院语言学系教授，博士生导师。

主要社会兼职：全国人大法工委立法语言文字规范专家咨询委员会委

员，国务院法制办公室法律用语咨询专家，国务院教育督导委员会、国家语言文字工作委员会语言文字督导专家，教育部考试中心高考考试内容改革专家工作委员会委员。

笃实严谨,无问西东

——访1993级校友彭胜文

葛悦萌

他,从不张扬,默默耕耘在语文教育的岗位上;他,日积月累,持之以恒在微信公众号和头条号上发布文章;他,胜之以文,用心谱写着诲人不倦的诗篇。安徽师范大学"厚德、重教、博学、笃行"的校训,他始终铭记在心。他是谁?他就是合肥六中的高级教师彭胜文老师,他是合肥六中学生心间的"真男神",他也是安徽师范大学1997届的优秀校友。正值安徽师范大学90周年校庆之际,在2月2日的采访中,他向我们徐徐道来那段大学的峥嵘岁月,那些年的奋斗经历,以及对母校生辰的那份祝福……

一、忆往昔·师生同窗

当被问及大学生活里的印象最深刻的是什么时,彭胜文老师不假思索说是师生情、同窗情。彭老师深情回忆,虽然当年的教学设施并不像现在一样先进,但"以中有足乐者",可以聆听朱良志老师对中国古代美学的生动诠释,可以看见余恕诚老师谦和的笑脸,可以享受陈文忠老师深入浅出又韵味无穷的讲课。回忆大学老师,彭胜文老师最想表达的是深深的感谢与怀念,于他而言,这些老师不仅仅是学业上的恩师,他们更是人生的导师!他们著作等身,作为一代名家学者,做学问的扎实使他明白对待教学也是一样要笃实为之;他们注重细节,作为一名讲师教授,做事情的严谨更是让他在高山仰止之余明白细微之处的重要性。除此之外,还有宝贵的同窗情。彭老师说,当时师大文学院还在赭山校区,十个人住一个宿舍,尽管条件不是很好,可那并不重要,天南地北却是同一宿舍的室友齐聚一起,在慢慢深入了解彼此时,成为关系最好的朋友,现在回想起来,是倾盖如故,是平生快事,是峥嵘岁月!

二、再回首·笃实严谨

正因为母校老师们的熏陶与教导,也因为专业的选择,彭胜文老师最终从事了教书育人的工作。始于初心，不悔初梦。他一路走来，始终铭记当年老师给予的教诲：笃实严谨，认真负责。他以“育人为本”为目标，送走一届届优秀的高中毕业生；他从实际出发，了解到学生和家长对于中学作文有疑难的情况后，借助微信和今日头条的新媒体，让更多的学生喜欢写作并学会写作。“也许我一个人的力量是微不足道的，但借助这个更广阔的平台，更多的孩子和家长能听到我的声音，得到作文上的帮助，我就觉得很满足了。”彭老师这样说道。他也表示这是一种新的教学方式，很新颖，他也在不断尝试中。提及工作上的认真负责与笃实严谨，他认为除了是受到母校老师以身作则的教导影响之外，母校严谨的学风、考风和校训精神使他在教学中多了份责任，多了份严格，多了份认真。对于在校学习的学弟学妹们，他说：“行你所行，无问西东。”同时，他鼓励他们追逐自己的梦想，但也要脚踏实地，无论是选择考研，还是就业，都要有目标地努力前行。

三、送祝福·母校蓝图

今年正值母校的九十华诞，彭胜文老师也送上了自己的祝福：“母校永远是我们师大人的家，忆往昔岁月，萦绕于心的是那份回忆的美好。贺母校生辰快乐，愿母校再续辉煌！”虽然只是几句简单的话语，传递的却是彭老师真挚的心意与诚心的祝愿，他表示，难忘母校的一草一木，不会错过母校庆典的盛况。对于母校与文学院未来发展的蓝图，他从一个高中语文老师的角度出发，提出建议：“无论是对芜湖，还是安徽全省来说，安徽师范大学的教育资源是十分宝贵的。如果这种教育资源能够有取舍有重点地共享，可以更好地利用资源，也可以更好地向下传播。”他举了个例子：“比如说文学院《学语文》这个杂志，合肥六中也是编委，但彼此的沟通不是很紧密，针对性不够强。实际上，中学语文的市场仍存在潜力。学生、家长和中学老师需要这方面相关的教育理念与资源。”

笃实严谨，是彭胜文老师的教学准则；无问西东，更是他对未来充满信心的态度。“春蚕到死丝方尽，蜡炬成灰泪始干。”相信他会继续笃实前行，严以贯之，如春风化雨般教书育人，谱写教师生涯的新篇章！

校友简介：彭胜文，1993级校友。现为合肥六中高级教师。

笃爱无私，做虔诚的教育行者

——访2000级校友余建三

涂梦婷　叶诗平

艺术激励人生，教育启迪未来。他是一名企业家，心系教育发展，以匠心精神深耕责任与使命；他是中学校长，知识渊博、随和儒雅，是学生心中可亲可敬的好校长；他也是热心公益的爱心人士，情系母校，用行动报答母校与社会……他是安徽启迪教育集团创始人、芜湖同文中学校长、安徽师范大学“启迪教育”奖助学金创办人、2000级校友余建三。

一、不忘教育初心，创业路上砥砺前行

教育是余建三心心念念的牵挂，也是他一生的牵挂。1991年毕业以后，余建三步入社会，参加工作。在七年的光阴岁月里，他做过高中语文教师，将爱心与知识播撒，是三尺讲台上辛勤的耕耘者；同时，他也开过书店，在电台、电视台、报社做过兼职，撰写文章，是与文字相伴的刁墨人。

作为安徽师范大学的优秀校友，回望在师大的青春岁月，余建三最深刻的记忆就是师大的严谨治学，这对他有着一生的影响，一直提醒着他要做个脚踏实地、严谨负责、有担当的人。出于对平稳生活的不甘心，以及对走出公办教育体制的期冀，1999年，在一个偶然的机会中，余建三先生走上了创业之路，他决定自己创办一所不同于公办学校且有自身特色的民办学校。

因为教育启迪着未来，所以他给自己的品牌命名为“启迪教育”，“教育者必须是社会的精英，或者说必须是社会精英来办教育。精英者，思想之精，品德之英，然后学有所专，能静下心来做学问，做事情，办教育，为社会之脊梁，公民之示范”。这是余建三先生创业的初心，也是他十九年来从事教育行业不断坚持的信念。

二、以梦为马，谱写艺术教育新篇章

“创业，真正是从零开始，首先要有热情和愿景，然后就必须全力以赴地去

努力”。创业不是简单的事情，对于创业中的风险，余建三先生以一种无畏的姿态，以一种不问回头路的坚持，一路向前。凭借着勇敢创业的决心和优秀的创业团队，他逐渐实现了自己的教育梦想。

在余建三先生的领导下，启迪教育集团目前主要开展艺术教育、出国留学、线上教育几大板块业务，同时参股投资广告传媒、影视剧拍摄制作业务，在北京、合肥、芜湖设立有实体公司与学校。日就月将，弦歌不辍，启迪教育在余建三的带领下迈着坚定的步伐，逐步发展成为安徽省艺术特色品牌学校，全国艺术知名教育品牌。

回顾所来径，苍苍横翠微。经过十九年的努力与发展，安徽启迪教育集团已形成矩阵式发展态势，在民办学校、影视制作、在线教育等领域积极布局全国市场，同时也本着“精品高中、特色学校”的办学目标打造全国一流的有着自身特色的优质教育资源。

“以教学吸引学生，以管理规范学生，以爱心关爱学生”，这是启迪教育的治校策略，也是余建三内心的坚持。他期望着在这个互联网时代里，能够与有志于教育事业的同仁们共同努力，静下心来办教育，让国家的教育事业变得更稳健、更成熟、更温良。

三、爱心助力教育，温暖搭筑梦想

“取之于斯，用之于斯”，作为一名商人，这是对余建三最好的写照。在稳扎稳打进行创业、促进集团发展的同时，余建三也积极回报母校，回报社会，用自己的爱心与行动助力教育发展。

2012年，余建三在安徽师范大学文学院设立“启迪教育”奖助学金，希望能促使受助学生树立“天道酬勤、助人自助、感恩奉献”的信念，以感恩之心，以一己之力服务他人、奉献社会。作为一名从农村走出来的孩子，他深知贫困家庭的孩子求学不易，因此他期望能尽自己的一份力量使得那些急需帮助的孩子完成学业，在求学的路上感受一份温暖与鼓励。此外，余建三先生还与文学院共建“生源·实习·就业基地”，多次来文学院进行就业专题报告，主讲就业创业指导专题报告会。

作为中国艺术教育的先行者，余建三创办的启迪教育积极响应国务院的号召，投身艺术教育普及公益事业，率先发起“美育进校园”公益项目，把自身产业链下的优质教育资源免费送进中小学校园，为新时期的学校美育改革创新，起到良好的示范效应。如果聪明是一种资本，那么善良便是发自内心的选择。余建三热衷于教育公益事业，不为别的，只为他血液中滚滚翻涌的善意与社会责任感。

厚德博学，为人师表。余建三先生围绕教育的创业传递着爱与责任，散发着温暖的气息，向社会传递了正能量。回首自己的创业经历，他最深的感悟就是要脚踏实地，一步一个脚印地走，从而稳健、执着、不断地超越自己。漫漫前行路，余建三先生追求着教育的温度和高度，他在这条路上一直虔诚地奋斗着，努力着，相信下一个收获与跨越，就在不远处。

校友简介：余建三，2000级校友。安徽启迪教育创始人，启迪教育文化发展（北京）有限公司董事长，启迪教育总校校长，芜湖同文中学校长。本科、研究生均就读于安徽师范大学，大学兼职教授，曾在公办高中学校、报社、电视台和宣传部工作。

1999年余建三先生创办安徽启迪教育，目前创办有16个直营校区和一所高中学历教育学校（芜湖同文中学），首创艺考“1+1”模式，在艺术教育方面进行了大量的探索，特别是在学校运营管理系统的架构设计、教学体系、家校教育一体化方面提供了解决方案，建立学校运营支持系统和服务体系，是全国高考传媒培训开创性的领军人物，在业界享有很高的赞誉。曾在文学院捐资设立“启迪教育”奖助学金。

师大印记

校友评论摘选

(一)

微信公众号:吕鸿宾

那些师大浪漫主义之印象(下)

评　论

一介:忘不了背着书包走进食堂、走进教学楼、走进生化楼的芳华岁月,忘不了与同学一道漫步荷塘、漫步后山、翻越围墙的青葱时光……1988年母校60岁的庆典记忆犹新,弹指间30年光阴已成过往,母校90岁生日又到了。祝福母校越来越好!

(二)

微信公众号:安徽师范大学文学院

校庆特辑|九代师生忆芳华

评　论

1. 欣然前行:四季轮回里长夏初始,岁月长河中芳华正茂。潜岳苍苍,江淮汤汤,皖南的好山好水孕育出她灵秀而不失大气的风度;云山苍苍,江水泱泱,一代代大师将她"厚德重教,博学笃行"的精神使命继承传扬。与师大分别愈久,愈加懂得"传承"二字的意义:我的老师、同学、同事、邻居、朋友……天涯何处没有师大人!我们都曾从师辈手中接过粉笔,一年一年地走上属于各自的讲台。旧日的桃李播撒在别处土地上,又扎根生长,绵延新一轮茁壮。三秋回转,岁岁年年,师大就这样成就了我们的芳华,而我们的芳华又让师大长青!今日芳辰,于东吴隔空遥扣;期颐之约,定携佳绩欣然亲往!——2017届文学院毕业生祝母校芳华永在,基业长青!

2. 桃花羹:九代师生齐堂细数少年事,共忆我们的师大芳华。求学四载,师大文学院是我家。愿和老师一起,唱响峥嵘岁月,青葱年华,唱响对中文人最真挚的祝福。祝福文学院,砥砺前行,再创辉煌!

(三)

微信公众号:安徽师范大学文学院

迎校庆·致敬吾师|方可畏老师(作者:方锡球)

评 论

1.居然俊杰:方可畏教授也是我的老师,记得毕业若干年后,有一次搞活动,我们去茅山茶场。茶场面积很大,划出了一片修建了陵园。偶然看到方可畏老师的墓碑,很是惊讶,方老师去世了?!继而疑惑,怎么葬到了屯溪?突然想到,方教授的儿媳妇亚君是徽州人,可畏老师长眠在徽州的青山绿水间,将自己化成徽州文化的一个因子,可以留给后人无尽的遐思。于是我恭恭敬敬地向可畏老师三鞠躬,表达一个当年学生对老师的敬意!

2.江槐:方可畏先生是我的业师,大一时教授我们文艺理论。方先生渊博的学识,高尚的人格,一直令我们敬仰。云山苍苍,江水泱泱。先生之风,山高水长。

(四)

微信公众号:安徽师范大学文学院

校友回忆录|再回芜湖(作者:黄升发)

评 论

1.Chyun:不经意间,思绪飘回母校,脚步慢慢荡回40年前的芜湖山水,那也是我们刻骨铭心的地方!

2.人间无数:一眼看到熟悉的师大校门,一阵激动,再看到30年的字样,以为是我们年级的同学呢,再一看照片我一眼就认出了大芹学姐,方知是1986届校友!那时我们好崇拜大芹学姐,她天籁般的声音我至今都记得,她那时去过我们寝室找她的老乡,我好羡慕我的室友有这么一位老乡呢。

(五)

微信公众号:安徽师范大学文学院

迎校庆·致敬吾师|留得文心待雕龙(作者:李向荣)

评　论

方锡球：犹记2010年前后，童庆炳先生问我：听说你们安徽师范大学的祖保泉老师要求本科生背《文心雕龙》，你会吗？我说：会背十二篇。童先生又说：这是完全有必要的。我以后让北京师范大学学生背二十篇。

（六）

微信公众号：安徽师范大学文学院

校友回忆录|《安徽师大：也想与你共晨昏》（作者：卢赟秋）

评　论

小雨滴滴：有些陌生，却又是那般熟悉。大礼堂看的第一部电影是《星语心愿》，那时张柏芝年轻，我们也年轻。广播里张信哲《爱就一个字》的歌声似乎还回响在耳边，回头转望，却已是消逝的青春！

（七）

微信公众号：安徽师范大学文学院

校友回忆录 | 飞影记（作者：何亚兵）

评　论

剑心：荷塘的月色和情人坡的阳光，时常在梦里闪耀，每次路过芜湖，总会情不自禁走进师大校园，在一片芬芳里寻找记忆里的点滴……

（八）

微信公众号：安徽师范大学文学院

校庆特辑 | 生日快乐，我的"安star"！

评　论

1.Fiona：我走的时候，还不懂得怜惜曾经拥有的事物；我走的时候，还不知道向那些熟悉的东西告别；我走的时候，还不知道曾经的生活有一天会需要证明。90岁快乐，最爱的母校!

2. 田华：几回回梦里回师大，醒来泪湿枕头！感谢恩师沈正赋、胡传志、邹春秀、潘务正等，永远不会忘记你们的悉心培育！愿我们的母校明天更美好！

3. 虫二：我的"安star"！我的文学院，我的魂牵梦绕的母校！生日快乐，明天更美好！

(九)

微信公众号:安徽师范大学文学院

院庆特辑|文学院献礼校庆主题晚会筹备中

评　论

陈一兵:人生的每一次遇见,都是上天的恩赐。七年的青春,遇见文学院,是我生命中最美的邂逅。感谢在这里遇到的每一个人。离别在即,道一声珍重,那一声珍重里有我无尽的哀愁,我亲爱的文学院。

(十)

微信公众号:安徽师范大学

独家|刘学锴先生访谈录

评　论

半床书:我是刘学锴先生所著《唐诗选注评鉴》一书的责任编辑,刘老是当代不多见的德艺双馨且家庭和美的学者。他所撰《唐诗选注评鉴》被陈尚君先生评价为"当代最好的唐诗选本",已多次印刷,深受读者喜爱。我从刘老身上获益匪浅。祝仁者寿!

(十一)

微信公众号:安徽师范大学

安徽师范大学举办高水平大学建设发展论坛暨艺术展演纪念建校90周年

评　论

1.美丽宣言:历史是一本书,字里行间流露的是师大人心系天下的担当与奉献;历史是一条河,波涛奔流见证的是师大人追逐梦想的不屈与坚强;历史是一首歌,雄浑激昂诉说的是师大人开创未来的自信与豪迈。无论岁月峥嵘,还是时代芳华,都永远镌刻于赭山的苍翠、花津的流芳,积淀成师大人心中永远的精神家园。今天,我以母校师大为荣!

(十二)

微信公众号:安徽师范大学

校庆活动日|安徽师范大学九十周年校庆大会全程精彩回放

评　论

1.Chris Lee：祝福母校越来越好！因为时差没能看直播，一早醒来就把回放看了一遍又一遍，特别是李亚栋院士、方小培老师和王大明董事长的发言备受鼓舞！十年前作为志愿者参与80周年校庆活动的那一幕幕还历历在目！祝福母校生日快乐，让我们相聚母校百年华诞！

2.笑飘筱空：人入九十早耄耋，校进九十正芳华。母校，生日快乐，520。

3.F：我的脚步踏过安徽师范大学的每一寸土地。我很开心地参与到她的活动中。我曾经不喜欢安徽师范大学，现在倒也突然多愁善感，会为她热泪盈眶。龙年生人的她倒也90岁了，一个同龄的人该是老态龙钟了，不过她是我们的“安star”啊，她是“我们”啊，我们是一代又一代的年轻人，又怎么会老呢？一代代人生活在这里，共同建设着这所学校，我并不是要说奉承话，但是她未来会更加美丽。人生漫漫，一切仿佛倒也是命中注定，日后“安star”会是我记忆中的一颗星了。咱心中有星，这里“野芳发而幽香，佳木秀而繁阴，风霜高洁”！与大家共勉，未来更要好好玩耍，好好学习，好好生活！

4.阿弥陀佛：祝福母校，上学那年80周年还没感觉，现在90周年，一晃10年了，时间真快，怀念读书时光！

（十三）

微信公众号：安徽师范大学

校庆活动日｜安徽师范大学建校90周年校庆大会议程、节目单来啦

评　论

1.千帆竞渡：80周年校庆时大雨滂沱，我研二，是名校庆志愿者；您90岁生日，我已经在江城工作9年了。祝福您，我的母校；感谢您，我的恩师。

2.卷卷卷卷：80周年时我是志愿者，带着学弟学妹们在主席台搬椅子撑伞。90周年时毕业9年的我又回来啦，已经在校园里溜达了半圈。

3.万法自然：毕业三年啦，感觉恍如隔世，还记得三年前毕业时，心中默默地下定决心，一定要在社会这条路好好走下去，一定要有所成绩，这才对得起母校的培育之恩，然而，此时，前途漫漫，不过我坚信，一直努力下去，明天会更好！！！

3.陈晨：安庆一中的师大人发来贺电——祝贺母校90周年庆，感恩母校的教育。

4.teikaren：祝福母校越办越好！我们家两代四个师大人，等师大百年校庆时一起回去看看。

5.潜川伟：毕业十多年了，心从未离开过师大。愿母校越来越好！

6.annie：母校生日快乐！一份节目单里看到那么多熟悉的名字，仿佛回到校园时光。怀念回不去，沧海已桑田。

7.NJJNMac**：【母校颂】母校创建在皖山皖水里。江风渔火，书声习习。开先河，育人才，堪称第一。国破山河碎，凄风苦雨；崇山峻岭间，颠沛流离。赭山下，镜湖边，望故地，相别离，生命开新历。90年啊，岁月成追记，行路难，路岖崎，江淮芬芳桃李。长空碧，日月明，你和我，相逢在您的怀抱里。感谢啊，母校，有了我们人生奠基礼。风在起兮，云在起兮，光辉在五彩云霞里，沃野开新犁。祝福啊，母校，生生不息，脱胎换骨，高山仰止，巍然屹立。

8.乌粒：10年前，我大二，在江城微微细雨中迎来母校80华诞。10年，弹指一挥间，我和母校相隔几千里，但心却紧系一起，不记得多少个午夜梦回秋实园，不记得多少次和同事谈起敬文图书馆，不记得多少次幻想再重新经过一次纬七路的那些水果摊……人生如梦，如果真是这样，那师大是我梦启航的地方，给我动力的地方，让我有翅膀的地方，或许现在的我并不起眼，不能让母校以我为荣，但我这辈子身体里流淌着的师大血脉根固永存。祝母校越办越好！

9.风儿无影：还记得2008年校庆的精彩时光，之后毕业时的彷徨与不舍。转眼10年了，90周年校庆了，祝愿师大越来越好！培养更多优秀人才！

10.一只小龙女：我还想回母校重读一次大学！

（十四）

微信公众号：安徽师范大学

师大印记|校庆文创纪念品再揭秘，给你一个二刷的理由

评　论

1.微·star：恰逢在师大，一切皆起于缘，这一刻钟情于你！

2.仟：人生中最好的时光就是在象牙塔中尽情汲取着知识，很庆幸在人生的这个阶段还可以重回校园，感悟生命！时值师大90周年校庆，只愿师大的明天会更好！

3. 花未名：
那年，阳光正好，微风不燥
那年的我们，懵懂无知、稚气未脱
我怀着无比敬畏期待的心情踏进大学校园
而你从1928年走来，步履艰辛而坚定，向我张开怀抱
原来以为只是平凡的相遇
哪里知道，后来的时间都与你相关
树叶绿了又黄，花儿开了又败
从春华秋实到夏沁冬和
九十个四季更迭的日子
我都想珍藏在心
在这里，遇见我的命中注定
食堂里，我们一起开过的部门会议
小食代，我们一起流连忘返的美食
操场上，我们一起为着体测而苦恼
教室里，我们一起计划着未来的打算
在这里，遇见一树一树的花开
行知楼前的那一朵朵洁白如瑕的玉兰
体育馆旁那一片片金灿灿的油菜花
花津河边那一株株开得正艳的海棠
都不及心上的人儿
那年我们一起走过的花津河畔、赭山路旁
那年我们一起待过的敬文殿堂、北体南体
仍旧历历在目
当岁月洗尽铅华
当往事已成蹉跎
师大，你陪着我一起长大
悠悠九十载，桃李不言下自成蹊
你培育了多少芳华
看过满树荒芜，看过万物生长
今后无论走到哪里

师大,我还是喜欢你

4.-詩 Cc _ :我的名字有个“诗”字,不远万里,从广东来到师大追寻诗和远方。感谢师大的包容、师长的引导和同学的关怀,让我在异乡找到了归属感,找到了未来的方向。步履不歇,生命不息,奋斗不止,我正在师大书写着我与远方最美的故事。

5.Dear-月半:纵观九十载春秋,赭山花津神采飞扬。试看校园内外,逶迤景色处处风光。九十年日夜交替,我们谱写不朽篇章。九十载四季轮回,我们铸就遍地辉煌。于师大九十华诞之际,愿您在千湖之城迸发出令人景仰的力量,发出更加耀眼的光芒。

6. 灰色头像:

母校,是什么?

是当初在读的时候有点想离开,离开了却很怀念;

是可以自己有点小抱怨却不允许外人说半句坏话;

是留下了青春和岁月印记却不留遗憾的四年时光;

是曾经以考上她而自豪,现在以毕业于她而光荣。

高中三年的时光会用大学四年去怀念,

而大学四年的时光却会用一生去怀念。

师大,我的母校,

90岁生日快乐!

愿青春永驻,再创辉煌!

7.Kiki Wang:八年啦!八年师大生活即将挥手说再见,从夏沁园到春华园,从2010年到2018年,从17岁到25岁……八年时间,千言万语,爱在师大愿杯酒可抵风寒,师大仍待我归还……

8.only sunshine:转眼在师大已经度过了3个年头,从当初青涩的少年,到现在已经留下了一些师大的印记,初遇她时并不觉得她有多好,也只是仅仅觉得这个学校很美,而现在让我动心的不再只是师大风景的美丽,还有无数师大人拼搏奋进的精神,不怕困难勇于挑战的精神,永远保持一颗年轻活力的心的精神!

9. 白鹿青崖:讲述一个不是关于我的故事。

高中班主任是师大毕业的,刚毕业就去我所在的中学任职。当时他刚毕业很年轻,和自己带的学生也差不了几岁,认识了我现在的师母(师母当时是学生)。两个人互有好感,但谁也没有捅破窗户纸,后来师母也考进了师大,和班主任选的都是同一个专业,两个人就名正言顺地在一起了。现在有一个超级可爱的儿子。

10.leehom:大学四年总是路过芜湖,在师大读研后慢慢了解了师大的独特韵味……

11.SmartCC:纸上那圈,是母校情,是爱情,是友情,是亲情的寄托。

12.小样:四年本科在师大,毕业后作为师大学生前往西部支教,今年又将回师大读研,人生最好的八年一直都和师大在一起。

13.造梦者:2011年从陕西到千里之外的安徽,师大是我第一次出省到达的地方。2015年离开,师大作为母校,我心中有千万分不舍。如今,常常会想起在师大的日子。最后,我在西北农林科技大学祝师大越来越好,90周年,生日快乐!

14.往往知疏离:师大第二年,虽然会吐槽,但也欢喜……虽然总对外人吐槽,但也内心拥堵,不许别人说她不好,原来她在我心中已是最爱的母校,春华秋实,源远流长,悠悠岁月,相伴有她,90周年,记忆留念。

15.Z x:人生就是学校。在那里,与其是幸福,毋宁是不幸才是好的教师。因为,生存是在深渊的孤独里。

16.归於:自己算是一个高考的失利者吧,本来高高兴兴地准备进京,结果却稀里糊涂地来了芜湖。刚来的时候觉得这座城市怎么这么破这么小,连带着师大也一起恨上了。可是随着这三年多时间的相处,自己越来越爱这座城市了。缓缓的节奏让人舒服得简直想醉死在这里。还有可爱的师大,春华秋实,夏沁冬藏,周末有时间就喜欢两个校区来回跑,赏花津风花雪月,品赭山名胜古迹。三百块钱的公交卡,已经全部坐完了,连24路的公交师傅也都认识我了,哈哈哈哈。不仅如此,还找到了两个校区周围的不少美食,现在早上一般都会点一份咱家水饺的锅贴和馄饨或者大工山路的那家汤包,要不就是周末特地跑到老校区吃渣肉蒸饭,再来一杯甜豆浆,真的是美极了。偶尔下午坐在情人坡懒懒地晒着太阳,要不就去图书馆找一本自己喜欢的书,去茶室点一壶茶,慢悠悠地待一下午。哈哈哈哈,说着说着觉得自己到师大是来享福来了。

17.Asyncinfo:在知乎里写了好些关于师大历史考证及现今发展情况等一系列相关回答,你在知乎里能看到的各种关于师大干货匿名回答基本都是我写的。写那些回答本身也是为了让大家可以更加了解师大，也希望更多的优秀考生可以报考师大。老实说目前师大的处境并不乐观，而这也不是师大短期内可以改变得了的。等哪天我不在了，我应该会送很多藏书给师大，最爱的还是师大的基本图书库，师大90岁生日快乐。

（十五）

微信公众号：安徽师范大学

迎校庆·师大记忆|追忆我的师大岁月

评　论

1. 雷子：我是1999级中文的，好怀念在师大岁月，尤其是荷花塘边的石桌石椅。

2. 陶瑞尔：正值大二，很荣幸能担任此次90周年校庆志愿者，很幸运在师大，有这么多优秀的前辈。桃李不言，下自成蹊！

3.lotus：难忘镜湖边，赭山麓青葱岁月，白驹过隙，我们已生华发。曾经也有壮志雄心，如今生活平淡也是一种美！不同的岁月不同的生活，都是我们的人生。

4. 智：2007级校友，说两则轶事。

学校曾组织一个哲学研讨会，请了很多专家，但参会学生不够，于是一大早把我们本科生拉过去凑人数，由于没吃早饭，中途休会时，将会厅的水果都吃了。整个本科阶段都听不明白哲学研讨什么，可大学毕业后，读研的同学邀我去学校玩，顺便旁听哲学讲座，我却很认真听完，感觉自己心性寂静了很多。

2010年世界杯，虽然新校区严厉禁止学生砸水瓶，还派保安巡逻，但第二天起来发现走廊都是水瓶渣，目测是对面的宿舍楼从公共阳台砸到我们的走道上。

（十六）

微信公众号：安徽师范大学

校庆日|安徽师大&安徽农大携手举办建校90周年纪念活动

评　论

1.AG阿贵：柳夜轻寒不及早夏风，浸露台，还思相望。明月无影缓入眼，不知伊何处，亦如我，对月映人？曾戏江南水，只道江城好，柳镜湖，赭麓青青.

唯叹广济无情，晨钟旧，暮鼓复，一年还送一年人。

这是从师大毕业那年发的感慨。今天是师大90华诞，不想自己从师大毕业也已12年！毕业那会儿在异地工作时，最浓的是乡愁。回乡后最浓的却是“校愁”。在皋时总想回校看看。在校时三五好友冬来赭山踏雪，夏至镜湖戏水，从北京路校区到九华山路公寓，从赭山到镜湖，往时凡游戏之处，亵玩之物，此时却无一处不是景，无一处不关情。

这几年除毕业十年聚首，已不曾多去。十余年间，人已变，物已非，挂念不多。然虽说不念，梦里却寻过好几回。

2.tiffancy：转眼毕业快六年了，师大求学的日子仿佛在昨天。确实想回去再看看，毕业后再好玩的地方也没有方特有意思，再有名的小吃也没有师大旁边的纬七有味道，因为青春在那里，最美的回忆在那里。

3. 丁继勇：师大是有情怀的学校，师大是我们常常想起的母校，师大人无论身在各行各业，都有一种师大情怀：认真刻苦，奋斗不息！祝母校越办越好！

4. 珺：在校时赶上师大80周年校庆，在食堂吃了一顿大餐。一晃，已经是90周年了！祝福母校，桃李满天下！

（十七）

微信公众号：安徽师范大学

倒计时40天|安徽师范大学首部原创校史剧《建校初心》MV震撼发布！

评　论

向天再借骗：春华秋实九十载，栉风沐雨展恢宏。赭山依居镜湖傍，风光旖旎为谁容？水木师大桃李芬，金玉其内岁月同。无远弗届师大人，久久为功为谁荣？——《师大永恒·纪念母校九十周年华诞》

（十八）

微信公众号：安徽师范大学

迎校庆·师大记忆|光影里的师大

评　论

买辣条也用券：一个甲子一段情，一片桃李一方人。在师大的一年里，感受到师大人、师大物、师大情给我们带来的独特魅力，而现如今，在军营待了两年的我，没法回去给母校庆生，但是我想说，永远爱自己的母校！

（十九）

微信公众号：安徽师范大学

校庆特刊｜师大，你知道我爱你吗？

评　论

1. 我就是577：在师大的前三年，在教室和各种学生组织里连轴转。以前不知道也来不及想自己获得了什么，麻木地忙碌着。临近毕业，才知道去用心感受师大的生活。毕业初夏，每天早起去爬赭山，傍晚绕校兜兜逛逛，甚至把学校周边的角角落落全部步行溜达一圈，从滨江走到万达，从老区走到新区，从日出走到日落……犹记得，早晨老乡鸡的一碗馄饨，中午小摊上的一份凉皮和赤豆酒酿，晚上时常胃口大开跑去酱味观和室友加餐。很可惜毕业之后，没再喝到那么好喝的赤豆酒酿了。不过直到有一天我看到那句“把思念酿成酒——红豆酒酿”才明白，许多人和事都深深地藏在思念里，最终酿成的是醉人的回忆。

2.Night Knight：不辞辛苦行万里江河，游子他乡惜师大情深！

3.🐾：每次从家坐着火车去外校读研，经过芜湖，都想着这是我生活的四年的地方，想在这里下车。好想老校区的紫藤萝长廊，也不知道以前的宿舍又住着哪些小姑娘，想再走走师大的操场，怀念以前被被子铺满的荷塘，不知道食堂还是不是熟悉的味道，也不晓得自己珍藏的饭卡还能不能打2毛钱的开水，不晓得我的同学们现在都过得可好，心系之处，梦萦魂牵。

4. 花骨朵er：毕业了才知道，这一切都是那么的不舍，每次看到师大的信息都会热泪盈眶，这就是我的师大情。

（二十）

微信公众号：安徽师范大学

倒计时50天｜安徽师范大学纪念建校90周年公告（第2号）正式发布

评　论

1. 曾国繁：2006级校友，奋斗在革命老区江西于都，站在长征出发地，为母校送上诗歌一首《我会永远爱你——献给母校的诗》：每天把你的名字挂在胸前/我能感受到你博大的爱/你的肩膀就像一座木头房子/一个甲子一段情/一片桃李一方人

2. 盖儿：第十九届研究生支教团正在川彝藏区支教，希望可以带着有大学梦的孩子们回家。

（二十一）

微信公众号：安徽师范大学

倒计时60天｜等你回家：致全体师大人的一封家书

评　论

1.朱古力的朱：从2011年来到师大，来到芜湖，深深喜欢上这座城市，也深深地感恩母校。因为师大，认识了要好的闺蜜，因为师大确定了想要相伴一生的他。师大的每一条路，每一棵树，想念防空洞的美食，怀念情人坡上无忧无虑的时光。记得南体操场夜跑的星空，感谢图书馆那些努力的时光，一切都还是那么的熟悉。毕业三年，现已定居芜湖。时常回学校，不舍离开，走在在校学生中，好像自己从未离开……

2.别来无恙：2005级文学院，2009年毕业，走过无数的城，看过无数的景，依然觉得芜湖是最美的，美在她的温婉、宁静！遗憾没有在芜湖安家，很想回去看看，再次聆听陈文忠教授的人生之谈！

3.流氓痞子：2006级社会工作的走过，毕业八年了，如今我们都散落在天涯！好想再回去看看，好想再携手和以前爱的人一起走走。

4.毛毛雨：2008年坐着火车到了芜湖，然后被学长学姐们帮忙接入花津校区，情景仿佛在昨天。回忆食堂里一楼的各种杂粮粥。身在异地但仍要祝福母校！文学院的冒泡。

5.章荣勋：在校有幸赶上了师大70周年校庆。校庆那天，犹记得莘莘学子端坐在赭山校区的操场上，整齐划一，精神抖擞，感受着师大历经沧桑的底蕴，仰慕着师大治学育人的大师。时至今日，师大在我心中一直是精神的依存，永生不忘！

6.小红花：离开芜湖已三载，最美青春韶华在师大。回想刚入师大门，懵懂无知少年郎到为梦想奋斗拼搏做自己。如今已经做好准备参加工作。师大我爱您，是您教会我成长，是您让我变得越来越优秀，梦里面无数次回家看您。

7.宁静致远：小桥流水依旧在，姹紫嫣红等风来。请允许我默默地自驾游，重回故地，重游故景，重温故情。

8.abcd：岁月斑驳了回忆，去年刚毕业，刚刚离开母校。今年就是母校90周年，想回去看一眼母校，更想看一眼那些大半年未见的小伙伴们，你们都还好吗？

（二十二）

微信公众号：安徽师范大学

倒计时90天|定了！安徽师范大学纪念建校90周年标识(Logo)正式发布！

评　论

晨曦：我是2009级毕业的师大学子，毕业后来到了基层，每每提到师大，都会热泪盈眶，想起了我的大学四年光景，想起了花津湖畔的追逐嬉戏，想起了老师们的谆谆教诲，想起了好多好多……母校90华诞来临之际，祝母校生日快乐，桃李满天下，祝福母校的明天越来越美好！我骄傲，我是师大学子！

（二十三）

微信公众号：安徽师范大学

倒计时100天|16地市&17学院，您的祝福已收到

评　论

1.转眼大四，即将离开母校，心里满是感慨。在母校90周年诞辰之际，送上最美的祝福。向往花津，致敬敬文。一直，推着我们向外走，拉着我们向内收。感恩师大，感谢文院！

王倩/2014级汉语言文学（师范）

2.贺母校九十华诞：乱世立校多艰辛，烽火岁月几飘零。更名分合多建树，拨乱反正定神针。母校使命担肩上，贵为重点育园丁。虽非跻身高大上，但留清气满乾坤。

许飞/1980级中文

（二十四）

微信公众号：安徽师范大学

倒计时110天|安徽师范大学纪念建校90周年动画宣传片正式发布

评　论

1.Duty：遥记2012年的那个夏天，师大春华园两栋宿舍楼间迎风拉起的文学院院长亲题的毕业生送别语——“花津几春秋，学子共遨游；凤鸟还巢日，痛饮太白楼。”眨眼6年过去，如尘土散落、豪情难复，却依旧能在工作的每一个角落感受到师大人的亲切和母校的温情。愿不忘初心，再续芳华。

2.Seven：毕业快两年了，到现在仍很怀念大学时光，想念在大学里的日子，大学四年爱上师大，爱上芜湖，可是因为专业原因，未能在芜湖定居，也不能时常回母校看看，希望5月18日那天自己可以抽空回母校，愿母校越来越好！

3.归去来：“花津几春秋，学子共遨游；凤鸟还巢日，痛饮太白楼。”一眨眼就是6年……再看到这首诗，差点就泪目……

后　记

文以载道，学以化人；九秩芳华，弦歌不辍。为献礼安徽师范大学90周年校庆、文学院90周年院庆，2017年暑期伊始，文学院便多方准备，有计划地启动了寻访校友工作。几经整理，《奋斗的青春最美丽——安徽师范大学文学院优秀校友访谈选录》一书终于和广大读者见面了。全书分为三个篇章：最忆江南、岁月如歌、师大印记，共收录部分校友回忆文章、访谈作品61篇，以及校友评论摘选，让读者从文学院校友的青春奋斗故事中汲取向上向善的力量，在阅读中收获感悟，在传播中弘扬精神，在实践中接续奋斗。

本部访谈选录在校友访谈、稿件收录和后期编写过程中，文学院党政领导、校友、辅导员老师以及研究生、本科生学生团队，从成立寻访校友暑期实践团队到多方搜集、整理校友相关作品，都给予了大力支持与帮助。余大芹、储泰松等领导老师在本书策划、校友联络、实地采访、稿件审定等过程中，不但提供了大量建设性的意见，而且参与各环节工作，付出了大量心血；文学院研究生"文育四方，情传万里"寻访校友暑期社会实践团队的王文柯、刘毅阳、徐炜红等13名同学为访谈选录的编撰提供了大量的优质稿源；学生会媒体中心的阚薇薇、宁文静、刘珍珍、魏鑫鑫、涂梦婷、彭玉妍等同学组建采访小队、撰写校友通讯稿、搜集校友文章，为充实访谈选录内容付出了很大的努力；汪旭、徐雅萍、赵瑜、何涛、李维岩、杨穆龙、赵静、周青松、孙雩雯、李震、朱露露等老师，崔晓涵、张玉杰、黄洁、程石、桂淑静、李明珠等同学不辞辛苦，完成了访谈录的搜集、整理、设计、编排和校对工作。在此，我们向对本书提出指导意见、提供支持帮助的所有专家、校友、老师和同学们表示深深的谢意！此外，还要郑重感谢安徽师范大学出版社的编辑老师们，在他们的热心帮助下，访谈选录最终得以顺利出版。

九十年的光阴岁月里，文学院(中文系)孕育了一批又一批在各个领域对国家和社会发展做出卓越贡献的杰出人才，正是他们的精神价值与人格魅力，共同铸就了今天安徽师范大学文学院的辉煌。囿于一些客观原因和现实困难，本书只是收录了一部分优秀校友的访谈和回忆文章。在作品结集过程中，我们也无法将优秀校友的详细信息一一标注，对此，我们深表歉意！此外，我们唯恐在这次校友采访和稿件整理过程中，出现信息错误、表达不清或其他疏漏，恳望校友朋友们见谅并反馈给我们，以便再版时及时更新和完善。

“莘莘志士，济济功勋；缅怀谟训，砥砺初心。”希望我们精心策划的《奋斗的青春最美丽——安徽师范大学文学院优秀校友访谈选录》一书，能够使读者了解文学院优秀校友的奋斗故事，感受他们对母校、母院的热爱感恩之情，感悟他们对后学的谆谆寄语。鉴于时间和水平有限，书中难免存有不足之处，恳请读者朋友们提出意见与建议。

汪　旭

二〇一九年一月二十日